SOURCES OF STRENGTH

力量的源泉

改革开放以来群众的首创精神

石仲泉　主编

欧阳辉　肖伟光　副主编

人民出版社

编 者 的 话

2018 年是贯彻党的十九大精神的开局之年，是实施"十三五"规划承上启下的关键一年，同时也是改革开放 40 周年。改革开放伟大事业，波澜壮阔，借此历史节点，梳理总结展望，是全党全国的年度大事。选一个新颖的角度，进行新颖的提炼，这是很有意义的。

发挥群众首创精神、激发社会活力，这是本书的主题。邓小平同志指出："改革开放中许许多多的东西，都是群众在实践中提出来的"，"绝不是一个人脑筋就可以钻出什么新东西来"，"这是群众的智慧，集体的智慧"。坚持以人民为中心是新时代坚持和发展中国特色社会主义的基本方略之一。习近平总书记多次强调，坚持人民主体地位，发挥人民首创精神，着力解决好人民群众最关心最直接最现实的利益问题，不断让人民得到实实在在的利益，充分调动人民群众的积极性、主动性、创造性，"要自觉拜师人民、尊重人民、依靠人民"，"要始终坚持问政于民、问计于民、问需于民"。

这告诉我们，只有发自内心尊重群众的智慧和创造，才能更好推动新时代坚持和发展中国特色社会主义伟大事业向前发展。

全书分为上下两篇，上篇讲实践、说故事，下篇讲理论。

实践部分，选取小岗村、深圳、浦东、中关村四个改革地标中具有典型性的事例人物，突出故事性，以小见大，寄理于事，短篇幅内勾勒出人物形象，通过鲜活的故事与细节，呈现改革开放的蓬勃生机。

理论部分，邀请权威学者就马克思、恩格斯、列宁、毛泽东、邓小平、江泽民、胡锦涛、习近平诸位领袖的相关论述展开理论阐发。

目　录
CONTENS

前　　言

伟大的改革开放：从邓小平到习近平
——纪念改革开放 40 周年

改革开放 40 年，照常理讲，是进入"不惑"之年。但实际上，这是改革开放历经 40 年"而不惑"，国家发展比较平顺稳定快速，没有折腾、没有跌宕，实现了梦寐以求的从站起来到富起来，并走向强起来的伟大飞跃。这在近代中国近 200 年历史上是头一次。所以有这个局面，首先是因为有"三十而立"的基础。新中国成立后，以毛泽东为核心的第一代中央领导集体建立起社会主义基本制度，进行了社会主义建设的艰辛探索，为当代中国发展进步奠定了根本政治前提、制度基础和物质基础。在探索过程中，尽管经历了曲折和挫折，但中国人民站起来了。有了这个近"三十而立"的艰辛，就使改革开放历经 40 年而"不惑"有了厚实底气。

当然，改革开放历经 40 年"而不惑"，最根本的是开辟了中国特色社会主义道路，形成了包括邓小平理论、"三个代表"重要思想、科学发展观和习近平新时代中国特色社会主义思想在内的中国特色社会主义理论体系，拓展了中国特色社会主义制度，壮大了中国特色社会主义文化。这样才有改革开放 40 年伟业。

40 年改革开放伟业，按照中华民族历史习惯，应称之为"盛世"。习近平指出：改革开放以来党的全部理论和实践的鲜明主题是坚持和发展中国特色社会主义。"中国特色社会主义道路是实现社会主义现代化、创造人民美好生活的必由之路，中国特色社会主义理论体系是指导党和人民实现中华民族伟大复兴的正确理论，中国特色社会主义制度是当代中国发展进步的根本制度保障，中国特色社会主义文化是激励全党全国各族人民奋勇前进的强大精神力量。"①40 年改革开放伟业的"盛世"是从社会主义建设新时期到中国特色社会主义新时代，这个"盛世"就暂且简称为"新新盛世"吧！这个"新新盛世"是正在进行时，党和国家还昂首阔步走在"盛世"大道上。本篇前言，围绕中国特色社会主义这个主题来说明从邓小平到习近平是怎样将其提出、丰富和发展起来，从而铸就 40 年改革开放伟业的"新新盛世"的。

---

① 习近平：《决胜全面建成小康社会　夺取新时代中国特色社会主义伟大胜利——在中国共产党第十九次全国代表大会上的报告》，《人民日报》2017 年 10 月 28 日。

一、以邓小平同志为核心的党的第二代中央领导集体成功地开创了中国特色社会主义

中国共产党近百年历史有三个关系前途命运的重要抉择。一是在党成立之际，有建立一个什么样的党的抉择。当时各种思潮汹涌澎湃，无政府主义、社会民主主义等都很有市场。党的创立者们毅然决然地选择了建立以马克思列宁主义为指导思想的中国共产党。二是在中国革命取得全国胜利之后，有一个建立什么样的共和国的抉择。革命胜利了，是走资本主义道路、建立英美式的资产阶级共和国，还是经过人民民主专政走社会主义道路，建立以工农联盟为基础的人民共和国？新中国的缔造者们毅然决然地选择了要建立实现社会主义美好蓝图的中华人民共和国。三是在粉碎"四人帮"结束"文化大革命"之后，党又面临着向何处去，建立什么样的社会主义的艰难抉择。是走不要"四人帮"的"文革"老路，或走回到"文革"前的旧路，还是另辟坚持社会主义的新路（在一小部分人群中也有要走西方资本主义道路的）？最后，还是以邓小平同志为核心的党的第二代中央领导集体作出伟大抉择：走自己的道路，建设有中国特色的社会主义。

这里，我们主要论述邓小平怎样领导全党成功开创中国特色社会主义业绩的。

（一）义无反顾地开辟改革开放的中国特色社会主义道路。

改革开放是党在新的历史条件下带领人民进行的新的伟大革命。

邓小平作为这场伟大革命的主要领导人，是当年改革开放一切重大决策的最后拍板者。他领导全党开辟改革开放新道路，具有统领全局性决定作用的，是作出了这样几个重大决策：

第一，为开启改革开放闸门，提出了三个"大政策"。一是允许一部分人、一部分地区先富起来，先富帮后富，走向共同富裕。他多次指出，我们的根本目标是实现共同富裕，然而平均发展是不可能的。过去搞平均主义，吃"大锅饭"，实际上是共同落后，共同贫穷。改革首先要打破平均主义。二是实行家庭联产承包责任制，废除人民公社制度。八亿农民获得对土地的经营自主权，加上其他政策调整，农业生产摆脱了长期停滞的困境，农民生活开始好起来。党把农村改革的成功经验运用到城市，进行全面改革。这就掀起了中国的第二次革命。三是倡导兴办经济特区，推动形成全国对外开放格局。邓小平说，中国的经济开放政策，这是我提出来的。他指示广东省委领导：搞一个特区，中央给些政策，你们去杀出一条血路来！他两次到特区考察，指出，现在我可以放胆地说，我们建立经济特区的决定不仅是正确的，而且是成功的。上述三个最早提出的"大政策"，对开辟中国特色社会主义道路起了披荆斩棘作用。

第二，率先提出并始终强调坚持"一个中心、两个基本点"的基本路线。这条基本路线是中国特色社会主义道路的灵魂。邓小平关于"一个中心、两个基本点"的基本路线思想形成比较早。他主持制定的《关于建国以来党的若干历史问题的决议》第一次以党的文件形式确认了我国社会现阶段的主要矛盾和中心任务，并把坚持改革开放政策和坚持四项基本原则这两个基本点纳入了适合我国情况的社会主义现代化建设正确道路内容。1987 年六七月间，他两次谈话对"一个中心、两个基本点"作了深刻阐述。党的十三大，根据他的思想第一次对党在社会主义初级阶段的基本路线作了科学概括。当时的中央领导人明确指出：对这两个基本点讲得最早、最多、最深刻的，是邓小平同志；在一个中心之下的这两个基本点是"中国特色的社会主义的真谛"。① 此后，邓小平不断强调基本路线不能改变。1992 年南方谈话指出："坚持党的十一届三中全会以来的路线方针政策，关键是坚持'一个中心、两个基本点'。不坚持社会主义，不改革开放，不发展经济，不改善人民生活，只能是死路一条。基本路线要管一百年，动摇不得。只有坚持这条路线，人民才会相信你，拥护你。谁要改变三中全会以来的路线方针政策，老百姓不答应，谁就会被打倒。"②40 年历史充分证明，"一个中心、两个基本点"的基本路线是使社会主义得到发展、使人民生活得到改善的唯一正确路线。

第三，提出"三步走"发展战略和社会主义现代化发展目标。邓小平不断指出贫穷不是社会主义，发展太慢也不是社会主义。强调社会主义初级阶段的最根本任务就是发展生产力，社会主义的优越性归根到底要体现在它的生产力比资本主义发展得更快一些、更

———————

① 《十二大以来重要文献选编》下册，人民出版社 1988 年版，第 1261、1266 页。
② 《邓小平文选》第 3 卷，人民出版社 1993 年版，第 370—371 页。

高一些，并且在发展生产力基础上不断改善人民的物质文化生活。"我们要发达的、生产力发展的、使国家富强的社会主义。"①据此，他提出了基本实现现代化的战略步骤和目标。十三大报告根据他对国情问题的新思考，明确了比较定型的"三步走"发展战略。这就是：第一步从 1981 年到 1990 年，实现国民生产总值翻一番，解决人民的温饱问题。第二步从 1991 年到 20 世纪末，实现国民生产总值再翻一番，人民生活达到小康水平。第三步到 21 世纪中叶，人均国民生产总值达到中等发达国家水平，人民生活比较富裕，基本实现现代化，"把我国建设成为富强、民主、文明的的社会主义现代化国家"。这个发展战略和目标，为当代中国的发展进步明确了大致的时间表，后来虽有调整和丰富，但基本上成为实现中华民族伟大复兴的路线图。

（二）创立了将马克思主义发展到新阶段作为中国特色社会主义理论体系之基的邓小平理论。

党领导第二次伟大革命，取得的第一个重大理论成果，就是创立了邓小平理论。

首先，邓小平理论是对毛泽东思想的继承和创造性发展。1981 年《关于建国以来党的若干历史问题的决议》的一个重大贡献就是重新界定毛泽东思想，将毛泽东晚年错误同作为科学理论的毛泽东

---

① 《邓小平文选》第 2 卷，人民出版社 1994 年版，第 231 页。

思想区别开来，为理直气壮地坚持、继承和发展毛泽东思想开辟了道路。自此以后，改革开放以来的理论和实践，都被视为对毛泽东思想的坚持、继承和发展。当然，这个发展不是一般性发展，而是创造性发展。就邓小平来说，这个创造性在1992年南方谈话中非常突出。南方谈话集邓小平建设中国特色社会主义思想之大成，比较全面论述了他长期思索的一系列重大问题，并以异常尖锐、鲜明、透彻和凝重的语言发表了许多"惊世骇俗"观点。比如：关于社会主义可以搞市场经济；关于社会主义的本质；关于基本路线要管一百年；关于发展才是硬道理；关于科学技术是第一生产力；关于经济发展要靠科学；关于改革开放胆子要大一些；关于国家能否长治久安关键在人；关于中国要出问题还是出在共产党内；关于巩固和发展社会主义需要我们几代人、十几代人，甚至几十代人坚持不懈地努力奋斗，等等。十四大和十五大指出：邓小平理论坚持用宽广眼界观察世界，开拓了马克思主义的新境界，第一次比较系统地初步回答了中国这样经济文化落后国家如何建设社会主义、如何巩固和发展社会主义一系列基本问题，把对社会主义的认识提高到新的科学水平，形成了新的科学体系，是马克思主义在中国发展的新阶段。

其次，邓小平理论奠定了中国特色社会主义理论体系的坚固基石。邓小平理论是从对毛泽东思想的坚持和继承而发展为马克思主义中国化第二次历史性飞跃的创新理论的。它自然肩负承前启后、继往开来的历史责任。对于启后来说，从十六大报告到十九大报告都坚称，"三个代表"重要思想、科学发展观和习近平新时代中国特色社会主义思想与邓小平理论是继承和发展的关系。这几个理论形态既一脉相传、承前继往，又与时俱进、启后开来，都属于中国特色社会主义理论体系组成部分。这样，从对中国特色社会主义理论体系的追根溯源上说，邓小平理论与后来的创新理论关系，就是原创性理论与传承性理论关系。后来的创新理论都是对邓小平理论的丰富和发展。中国特色社会主义的实践没有止境，中国特色社会主义的理论创新也没有止境。中国特色社会主义理论体系就是个不断发展的开放理论体系。随着对时代发展和实践经验总结而提出的创新理论，都将以邓小平理论为本源，使中国特色社会主义理论体系不断得到丰富和发展。

最后，邓小平理论是实现中华民族伟大复兴正确指导思想的历史基础。中国共产党近百年来，一直为实现中华民族伟大复兴的历史使命而奋斗。作为邓小平理论核心内容的党在社会主义初级阶段的基本路线和"三步走"发展战略，就是旨在 21 世纪中叶，基本实现现代化，把我国建设成为富强、民主、文明的社会主义现代化国家。此后的创新理论，直至习近平新时代中国特色社会主义思想，也是要实现这个目标。习近平在十九大报告中指出：我们要牢牢坚持党的基本路线这个党和国家的生命线、人民的幸福线，领导和团结全国各族人民，以经济建设为中心，坚持四项基本原则，坚持改革开放，自力更生，艰苦创业，为把我国建设成为富强民主文明和谐美丽的社会主义现代化强国而奋斗。这就是实现民族复兴的目标。以后的创新理论都将遵循邓小平提出的这条路线而为实现中华民族伟大复兴的目标努力奋斗。

（三）首次提出改革党和国家领导制度，坚持和发展中国特色社会主义制度，为改革开放的持续伟业奠定了根本制度基础。

1980 年 8 月邓小平发表的《党和国家领导制度的改革》讲话石破天惊，振聋发聩。邓小平指出：我们建立的社会主义制度是个好制度，必须坚持。但是，现行的一些具体制度包括组织制度、干部制度，还存在不少弊端，妨碍甚至严重妨碍社会主义优越性的发挥。像群众反映突出的官僚主义和特权现象等，固然有思想作风的一面，但是制度问题不解决，思想作风问题也解决不了。他强调领导制度、组织制度问题更带有根本性、全局性、稳定性和长期性。这种制度问题，关系到党和国家是否改变颜色。为了改革并完善社会主义制度，"将吸收我们可以从世界各国吸收的进步因素，成为世界上最好的制度。""我们进行社会主义现代化建设，是要在经济上赶上发达的资本主义国家，在政治上创造比资本主义国家的民主更高更切实的民主，并且造就比这些国家更多更优秀的人才。""党和国家的各种制度究竟好不好，完善不完善，必须用是否有利于实现这三条来检验。"①

1987 年 4 月，邓小平明确指出："我们的社会主义制度是有中

---

① 《邓小平文选》第 2 卷，人民出版社 1994 年版，第 322、323、337 页。

国特色的社会主义制度"，什么时候都不会改变"中国共产党领导下的具有中国特色的社会主义制度"。① 后来规范的"中国特色社会主义制度"称谓，其源即出于此。

　　根据邓小平这个思想，我国进行了政治体制改革，不断坚持和发展中国特色社会主义制度。这是一整套相互衔接、相互联系的制度体系。邓小平对如何坚持和发展中国特色社会主义制度，有许多重要论述。他强调：坚持社会主义制度首要一条是坚持四项基本原则，为我们事业的健康发展从根本上提供了保证。我们实行的全国人民代表大会制度，符合中国实际。这种体制益处很大，很有助于国家的兴旺发达。西方国家的多党竞选、三权分立那套体制，不适合于我们国家。中国共产党领导的多党合作和政治协商制度、民族区域自治制度以及基层群众自治制度，既是中国社会主义的特色，也是我国社会主义制度的优势，要不断健全和完善起来。他认为，我国的法律是太少了，成百个法律总要有的。全国人大常委会在1982年提出，按照社会主义法制原则，逐步建立有中国特色的独立的法律体系。在南方谈话中邓小平还强调用法制来保护和促进经济发展。从某种意义上说，他不仅是建设中国特色社会主义法律体系的初始倡导者，而且是公有制为主体、多种所有制经济共同发展的基本经济制度的主要推动者。因为公有制为主体、多种所有制经济共同发展的思想是他首先倡导的。他反复强调：改革就是要使党

---

① 《邓小平文选》第3卷，人民出版社1993年版，第218页。

和国家的政治制度更加完备、周密、准确，能够切实保证人民真正享有管理国家各级组织和各项企业事业的权力，享有充分的公民权利，制定一系列的法律、法令和条例，要使民主制度化、法律化。中国特色的社会主义制度是中国发展进步的制度基础，这是不会变的，要变，只会越变越好。

邓小平的这些思想，为坚持和完善中国特色社会主义制度，推进改革开放持续发展奠定了制度基础。

（四）不断推动社会主义精神文明建设，努力夯实中国特色社会主义文化根基。

中国特色社会主义文化内容异常丰富，既从优秀历史文化汲取营养，又以革命传统的红色文化为生长根基，并以充满时代气息的社会主义文化为发展主体，随着历史发展特点而凸显不同要求。改革开放后，迫切需要在发展物质文明的同时发展社会主义精神文明。邓小平最早阐明了社会主义精神文明建设包括思想道德和教育科学文化两个方面的的科学内涵。他指导制定的《关于社会主义精神文明建设指导方针的决议》，明确了社会主义精神文明在我国社会主义现代化建设总体布局中的战略地位，第一次正确说明了共产主义理想、共产主义道德同广大群众现阶段的"共同理想"（建设有中国特色的社会主义）、社会主义道德建设基本要求（爱祖国、爱人民、爱劳动、爱科学、爱社会主义）之间的关系，把先进性的要求同广泛性的要求辩证地结合起来，更加有利于团结各界人士、各方面群众来建设社会主义。

邓小平非常强调打击经济犯罪和腐败现象，在实际工作中落实建设社会主义精神文明的要求。"风气如果坏下去，经济搞成功又有什么意义？会在另一方面变质，反过来影响整个经济变质，发展下去会形成贪污、盗窃、贿赂横行的世界。"① 为了使全党重视精神文明建设，他强调搞四个现代化一定要"两手抓"，一手抓物质文明建设，一手抓精神文明建设 。这两只手都要硬，两个文明建设都赶上和超过亚洲"四小龙"，才是有中国特色的社会主义。

邓小平非常重视对青年的思想政治教育。他认为改革开放十年最大的失误就是在教育方面，思想政治工作薄弱了。他提出，对广大青年包括大、中学生要抓紧四项基本原则教育、马克思主义基本理论教育、艰苦奋斗教育和革命传统教育，要让青年们懂得些中国历史，特别是中国近代历史，这是中国发展的一个精神动力。他寄厚望于文艺工作者能成为名符其实的人类灵魂工程师，塑造生动感人的艺术形象，表现时代前进的崭新面貌，努力用社会主义思想教育人民特别是广大青年，激发他们顽强拼搏、奋发图强的精神，推动他们从事现代化建设的历史创造性活动。

邓小平为培育和发展中国特色社会主义文化，作了巨大努力。这是成功地开创中国特色社会主义的不可或缺的重要方面。

----

① 《邓小平文选》第 3 卷，人民出版社 1993 年版，第 154 页。

二、以江泽民同志为核心的党的第三代中央领导集体成功地将中国特色社会主义推向 21 世纪

1980 年代末，世界社会主义出现严重曲折，国内发生政治风波。以江泽民同志为核心的第三代中央领导集体受命于严峻历史关头。他们不负党和人民的期望，高举邓小平理论伟大旗帜，坚持改革开放，与时俱进，不断推进理论创新、制度创新和实践创新，提出"三个代表"重要思想为党的新指导思想，继续开创全国改革开放新局面，不仅捍卫了中国特色社会主义，并成功地将中国特色社会主义推向了 21 世纪。

（一）总结新的实践经验，丰富社会主义初级阶段内涵，深化对党的基本路线认识，确立党的基本纲领和基本经验，进一步拓展了中国特色社会主义道路的理论底蕴。

党的十五大报告根据邓小平南方谈话和十四大发展社会主义市场经济的决定，对社会主义初级阶段的内涵和特征从总体状况，物质文明、精神文明和制度文明的发展等多个方面作了新的阐释，更准确地揭示社会主义初级阶段的本质。与此相联系，针对一些人对基本路线的曲解，江泽民斩钉截铁指出：党的基本路线是一个中心，不是两个中心；是两个基本点，不是一个基本点。在此基础上，十五大报告进一步丰富和明确了党在社会主义初级阶段的基本纲领。指出：建设有中国特色社会主义的经济，就是在社会主义

条件下发展市场经济，不断解放和发展生产力。建设有中国特色社会主义的政治，就是在中国共产党领导下，在人民当家作主的基础上，依法治国，发展社会主义民主政治。建设有中国特色社会主义的文化，就是以马克思主义为指导，以培育有理想、有道德、有文化、有纪律的公民为目标，发展面向现代化、面向世界、面向未来的，民族的科学的大众的社会主义文化。这个基本纲领，是党的基本路线在经济、政治、文化等方面的展开。党的十六大报告根据十三届四中全会以来十三年实践，进一步总结建设中国特色社会主义必须坚持的基本经验。这就是：（1）坚持以邓小平理论为指导，不断推进理论创新。（2）坚持以经济建设为中心，用发展的办法解决前进中的问题。（3）坚持改革开放，不断完善社会主义市场经济体制。（4）坚持四项基本原则，发展社会主义民主政治。（5）坚持物质文明和精神文明两手抓，实行依法治国和以德治国相结合。（6）坚持稳定压倒一切的方针，正确处理改革发展稳定的关系。（7）坚持党对军队的绝对领导，走中国特色的精兵之路。（8）坚持团结一切可以团结的力量，不断增强中华民族的凝聚力。（9）坚持独立自主的和平外交政策，维护世界和平与促进共同发展。（10）坚持加强和改善党的领导，全面推进党的建设新的伟大工程。这10条基本经验是对那时党艰辛探索中国特色社会主义道路积累的理论认识和实践经验的初步总结，丰富了中国特色社会主义道路的内涵。

（二）推进党的建设新的伟大工程，创立"三个代表"重要思想，丰富和发展了中国特色社会主义理论体系。

党的十三届四中全会后，以江泽民为核心中央领导牢记邓小平的政治交代，聚精会神地抓党的建设，在积累治党治国的新的宝贵经验过程中，加深了对什么是社会主义、怎样建设社会主义，建设什么样的执政党、怎样建设执政党的认识，形成了"三个代表"重要思想。

从党的建设发展史视角言，"三个代表"重要思想的提出有两个重要创新：一是党的性质从过去长期讲的"一个先锋队"——中国共产党是中国工人阶级的先锋队，发展为"三个先锋队"——中国共产党是中国工人阶级的先锋队、同时是中国人民和中华民族的先锋队。这是对党的阶级性质和群众基础、民族基础的新表述，是对党的先锋队性质的全面、完整的新认定。二是党的先进性内涵从过去长期讲的"一个代表"——中国各族人民利益的忠实代表，发展为"三个代表"——代表中国先进生产力的发展要求，代表中国先进文化的前进方向，代表中国最广大人民的根本利益。这个新变化体现了对党的先进性认识的与时俱进，同世界先进生产力和人类文明进步发展方向的密切联系。它首先要求大力发展先进生产力，进一步增强中国特色社会主义事业的物质力量，使党的执政具有更加强大的物质基础；其次要求大力发展先进文化，牢固树立建设中国特色社会主义的共同理想，使党的执政具有更加强大的精神基础；再次要求大力加强和改进党的建设，忠实地代表最广大人民利益，始终保持党同人民群众的血肉联系，使党的执政具有更加强大的群众基础。这个新变化也有利于增强党的政治和科学文化素质，提高党的领导水平和执政水平，相对于传统的"一个代表"言，更具有时代精神，更能说明党的先进性的完整性。"三个代表"重要思想的一个重要特点，是由治党及至治国。在党执政条件下，治党不是目的本身，治党是为了治国；而要治好国，又必先治好党。这样，江泽民提出了一个著名论断说明了两者关系，即"治国必先治党，治党务必从严"。这是后来"全面从严治党"的先导。

　　"三个代表"重要思想是中国特色社会主义进入 21 世纪后，对马列主义、毛泽东思想、邓小平理论的继承和发展，反映了那时国内外发展变化对党和国家工作的新要求，是加强和改善党的建设、推进我国社会主义自我完善和发展的强大理论武器，是党集体智慧的结晶，也是党必须长期坚持的指导思想。贯彻"三个代表"重要思想，有许多工作要做，最重要的是抓牢这两点：一是必须把发展作为党执政兴国的第一要务，不断开创现代化建设的新局面；二是必须以改革的精神推进党的建设，不断为党的肌体注入新活力，加强党的执政能力建设，提高党的领导水平和执政水平。"三个代表"重要思想的提出，对于最广泛最充分地调动一切积极因素，凝聚中国特色社会主义事业的建设者全面建设小康社会，加快发展社会主义现代化，全面推进党的建设新的伟大工程发挥了巨大作用。"三个代表"重要思想是中国特色社会主义理论体系的重要组成部分。

（三）确立社会主义市场经济体制的基本框架和社会主义初级阶段的基本经济制度，明确了建设社会主义法治国家、发展社会主义民主政治制度的要义，丰富和发展了中国特色社会主义制度。

根据邓小平南方谈话精神，党的十四大确立我国经济体制改革的目标是建立社会主义市场经济体制。十四届三中全会通过了《关于建立社会主义市场经济体制若干问题的决定》，明确市场在国家宏观调控下对资源配置起基础性作用。《决定》勾画的社会主义市场经济体制的基本框架是：在坚持以公有制为主体、多种经济成分共同发展的基础上，建立现代企业制度、全国统一开放的市场体系、完善的宏观调控体系、合理的收入分配制度和多层次的社会保障制度。

我国的基本经济制度是逐步明确、丰富和发展起来的。在十四大确立发展社会主义市场经济体制后，十五大首次提出并在十六大进一步明确了要坚持和完善公有制为主体、多种所有制共同发展的基本经济制度。当时强调这样三点：一是必须毫不动摇地巩固和发展公有制经济。它包括控制国民经济命脉的国有经济和对实现共同富裕具有重要作用的集体经济。二是必须毫不动摇地鼓励、支持和引导非公有制经济发展。个体、私营等各种形式的非公有制经济，是社会主义市场经济的重要组成部分。三是坚持公有制经济为主体，促进非公有制经济发展，统一于社会主义现代化建设的进程中，不能将两者对立起来。各种所有制经济完全可以在市场竞争中发挥各自优势，相互促进，共同发展。面对亚洲金融危机和世界经济波动，党和政府及时采取正确应对政策，我国经济发展实现软着陆。我国政府经过艰辛谈判，加入世贸组织，对外开放进入新阶段。

十六大还对中国特色社会主义民主政治制度思想作了进一步提升，指出发展社会主义民主政治，建设社会主义政治文明，是全面建设小康社会的重要目标。"建设社会主义政治文明"概念是在十六大前提出的。在十六大报告中已将社会主义物质文明、政治文明、精神文明建设一起确立为社会主义全面发展的三大基本目标。并且明确指出：建设社会主义政治文明，发展社会主义民主政治，最根本的是要把坚持党的领导、人民当家作主和依法治国有机统一起来。共产党执政就是领导和支持人民当家作主，最广泛地动员和组织人民群众依法管理国家和社会事务，管理经济和文化事业，维护和实现人民群众的根本利益。建设社会主义政治文明，就是通过积极稳妥地推进政治体制改革，扩大社会主义民主，健全社会主义法制，建设社会主义法治国家，巩固和发展民主团结、生动活泼、安定和谐的政治局面。这是中国共产党执政半个世纪以来对发展社会主义民主政治正反两方面历史经验的科学总结。十六大强调三者有机统一，指明了我国政治建设和政治体制改革的方向和途径，深化了对中国特色社会主义民主政治规律的认识。

以上明确的我国基本经济制度和民主政治制度，极大地丰富和发展了中国特色社会主义制度。

（四）对中国特色社会主义文化作了初步概括，奠定了中国特色社会主义文化是激励全党全国各族人民奋勇前进强大精神力量的初始基础。

十五大提出建设有中国特色社会主义的文化，并专节论述了有中国特色社会主义的文化建设，指出就其主要内容来说，它与改革开放以来一直倡导的社会主义精神文明是一致的。所以提出建设有中国特色社会主义的文化，是相对于建设有中国特色社会主义的经济和政治而言的。中国特色社会主义的文化，渊源于中华民族 5000 年文明史，又植根于有中国特色社会主义的实践，具有鲜明的时代特点。强调建设有中国特色社会主义的文化，必须着力提高全民族的思想道德素质和科学文化素质，为经济发展和社会全面进步提供强大的精神动力和智力支持，培育适应社会主义现代化要求的一代又一代有理想、有道德、有文化、有纪律的公民。

十六大进一步指出文化的力量要深深熔铸在民族的生命力、创造力和凝聚力之中。对于文化建设，当时特别强调这样三点：一是要牢牢把握先进文化的前进方向，弘扬主旋律，提倡多样化，坚持以科学的理论武装人、以正确的舆论引导人、以高尚的精神塑造人、以优秀的作品鼓舞人，大力发展先进文化、支持健康有益文化、努力改造落后文化、坚决抵制腐朽文化。二是坚持弘扬和培育民族精神——这是一个民族赖以生存和发展的精神支撑。中华民族在 5000 多年的发展中，形成了以爱国主义为核心的团结统一、爱好和平、勤劳勇敢、自强不息的伟大民族精神。我们党在长期实践中不断结合时代和社会的发展要求，丰富着民族精神。面对世界范围种种思想文化的相互激荡，必须把弘扬和培育民族精神作为文化建设极为重要的任务，纳入国民教育和精神文明建设全过程，使全体人民始终保持昂扬向上的精神状态。三是切实加强思想道德建设，建立与社会主义市场经济相适应、与社会主义法律规范相协调、与中华民族传统美德相承接的社会主义思想道德体系。它要求把思想政治教育和思想道德建设结合起来，把加强思想政治工作力度和改进思想政治工作方法结合起来，引导人们树立中国特色社会主义共同理想，树立正确的世界观、人生观和价值观，在遵守基本行为准则的基础上，追求更高的思想道德目标。

以江泽民为核心的第三代中央领导集体提出的上述思想，丰富了中国特色社会主义文化内涵。

三、以胡锦涛同志为总书记的中央领导集体成功地在新的历史起点上坚持和发展了中国特色社会主义

在 21 世纪之初，以胡锦涛同志为总书记的中央领导集体在全面建设小康社会进程中，顺应国内外形势发展变化，抓住重要战略机遇期，求真务实，开拓进取，坚持理论创新和实践创新，既形成科学发展观，使之成为党的新指导思想，又首次明确高举中国特色社会主义伟大旗帜，最根本的就是坚持中国特色社会主义道路、中

国特色社会主义理论体系和中国特色社会主义制度。从而，在新的历史起点上成功坚持和发展了中国特色社会主义。

（一）在总结历史经验和新鲜经验基础上，对什么是中国特色社会主义道路的内涵作了科学完整的概括，初步明确了中国特色社会主义的总体布局。

党的十七大对实践经验又有新的概括，在提出构建社会主义和谐社会、加快生态文明建设等新思想后，对十六大总结建设中国特色社会主义必须坚持的基本经验，从新的视角作了再提升。报告指出改革开放以来我们党带领人民在艰辛探索中积累的经验可以概括为"十个结合"。这就是：把坚持马克思主义基本原理同推进马克思主义中国化结合起来；把坚持四项基本原则同坚持改革开放结合起来；把尊重人民首创精神同加强和改善党的领导结合起来；把坚持社会主义基本制度同发展社会主义市场经济结合起来；把推动经济基础变革同推动上层建筑变革结合起来；把发展社会生产力同提高全民族文明素质结合起来；把提高效率同促进社会公平结合起来；把坚持独立自主同参与经济全球化结合起来；把促进改革发展同保持社会稳定结合起来；把推进中国特色社会主义伟大事业同推进党的建设新的伟大工程结合起来。这"十个结合"，将对基本经验的认识推向了新高度。

党的十七大报告中还有两个带有全局性、统领性的新概括。首先是对讲了多年的"中国特色社会主义伟大旗帜"作了新的解读，指出这是"当代中国发展进步的旗帜，是全党全国各族人民团结奋斗的旗帜"。同时，还第一次对"中国特色社会主义道路"内涵作了规范性表述。指出：中国特色社会主义道路，就是在中国共产党领导下，立足基本国情，以经济建设为中心，坚持四项基本原则，坚持改革开放，解放和发展社会生产力，巩固和完善社会主义制度，建设社会主义市场经济、社会主义民主政治、社会主义先进文化、社会主义和谐社会，建设富强民主文明和谐的社会主义现代化国家。这个概括，包括了"一个中心、两个基本点"的基本路线、"四位一体"的全方位建设和现代化的"八字"奋斗目标，为后来与时俱进地扩充其内容奠定了基础。那时明确的这条道路内涵，既坚持了科学社会主义的基本原则，又根据我国实际和时代特征赋予其鲜明的中国特色，是科学的。

（二）在我国经济社会快速发展进程中，强调坚持以人为本、全面可持续发展，提出科学发展观并使之成为党的新指导思想，丰富和发展了新概括的中国特色社会主义理论体系。

在新世纪新阶段，改革进入攻坚期，许多矛盾凸显。国际环境处在大变革大调整中，不稳定不确定因素增加，我国发展的外部条件复杂多变。以胡锦涛为总书记的中央领导集体深刻把握新的阶段性特征，深入总结改革开放以来特别是十六大以来新鲜经验，并在深刻分析世界发展趋势、借鉴外国发展经验的基础上提出了科学发展观。胡锦涛指出："科学发展观，第一要义是发展，核心是以人为本，基本要求是全面协调可持续，根本方法是统筹兼顾。"①具体来说，首先，必须坚持把发展作为党执政兴国第一要务，着力把握发展规律，加快形成符合科学发展要求的体制机制，不断实现科学发展，为坚持和发展中国特色社会主义打下牢固基础。其次，必须坚持以人为本，始终将实现好、维护好、发展好最广大人民根本利益作为党和国家一切工作的出发点和落脚点，尊重人民主体地位，保障人民各项权益，不断在实现发展成果由人民共享、促进人的全面发展上取得新成效。第三，必须坚持全面协调可持续发展，包括全面落实经济建设、政治建设、文化建设、社会建设、生态文明建设的总体布局，促进现代化建设各方面相协调，建设资源节约型、环境友好型社会，实现速度和结构质量效益相统一、经济发展与人口资源环境相适应的文明发展道路。第四，必须坚持统筹兼顾，正确认识和妥善处理中国特色社会主义事业中的重大关系，包括改革发展稳定、内政外交国防、治党治国治军各方面工作，统筹城乡发展、区域发展、经济社会发展、人与自然和谐发展、国内发展与对外开放，统筹各方面利益关系，努力形成人民各尽其能、各得其所而又和谐相处的局面。科学发展观是马克思主义同当代中国实际和时代特征相结合的产物，是马克思主义关于发展的世界观和方法论的集中体现，对新形势下实现什么样的发展、怎样发展等重大问题作出了新的科学回答。它把党对中国特色社会主义规律的认识提高

----

① 　《十七大以来重要文献选编》（上），中央文献出版社 2009 年版，第 11—12 页。

到新的水平，开辟了当代中国马克思主义发展观新境界，是指导党和国家全部工作的强大思想武器。

胡锦涛还对十一届三中全会以来党的创新理论加以整合，提出了"中国特色社会主义理论体系"新理念。他指出："中国特色社会主义理论体系，就是包括邓小平理论、'三个代表'重要思想以及科学发展观等重大战略思想在内的科学理论体系。这个理论体系，坚持和发展了马克思列宁主义、毛泽东思想，凝结了几代中国共产党人带领人民不懈探索实践的智慧和心血，是马克思主义中国化最新成果，是党最可宝贵的政治和精神财富，是全国各族人民团结奋斗的共同思想基础。"[①] 这段论述是对当代中国马克思主义创新理论的深刻总结，也是对改革开放以来实现的马克思主义中国化第二次历史性飞跃理论成果的高度概括。这个理论体系的开放性，为以后与时俱进发展起来的创新理论预留了很大空间。

（三）首次明确提出"中国特色社会主义制度"思想和全面提高党的建设科学化水平，有利于巩固和发展中国特色社会主义制度。

前已指出，邓小平早在 1987 年 4 月就讲过：我们的社会主义制度是有中国特色的社会主义制度。胡锦涛以此为基础，在 2011

---

① 《十七大以来重要文献选编》（上），中央文献出版社 2009 年版，第 9 页。

年庆祝中国共产党成立 90 周年大会讲话中，对党在改革开放新时期的根本成就作了新的概括，即开辟了中国特色社会主义道路，形成了中国特色社会主义理论体系，确立了中国特色社会主义制度。讲话还对中国特色社会主义制度的内容作了论述，指出中国特色社会主义制度是当代中国发展进步的根本制度保障，是我国在经济、政治、文化、社会等各个领域自我完善和发展形成的"一整套相互衔接、相互联系的制度体系"。它的主要内容包括一个根本政治制度（人民代表大会制度），三个重要的基本政治制度（中国共产党领导的多党合作和政治协商制度、民族区域自治制度以及基层群众自治制度等），一个中国特色社会主义法律体系和一个以公有制为主体、多种所有制经济共同发展的基本经济制度，还有建立在上述根本的和基本的制度基础上的经济体制、政治体制、文化体制、社会体制等各项具体制度。中国特色社会主义制度概念的明确提出，拓展和丰富了中国特色社会主义的内涵，使开辟的中国特色社会主义道路、形成的中国特色社会主义理论体系的目的性更加明确，思想更加丰富，对今后国家的发展，尤其是政治体制改革和民主政治建设具有重要指导意义。

为了进一步巩固和发展中国特色社会主义制度，以胡锦涛同志为总书记的中央领导集体还提出以改革创新精神全面推进党的建设新的伟大工程，全面提高党的建设科学化水平。胡锦涛指出："新形势下，党面临的执政考验、改革开放考验、市场经济考验、外部环境考验是长期的、复杂的、严峻的，精神懈怠危险、能力不足危险、脱离群众危险、消极腐败危险更加尖锐地摆在全党面前。"①加强党的自身建设任务比以往任何时候都更为紧迫。新形势下全面提高党的建设科学化水平的总要求，最重要的是牢牢把握党的执政能力建设、先进性和纯洁性建设这条主线，坚持解放思想、改革创新，坚持党要管党、从严治党，全面加强思想建设、组织建设、作风建设、反腐倡廉建设、制度建设，增强自我净化、自我完善、自我革新、自我提高能力，建设学习型、服务型、创新型的马克思主义执政党，确保党始终成为中国特色社会主义的坚强领导核心。加强党的建设，全面提高党的建设科学化水平，是巩固和发展中国特色社会主义制度的决定性举措，也是"治国必先治党，治党务必从严"思想的逻辑延伸。

（四）提出建设社会主义核心价值体系，建设和谐文化，弘扬中华文化，推进文化创新，丰富了中国特色社会主义文化内容。

胡锦涛指出：文化是民族的血脉，是人民的精神家园。国家富强，民族振兴，人民生活幸福安康，需要强大的物质力量，也需要强大的精神力量。以胡锦涛为总书记的中央领导提出的上面几个新思想、新理念，对于激发全民族文化创造力，提高国家文化软实力，扎实推进社会主义文化强国建设具有重要作用。

第一，建设社会主义核心价值体系，更有利于增强社会主义意

---

① 《十八大以来重要文献选编》（上），中央文献出版社 2014 年版，第 38—39 页。

识形态的吸引力和凝聚力。胡锦涛指出：社会主义核心价值体系是根源于民族优秀文化和社会主义先进文化并吸收人类文明成果发展起来的，是我国社会主义文化的引领和主导，决定着中国特色社会主义的发展方向，是兴国之魂。它以马克思主义指导思想、中国特色社会主义共同理想、以爱国主义为核心的民族精神和以改革创新为核心的时代精神社会主义荣辱观四项，构成其基本内容。它以倡导富强、民主、文明、和谐，倡导自由、平等、公正、法治，倡导爱国、敬业、诚信、友善的社会主义核心价值观的培育和践行为其建设的主要任务。它要求牢牢掌握意识形态工作的领导权和主导权，壮大主流思想舆论。

第二，建设和谐文化，更有利于培育文明风尚。以胡锦涛为总书记的中央领导提出的积极构建社会主义和谐社会，其中一个重要方面就是建设和谐文化。和谐文化要求大力弘扬爱国主义、集体主义、社会主义思想，以增强诚信意识为重点，加强社会公德、职业道德、家庭美德、个人品德建设，发挥道德模范榜样作用，引导人们自觉履行法定义务、社会责任、家庭责任。它还要求深入开展群众性精神文明创建活动，完善社会志愿服务体系，形成男女平等、尊老爱幼、互爱互助、见义勇为的社会风尚。建设这样的和谐文化，是人民团结进步的重要精神力量。

第三，弘扬中华文化，更有利于建设中华民族共有精神家园。中华文化，是中华民族生生不息、团结奋进的不竭动力。对于传统文化要全面认识，取其精华、去其糟粕，使之与当代社会相适应，与现代文明相协调；加强中华优秀文化传统教育，运用现代科技手段开发利用民族文化丰厚资源，既能保持民族性，又能体现时代性。这是建设中华民族共有精神家园的重要途径。加强对外文化交流，吸收各国优秀文明成果，既有利于丰富中华文化内涵，又能增强中华文化国际影响力。

第四，推进文化创新，更有利于增强文化发展活力。文化创新是文化体制改革的必然要求，也是繁荣文化的内在需要。文化引领时代风气之先，只有不断创新才能激发文化活力和创造力。胡锦涛指出：深化文化体制改革，创新文化内容和形式，能不断解放和发展生产力，为推动社会主义文化大发展大繁荣提供强大动力。党的十六大以后，文化体制改革逐渐全面展开，文化事业欣欣向荣，文化产业快速发展，文化整体实力和竞争力不断增强，为扎实推进社会主义文化强国建设打下了坚实基础。

四、以习近平同志为核心的中央领导集体开启了新时代中国特色社会主义

党的十八大以来，以习近平同志为核心的党中央以巨大的政治勇气和强烈的责任担当，提出一系列治国理政新理念新思想新战略，出台一系列重大方针政策，继续统筹推进"五位一体"总体布局、协调推进"四个全面"战略布局，使我国经济实力、科技实力、国防实力、综合国力稳固地进入世界前列，我国的国际形象空前飚

升，国际地位和影响力达到新的高度。党和国家事业发生了历史性变革，解决了许多长期想解决而没有解决的难题，办成了许多过去想办而没有办成的大事。党的面貌、国家的面貌、人民的面貌、军队的面貌、中华民族的面貌发生了更加显著的变化。它标志着中华民族开始走向强起来的新时代，比历史上任何时期都更接近中华民族伟大复兴中国梦的目标。

（一）提出中国梦战略思想，统筹推进"五位一体"总体布局，协调推进"四个全面"战略布局，坚持新发展理念，强调中国特色社会主义道路是实现中华民族伟大复兴中国梦的必由之路。

习近平就职伊始就提出中国梦作为实现国家富强、民族振兴、人民幸福的奋斗目标。中国梦把国家利益、民族利益和每个人的利益紧紧连在一起，每个人在为其奋斗中都能实现自己的梦想。实现中国梦，必须坚持中国道路，弘扬中国精神，凝聚中国力量。这是党的十八大以来一系列新理念新战略的源头，也是以习近平同志为核心的党中央治国理政新思想的强大引擎。怎样实现中国梦，习近平推出了两个重大举措：

一个是"四个全面"战略布局。以习近平同志为核心的党中央在统筹推进经济建设、政治建设、文化建设、社会建设、生态文明建设的总体布局过程中，逐步提出并积极推进全面建成小康社会、全面深化改革、全面依法治国、全面从严治党的战略布局。这"四个全面"明确了新的历史条件下党和国家事业发展中必须解决好的主要矛盾，抓住了纷繁复杂的社会主义建设事业的"牛鼻子"，更加理顺了党和国家各项工作的关键环节、重点领域、主攻方向。这是新形势下治国理政方略的主体和核心，也是实现中华民族伟大复兴中国梦的重要保障。

另一个是新发展理念。为实现"十三五"时期发展目标，破解发展难题，厚植发展优势，以习近平同志为核心的党中央提出了"创新、协调、绿色、开放、共享"五大发展理念。这是在深刻总结国内外发展经验教训和深刻分析国内外发展大势的基础上形成的。新一轮科技革命带来更加激烈的科技竞争，必须把创新作为引领发展的第一动力，让创新贯穿党和国家一切工作，不断推进理论创新、制度创新、科技创新、文化创新等各方面创新。新发展理念第一次将绿色发展摆在了发展观中的显著地位，更加强调解决人与自然和谐问题；也第一次将开放发展作为发展观的重要内涵，着重解决发展内外联动，发展更高层次的开放型经济，以扩大开放带动创新、推动改革、促进发展。这五大发展理念相互贯通、相互促进，是具有内在联系的集合体。提出和坚持新发展理念，进一步抓住了发展的要领，深化了对经济社会发展规律的认识，对端正发展观念、转变发展方式、加快建设创新型国家、深入推进供给侧结构性改革、有效提升发展质量和效益都有重大意义，是科学发展观的重大发展。

党的十八大以来，实施"四个全面"战略布局，推行新发展理念，拓展了中国特色社会主义道路内涵，必将推动中国特色社会主义事业健康向前，促成"两个一百年"的奋斗目标顺利实现。这表明以习近平同志为核心的党中央对建设中国特色社会主义方略的把握，对共产党执政规律的探索，达到了新的境界。

（二）以习近平同志为核心的党中央带领全国各族人民，统揽伟大斗争、伟大工程、伟大事业、伟大梦想，提出习近平新时代中国特色社会主义思想，进一步丰富和发展了中国特色社会主义理论体系。

党的十八大以来，国内外形势变化和我国各项事业发展提出了必须从理论和实践结合上系统回答新时代坚持和发展什么样的中国特色社会主义、怎样坚持和发展中国特色社会主义这样重大的时代课题。它包括新时代坚持和发展中国特色社会主义的总目标、总任务、总体布局、战略布局和发展方向、发展方式、发展动力、战略步骤、外部条件、政治保证等基本问题，并且要根据新的实践对经济、政治、法治、科技、文化、教育、民生、民族、宗教、社会、生态文明、国家安全、国防和军队、"一国两制"和祖国统一、统一战线、外交、党的建设等各方面作出理论分析和政策指导，以利于更好坚持和发展中国特色社会主义。围绕这个重大时代课题，党中央坚持以马列主义、毛泽东思想、邓小平理论、"三个代表"重要思想、科学发展观为指导，坚持解放思想、实事求是、与时俱进、求真务实，紧密结合新的时代条件和实践要求，以全新的视野深化对共产党执政规律、社会主义建设规律、人类社会发展规律的认识，形成了习近平新时代中国特色社会主义思想。这是对马列主义、毛泽东思想、邓小平理论、"三个代表"重要思想、科学发展观的继承和发展，是马克思主义中国化最新成果。这个新成果是党和人民实践经验和集体智慧的结晶，是中国特色社会主义理论体系的重要组成部分，是全党全国人民为实现中华民族伟大复兴而奋斗的行动指南，必须长期坚持并不断发展。

特别需要着重指出的是，统揽"四个伟大"实践，起决定性作用的是党的建设新的伟大工程。全面从严治党是新时代党的建设新的伟大工程的核心。这是一场伟大的自我革命，着力解决人民群众反映最强烈、对党的执政基础威胁最大的"四风"问题，开展反腐败斗争。一个时期，西方发达国家鼓吹的"只有实行两党制才能反腐败"的所谓普世价值甚嚣尘上，那种认为中国共产党不可能反腐，"反腐党亡，不反腐国亡"的谬论广为流传。但是党中央不信这个邪，以猛药去苛、重典治乱的决心，以刮骨疗毒、壮士断腕的勇气，进行自我革命。习近平指出：这是一场输不起、也决不能输的战争。为了决战决胜，实施了三大重要举措：一是在思想理论上创造性地提出了"坚持思想建党和制度治党紧密结合"的新理念，作为自我革命的根本指针。二是狠抓思想作风建设，切实进行群众路线反"四风"和"三严三实"等教育，将集中教育活动和思想教育的常抓、细抓和实抓工作相结合，作为纠正不正之风，密切党和人民群众关系的常态化平台。三是以雷霆万钧之势开展反腐败斗争，标本兼治，坚持"打虎"、"拍蝇"、"猎狐"，全覆盖、零容忍。经过短短五年，反腐败斗争压倒性态势已经形成并巩固发展，党的面貌焕然一新。全面从严治党这场伟大的自我革命，不仅校正了党和国家前进的航向，解决了党和国家事业发展带有全局性、根本性、方向性的问题，而且成功地挑战了西方国家和全盘西化论者认为的不可能。那些谬论在反腐败斗争的巨大成就面前被唾弃。如果说党的十一届三中全会后纠正"左"的错误，是党的路线问题的拨乱反正；那么十八大以来反对"四风"和反腐败斗争，则是党的作风建设的一次拨乱反正。

这场伟大的自我革命，证明中国共产党完全有能力反对腐败。全面从严治党的理论和实践，为解决共产党的腐败变质走出"历史周期率"初步找到了"秘笈"。正因为如此，习近平新时代中国特色社会主义思想，把当代中国马克思主义提到了新高度，同毛泽东思想、邓小平理论一样，实现了马克思主义的基本原理同当代中国实践和时代特征相结合的又一次历史性飞跃，是对中国特色社会主义理论体系的极大丰富和发展。

（三）提出国家治理体系和治理能力现代化，建立各级监察委员会，深入推行全面依法治国，对于巩固、发展和完善中国特色社会主义制度具有深远意义。

2014 年党的十八届三中全会提出推进国家治理体系和治理能力现代化，即国家治理现代化，是一个非常重要的创新性战略思想。过去讲的四个现代化主要属于经济社会发展基础层面的现代化；国家治理现代化属于社会制度上层建筑，是具有顶端设计性质的现代化。它既是对邓小平 1980 年讲的改革党和国家领导制度思想的提升，也是对邓小平 1992 年南方谈话讲的到建党百年之际在各方面形成一整套更加成熟、更加定型制度的目标的重要推进。它要求坚决破除一切不合时宜的思想观念和体制机制弊端，突破利益固化的藩篱，吸收人类文明有益成果，构建系统完备、科学规范、运行有效的制度体系，充分发挥我国社会主义制度优越性。这是一项极为宏大的工程。它需要对各项重要制度进行全面系统的改革和改进，是各领域改革和改进的联动和集成，从而才能在国家治理现代化上形成总体效应、取得总体效果。提出和推进国家治理现代化，对于巩固、发展和完善中国特色社会主义制度，引领中国人民去实现中华民族伟大复兴的中国梦，具有深远意义。

作为推行国家治理体系和治理能力现代化的一个重要举措，是根据十九大报告在十三届全国人大一次会议通过宪法修正案和监察法后成立了国家、省、市、县监察委员会，同党的纪律检查机关合署办公。这是从我国历史传统和现实国情出发加强对公权力监督的重大改革创新。改革开放以来的历届中央一直在探索党长期执政条件下自我监督的有效途径。特别是党的十八大以来，党内监督得到有效加强，监督对象覆盖了所有党组织和党员。这就要求从国家层面构建监察体系，对党内监督覆盖不到或者不适用于执行党的纪律的行使公权力的公职人员依法实施监察。整合各个系统的监察、反腐机构，新建国家监察体系，成立各级监察委员会的重大举措就应运而生。在国家机构中设立监察机关，代表党和国家对所有行使公权力的公职人员进行监察，这也是汲取中华民族历史文化智慧、总结管党治党和治国理政经验的重大成果。我们国家在长达两千多年历史上就有一套自上而下的独立于行政和司法的监察体系。它的合理、有效因素可以作为深化国家监察体制改革的借鉴。监察委员会同党的纪律检查机关合署办公，有利于对所有行使公权力的公职人员监察实行全覆盖，健全党领导反腐败工作的体制机制，是对权力制约体制的新探索，具有鲜明的中国特色和时代特色。它标志着集中统一、权威高效的中国特色国家监察体制正在形成，是对包括监督制度在内的中国特色社会主义制度的丰富和发展。

深入推行全面依法治国，是巩固、发展和完善中国特色社会主义制度的重要内容。2014 年 10 月十八届四中全会专门审议并通过《中共中央关于全面推进依法治国若干重大问题的决定》，具有非同凡响的意义。在新中国成立 60 多年和改革开放 30 多年的历史上，以中共中央全会名义专门讨论依法治国问题，这是没有先例的。习近平总书记指出："没有全面依法治国，我们就治不好国、理不好政，我们的战略布局就会落空。"全面依法治国是中国特色社会主义的本质要求和重要保障，必须把党的领导贯彻落实到依法治国全过程和各方面，完善以宪法为核心的中国特色社会主义法律体系，建设社会主义法治国家。中央关于全面推进依法治国若干重大问题的决定，明确全面推进依法治国的总目标，就是建设中国特色社会主义法治体系，建设社会主义法治国家；强调依法治国首先是依宪治国，依法执政关键是依宪执政，要求健全宪法实施和监督机制；强调提高维护社会公平正义最后一道防线的司法公信力。《决定》还提出了全面依法治国的许多新理念，包括首次提出坚持法治国家、法治政府、法治社会一体化建设这个新观点，并对其如何实施提出了一系列重要举措。随后，又颁发《法治政府建设实施纲要（2015—2020 年）》，明确提出到 2020 年全面建成小康社会之时，要如期实现法治政府基本建成。这实际上是法治国家、法治政府、法治社会一体化基本建成的奋斗目标。深入推行全面依法治国，进一步开创党和国家政治文明风气之先，标志着我国民主政治建设进入了中国特色社会主义新时代，也更加巩固、发展和完善了中国特色社会主义制度。

（四）提出文化自信是更基础、更广泛、更深厚的自信，着力培育和践行社会主义核心价值观，将传承和弘扬中华优秀传统文化作为治国理政重要思想文化资源，更加强调中国特色社会主义文化是激励全党全国各族人民奋勇前进的强大精神力量。

党的十九大的一个新理念，是将中国特色社会主义文化同中国特色社会主义道路、理论、制度一起，作为中国特色社会主义的重要内涵，"三个自信"扩展为"四个自信"。这反映了党对文化地位和作用认识的深化，体现了以习近平同志为核心的党中央高度的文化自觉和文化担当。习近平指出，文化自信是更基本、更深沉、更持久的力量。坚定中国特色社会主义道路、理论、制度自信，说到底就是要坚定文化自信。中国特色社会主义文化，源自于中华民族5000多年文明历史所孕育的中华优秀传统文化，熔铸于党领导人民在革命、建设、改革中创造的红色文化和社会主义先进文化，植根于中国特色社会主义伟大实践，是激励全党全国各族人民奋勇前进的强大精神力量。

以习近平同志为核心的党中央对坚定文化自信，发展中国特色社会主义文化，特别强调这样三个方面：

一是大力培育和践行社会主义核心价值观。党的十八大以来，社会主义核心价值观把涉及国家、社会、公民三个层面（富强、民主、文明、和谐；自由、平等、公正、法治；爱国、敬业、诚信、友善）的价值要求融为一体，是当代中国精神的集中体现，成为具有特色的"中国价值"。党的十九大要求，培育和践行社会主义核心价值观，要着力培养担当民族复兴大任的时代新人。用社会主义核心价值观凝魂聚力，更好地构筑中国精神、中国价值、中国力量。习近平总书记形象地指出，要使社会主义核心价值观的影响像空气一样无所不在，无时不有。这就要求运用各类文化形式、通过各种管道全方位贯彻和深层次宣传，充分发挥社会主义核心价值观对国民教育、精神文明创建、精神文化产品创作生产传播的引领作用，使社会主义核心价值观内化于心、外化于行，成为广大人民群众的情感认同和行为准则。培育和践行社会主义核心价值观，既是一个持续延绵的建设工程，又需要潜移默化、滴水穿石地发生影响，久久为功，提升公民素质和民族素质。

二是大力强调传承和弘扬中华优秀传统文化。博大精深的中华文化积淀着中华民族最深沉的精神追求，蕴含着中华民族最根本的精神基因，是中华民族生生不息、发展壮大的丰厚滋养。习近平总书记高度重视中华优秀传统文化，反复强调它是中华民族的独特优势，中华民族伟大复兴需要以中华文化发展繁荣为支撑，必须结合新的时代条件传承和弘扬好中华优秀传统文化。中华优秀传统文化不仅对形成和丰富中华民族精神、推动中国社会发展进步发挥巨大作用，而且其丰富的哲学思想、人文精神、道德理念等也蕴藏着解决当代人类面临诸多难题的重要启示。因此，坚持和发展中国特色社会主义文化，必须忠实传承和弘扬中华优秀传统文化，为认识和改造世界提供有益启迪，为治国理政、建设中国特色社会主义提供史鉴。

三是大力要求提高国家文化软实力。文化软实力集中体现一个国家基于文化而具有的凝聚力和生命力，以及由此产生的吸引力和影响力。习近平总书记指出，提高国家文化软实力，关系我国在世界文化格局中的定位，关系我国国际地位和国际影响力，关系"两个一百年"奋斗目标和中华民族伟大复兴中国梦的实现。据此，首先需要深化文化体制改革，推动文化事业和文化产业的发展，更好构筑中国精神、中国价值、中国力量，夯实国家文化软实力的根基。同时，也要"不忘本来、吸收外来、面向未来"，着力扩大中华文化影响，推进国际传播能力建设，增强对外话语的创造力、感召力、公信力，讲好中国故事，让世界了解一个多面的透底的真实的中国。

党的十八大以来，一个显著特点就是通过强调文化自信，激发全民族文化创新创造活力，推动社会主义文化繁荣兴盛，努力建设社会主义文化强国，铸就中华文化新辉煌。这是中国特色社会主义文化进入新时代的重要新气象。

我们说改革开放 40 年成就了当代中国的"新新盛世"。这并不是说盛世就十全十美、尽善尽美，没有不足、缺陷、短板乃至失误。正如没有完人一样，也不可能有完美无缺的盛世。但这是一个继续前进为实现"两个一百年"奋斗目标的坚实基础，也是一个再创辉煌为实现中华民族伟大复兴中国梦的新的起点。奋斗没有休止符，中国共产党为了谋划中国人民的利益和中华民族的福祉永远在路上。

实践篇

PRACTICE

第一章

小岗村的故事

一个只有百十户人家的小村庄，在我们所处的星球，甚至我们所在的960万平方公里的中国大地上，都显得那么微不足道；40年，在人类漫长的历史长河里，也不过是弹指一挥间。然而，安徽省凤阳县小岗村在过去的40年中，以一声惊雷，掀开了波澜壮阔的中国改革开放的大幕，又以风云激荡的探索和沧海桑田般的巨变，成为中国改革开放历史征程的直接参与者和受益者，她的功绩彪炳史册，她的故事震撼人心，她的启示发人深思。

一、惊雷：红手印按开中国农村改革的序幕，小岗人农业生产的热情一夜间迸发出来，一举解决吃饭的问题

"大包干，大包干，直来直去不拐弯；保证国家的，留足

集体的，剩下都是自己的。"——《大包干歌》

"我们分田到户，每户户主鉴（签）字盖章，如以后能干，每户保证完成每户的全年上缴和公粮，不在（再）向国家要钱，要粮。如不成，我们干部坐牢刹（杀）头也干（甘）心，大家社员也保证把我们的小孩养活到十八岁。"

这是珍藏于国家博物馆的一张40年前的白纸上的文字，尽管其中有好几个错字，但在其下面18户农户户主的姓名上，一颗颗鲜红的手印和印章，却构成了决定这些穷困农民的命运，甚至整个国运走向和发展进程的"生死契约"，其分量，虽千钧不能比拟。40年后的今天，驻足凝视，仍能感受到当时那间茅草屋内18个农民怦怦的心跳，以及划破黑暗长空的一声惊雷。

那么，这一历史时刻是如何产生的呢？

（一）手脚被捆住，新中国成立后小岗人的艰辛探索

"说凤阳，道凤阳，凤阳本是好地方，自从出了朱皇帝，十年倒有九年荒。大户人家卖骡马，小户人家卖儿郎。奴家没有儿郎卖，身背花鼓走四方。"一曲传唱600年的凤阳花鼓，道尽了封建时代凤阳移民在自然灾害、官吏欺凌、苛赋繁役多重侵害下所经受的贫穷与苦难。然而，也正是在这种贫穷与苦难的磨砺下，凤阳人民孕育出了抵御艰难、敢于抗争、不屈服于命运的智慧与勇气。

位于江淮之间滁州市凤阳县东南约 20 公里的小岗村，是中国中东部再普通不过的一个村庄了。因为地处偏僻的江淮分水岭丘陵岗地，易旱易涝，土层浅、肥力不足，耕作难度大。新中国成立伊始，土地改革运动让大多为贫农、雇农、佃农的小岗农民分得了土地和财产，实现耕者有其田，小岗人翻身做主人，他们也用辛勤劳作和较高产出回报着新中国。然而，随着我国农村社会主义农业合作化道路的确立，互助组、初级社、高级社，直至后来的人民公社陆续在全国推开，跑步进入共产主义的激情犹如一股巨浪，将亿万中国农民裹挟进来。他们渐渐迷失了方向、丧失了干劲，但在巨大的生存压力下，又以不顾生死的勇气爆发出多种形式的抗争。

在社会主义农业合作化的浪潮中，小岗村自然无法独善其身。1955 年，小岗村成立了一个由 4 户农民组成的互助组——小岗互助组，"小岗"之名从此诞生（此前，小岗实为与大严、小严等 3 个自然村合并而成的"大严村"），而其余 30 户仍坚持"单干"。自1955 年下半年起，我国农业合作化运动又掀起了一个高潮，小岗人"一步登天"加入了高级社，开启了"集中经营、集中劳动、统一分配"的农业生产模式。由于高级社的规模超过了当时干部的管理水平，加之农民觉悟水平有限，"瞎指挥""统一分配""吃大锅饭"等现象开始出现。1957 年秋季，小岗水稻几乎颗粒无收，全队年总产仅为 6 万多斤。据小岗村民严立坤回忆，这一年，小岗人均只分到 5 斤半小麦，小岗生产队第一次吃上了国家的返销粮，第一次用上了国家的救济款。

1958 年，在"总路线""大跃进""人民公社"三面红旗下，小岗人一夜之间全部当上了"卫星人民公社"（后改称"小溪河人民公社"）社员。据当时任严岗连会计的小岗社员严立坤回忆，当时水稻亩产仅 150 斤，却要上报 1500 斤；小麦亩产仅 50 斤，却要上报 500 斤，有的会计上报少了就要挨批斗。小岗人说："自打入了社，日子不好过，天天放卫星，肚子没饱过。"

面对中国农村日益困难的局面，从 1960 年下半年起，党中央和毛泽东同志开始着手对党的农村政策进行一系列调整。1961 年 3 月，中共中央制定了《农村人民公社条例（草案）》，各地"公共食堂"随之宣布解散。9 月 4 日，中共凤阳县委下达《关于试行田间管理责任制奖励的办法》文件，推广"责任田"，其核心内容是：定产到田，包工到户。"责任田"的实行，小岗人大加赞扬："责任田，实在好，干部社员都想搞。人人争先进，个个干劲高。不用公鸡来打鸣，不用队长来吹哨，放下饭碗就往田里跑……""责任田"让小岗人暂时渡过了饥饿危机，有的家中还出现了结余，因此，"责任田"也被小岗人称为"救命田"。

然而，形势急转直下。从 1961 年 11 月 13 日，中共中央下发了《关于在农村进行社会主义教育的指示》，"单干风"被上升为社会主义与资本主义两条道路的斗争，"责任田"遭到无情扼杀。对此，当时小岗人曾反驳说："什么方向对、方向错，只要收到粮食就是方向对。搞责任田就能多收粮食，就是方向对。"

尽管小岗人对改正责任田不满，但党的八届十中全会通过的《农村人民公社工作条例（修正草案）》（简称"六十条"），却给他们留下了一丝希望，家庭副业、自留地政策让小岗人的口粮多了，有的还种起了山芋、菊花，有的干起了弹棉花、制挂面、炸馓子、磨豆腐、下黄鳝的家庭副业，还有的干起了小炉匠、小石匠。孤儿严立华就是在这时候返回家乡，靠勤劳的双手盖起了三间草房，10多年后，18户农民按红手印的壮举就是发生于此。小岗全队的粮食产量从1961年的1.6万斤上升到1965年的3.5万斤。

1966年5月，"无产阶级文化大革命"运动开始了。在"学大寨就是走社会主义道路，反对学大寨就是走资派"等口号下，小岗好不容易培养起来的少得可怜的自主生产、自主贸易、自主发展"萌芽"被当作"资本主义尾巴"无情而彻底地割掉。自留地大大减少、柿子树不让多栽、每户养家禽不能超过10只，连农民们多年养成的赶集习惯也被多方限制。

1975年，30出头年富力强的严金昌，凭借勤劳和智慧养羊、养猪、种柿子和蔬菜，一年家庭收入合计八九百元，年初还当上小岗生产队队长。然而，上面要找个搞资本主义的暴发户作为批斗典型，找来找去就找到了严金昌，不仅撤了他队长的职，还进行几次批判，罚他参加学习班和义务劳动。"当时我给工作组算了一笔账，我全家9口人，每人每天吃1斤粮食，市场上的高价粮3角多钱1斤，每年吃粮就需要1000块钱。我家挣的这些钱连吃饭都不够，况且还要穿衣穿鞋，买其他生产生活用品，还要供几个孩子上学。这样算来，一年下来只能勉强不讨饭，维持最低生活水平，谈何'暴发户'呢！"回忆起当年的情形，严金昌记忆犹新。如今，75岁的严金昌再次成为小岗村的致富典型，他带着子女一起流转土地，搞特色种养，开农家乐饭馆、超市、浴室，一年纯收入起码20多万元。"要过上好日子，只有靠辛苦干。不过那个时候累死累活也挣不到几个钱，还要冒着被批斗的风险，现在勤劳就能致富，没有风险，心里踏实。真是有天壤之别啊！"严金昌说。

随着大批判的不断深入，干活"大呼隆"、分配上"吃大锅饭"。"迟出工，早下工，田里磨洋工，反正记得一样工。队长吹哨吹破嘴，催人上工跑断腿，折腾半晌人半数，干起活来鬼混鬼。上工如拉纤，放工似火箭，一天尿尿十几遍。"这些顺口溜，成为当时情况的生动写照。"算盘响，换队长"，这一时期，小岗生产队20户人家户户当过队干部，小岗成了远近闻名的"吃粮靠返销、用钱靠救济、生产靠贷款"的"三靠队"。据统计，"文革"十年，小岗生产队人均年收入不到30块钱，每年吃国家供应粮5至8个月。最差的1968年，每人每天仅有2两8钱口粮、4分钱收入。

为了生存，包括小岗人在内的很多凤阳人"碗当鼓，盘当锣，偷偷摸摸下南乡"。不得不重新顺着先人们所走过的路，背起上辈们曾用过的花鼓，乞食卖艺，漂泊异乡。严美昌回忆说，"文革"期间，他每年外出乞讨的时间有8个月，"小岗家家穷光蛋，磙子一住就要饭"成了当地人人皆知的顺口溜。这一时期，凤阳县人口外流遍及大半个中国，凤阳人"穷"出了名。

今年 74 岁的陈怀仁，是凤阳县人大常委会原副主任，著有《凤阳大包干实录》。20 世纪七八十年代作为凤阳县委办的秘书，他经常跟着时任凤阳县委书记陈庭元下乡，对小岗率先开展"大包干"的根源有着自己的见解："社会主义集体化道路走得太快了，没有做到实事求是，生产关系严重脱离了生产力这个基础，不符合当时人民群众的愿望和要求。加之中国几千年文化养成国人普遍唯上、服从的性格，导致问题越积越大，错误越陷越深。"

打破旧体制的束缚，吃饱肚皮活下去，已迫在眉睫。

（二）"联产计酬"，凤阳率先探索农业生产责任制

1976 年 10 月，"四人帮"被粉碎，中国历史掀开了新的一页。此刻，已在全国各地萌动的农业生产责任制变革，正以积蓄已久的磅礴力量，对旧有思想和体制机制进行猛烈冲击。

凤阳县马湖公社书记詹绍周，1975 年春天在社员的要求下，暗地里对烤烟等经济作物实行"分组作业，定产到户，以产计工，超产奖励，减产赔偿，费用包干，节约归组"的农业生产责任制，即"联产计酬"。这种做法有效地调动了群众的生产积极性。当时，人们将其带来的农村全新局面总结为："联产计酬，简便易行；群众欢喜，干部省心。多劳多得，出勤出力；懒汉二流，受到教育。互相帮助，齐心协力；资金困难，大家筹集。科学种田，讲究实际；增产增收，成本降低。贡献增多，巩固集体；比学赶帮，人人争气。"

　　1977 年 6 月，中共中央任命万里为安徽省委第一书记、省革委会主任、省军区第一政委，全面主持安徽工作。万里到任后，亲自深入包括凤阳在内的安徽广大农村，就当前农村迫切需要解决的政策问题，倾听基层干部和社员的心声，掌握了第一手材料。经过 3 个月的调查研究和酝酿讨论，制定了省委《关于当前农村经济政策几个问题的规定（试行草案）》（简称"省委六条"），并于 11 月 20 日以省委文件的形式向全省广大农村干部群众进行传达。"省委六条"突破了许多"学大寨"运动的"禁区"，鼓励自留地和家庭副业，尊重生产队的自主权，规定可以建立不联系产量的生产责任制，在劳动计酬上，对少量农活可以实行定额计酬。但是，文件也明确规定：不许包产到组，不许包干到户。

　　"省委六条"受到包括小岗社员在内的全省农民的热烈欢迎，也在一定程度上加速了中国农村改革序幕的拉开。农民出身的陈庭元出任中共凤阳县委书记，他积极贯彻"省委六条"，在全县广泛推行"一年早知道"和"一组四定"等生产责任制做法。至此，马湖公社实行了 3 年之久的烟叶"联产计酬"，逐渐由秘密转为公开。詹绍周决定把这种方法推广到粮食作物上去，并在一次会议上向陈庭元进行了汇报。会上，陈庭元没有表态，会后，他单独找詹绍周谈话，提出 3 条意见，鼓励要先干起来，不要先讲出去，干了就要干好，要深入群众了解情况，及时解决出现的问题。此后，"联产计酬"在马湖公社全面推行。

　　1978 年 7 月 19 日，万里再次到凤阳检查工作。此时，"实践是检验真理的唯一标准"大讨论已开展了两个多月，人们的思想已发生了较大变化，要求改革的呼声越发响亮。在听取了凤阳县关于马湖公社实行"联产计酬"责任制的情况汇报后，万里派人进行深入调查，并将调查报告带至党的十一届三中全会，上报党中央。本次全会通过的《中共中央关于加快农业发展若干问题的决定(草案)》吸收了万里上报材料的意见，作出规定："可以在生产队统一核算和分配的前提下，包工到作业组，联系产量计算报酬，实行超产奖励。"至此，马湖公社"联产计酬"生产责任制终于得到中央的同意。而小岗村的"大包干"正是受"联产计酬"的启发和鼓励，对生产责任制进行了更彻底的变革。

（三）"包干到户"，小岗村18户农民按下红手印

1978年秋，安徽省发生多年罕见的特大旱灾，秋种无法进行，凤阳县是重灾区。9月1日，省委召开紧急会议，万里动情地说："我们不能眼看农村大片土地撂荒，那样明年生活会更困难，与其抛荒，倒不如让农民个人耕种，充分发挥各自潜力，尽量多种'保命麦'度过灾荒。"经过激烈争论，省委及时作出了"借地度荒"的决定：凡是集体无法耕种的土地，可以借给社员种麦种油菜，超过计划扩种的小麦，收获时不计征购，由生产队自行分配，并鼓励农民开荒多种，谁种谁收，国家不征公粮不分配统购任务。

"借地度荒"这一重要举措，与此时正在凤阳县推行的"联产

计酬"，极大地激发了广大农民的生产积极性，很多地方超额完成秋种计划，扭转了被动局面。不少地方先后出现了联产承包责任制，有的包到组，有的包到户，而凤阳县小岗村正是在这个时候走上了历史舞台的最前面。

1978 年麦子种完后不久，严俊昌、严宏昌和严立学 3 人组成小岗生产队新的班子。他们按照凤阳县委"队为基础，一组四定（定任务、定时间、定质量、定工分）"要求，将小岗队分成 2 个组，队干部抓阄分到各组。才分到组，各组内部又"捣"了起来，队干部无法解决，便请示公社，要求再分组。公社知道这个队"难缠"，破例同意小岗分 4 个组。谁知刚分没几天，各组内部又"捣"起来了，原因是组越小，劳动中谁吃亏，谁占便宜，看得更清楚，天天为上工早迟、计分多少、分工不合理吵闹。

十多天后，队干部无脸去找公社，便瞒着公社，在严学昌家开会，将全队分成 8 个作业组，每个组基本上都是兄弟俩、兄弟仨、父子三家，或者两家邻居。按说，这是"被窝里划拳——未掺外手"，可分成 8 个组的小岗，还是"捣"。

面对如此僵局，小岗生产队的领导班子为难了。一日，队干部与几位社员拉家常，谈到了各组的矛盾，社员说："我们队要想不吵不闹，要想有碗饭吃，只有分开，一家一户地干，就怕政府不准干，你们当干部的也不敢干。"

几天后的一个夜晚，在村头的严立华家，队干部召集全体户主开会，严国昌、关友德外出，其余 18 户全部到齐。队干部说："今天把大家找来开个会，主要请大家谈谈，各个组内部怎样才能不吵不闹？怎样才能把生产搞好？"

"1961年搞的责任田很管经（管用），要想不吵不闹，只有分开干。其他办法我看是没有了。"

"刚解放时，我们都是单干，那时人们都和和气气，家家都有余粮。单干肯定能干好，但是不能被允许，你们当干部的也不敢干。"

"只有单干，我们才能不吵不闹。"

"如果我们再干不好，只能怪自己。"

"如果同意我们单干，我们保证不给你们队干部添半点麻烦。"

大家七嘴八舌地议论开了！

这时队干部站起来说："既然大家都想单干，我们当干部的也不装孬。不过，这事只能偷偷地干，不能对外面讲，谁要是讲出去谁不是人！"

十几个人异口同声回答："对，谁讲谁不是人！"

这时队干部说："看样子我们队只有分到户干了，但是，我们必须订个协定：第一，我们分田到户，瞒上不瞒下，不许向任何人讲，谁讲出去，谁个不是人。第二，午秋两季交粮油时，该是国家的给国家，该是集体的给集体，到时不准任何人装孬种，更不能叫我们干部上门要。只要大家同意这两条意见，我们就立个字据、摁上手印，我们干部就同意干。"

"同意，我们同意！"大家齐声说。

这时有群众提出："单干可不是闹着玩的，上面知道了，干部是要首先倒大霉的。我补充一条：万一走漏风声，队干部为此蹲班房，我们全体社员共同负责把他家的农活全包下来，还要把他的孩子养到 18 岁。"又是一片赞同声。

于是形成了如下意见：

1. 我们分到户以后，每户午秋二季所收的头场粮食，就要把国家征购和集体提留交齐，谁也不准装孬种。

2. 我们是明组暗户，不准任何人向上面和外人讲，谁讲谁不是人。

3. 如果队干部因为分田到户而蹲班房，他家的农活全队社员包下来，还要把小孩养到 18 岁。

接着，关廷珠、严立华、严金昌、关友江、严俊昌、严宏昌等18 个人分别在字据上摁下了手印或者印章。当时，这 18 位普普通通的贫困农民怎么也不会想到，他们正以自己的大胆行为，创造了历史。

（四）顶住压力，"大包干"在干部的保护下，茁壮"成长"

世上没有不透风的墙。小岗人虽然自己没说，但邻队的社员还是看出来了，便把这个秘密向梨园公社透了底。公社立即把队干部叫去查问，又派人下去"明察暗访"，终于掌握了"证据"，严厉斥责小岗队的干部，说他们胆子太大了，这样搞是单干。

"我们小岗太穷，只想多收点粮食，社员有碗饭吃。"两位队干部辩解道。

几天后，公社召开会议，要求小岗必须并起来，而小岗村社员的意见是一致的：不能拢起来。不给贷款，自己想办法；不给化肥，我们不要了；不给牛草，到外面去借。

就在这个节骨眼上，1979 年 4 月 10 日，凤阳县委书记陈庭元带着秘书陈怀仁到小岗队实地调查。"这次调查，我们第一次发现了小岗村分田到户的秘密。"陈怀仁说。那天下午，他们的吉普车停在了小岗村头，却发现没有了往常集体耕种的场景，田里只有一对 30 出头的青年男女在干活。陈庭元上前询问，"是锄花生哩？两口子吧？你们是不是分田单干了？"两人连忙否认分田，说是分到组干呢，但陈庭元已心知肚明。他还不忘帮两人打圆场，问，"一个组起码 10 多个劳动力，你们组就两个人在干活，其他人去赶集了吧？"两人连忙回答，"对对对！"

1978 年前后的中国，正处在十分紧要的历史转折关口。尽管邓小平复出，党的十一届三中全会召开，把党和国家工作中心转移到了经济建设上来，"科学的春天"、恢复高考、国门初开，带给中国一股强劲而清新的空气，"解放思想、实事求是"的思想大解放也在冲击着人们旧有的观念。但在农村和农业生产领域，即使是已悄然实行的包产到组，也是一个非常敏感的话题，因为这是与人民公社"一大二公"的集体化道路是相违背的，担着极大的风险，更不要说小岗村的包干到户了。"左"的思想仍然制约着中国农村的发展。1979 年 3 月 15 日《人民日报》刊登了张浩的读者来信，并配发了《三级所有，队为基础，应该稳定》的编者按，更是将围绕农村农业政策的思想交锋推向高潮。

没有小岗人的"敢闯、敢试、敢为人先"，就没有"大包干"的"十月怀胎，一朝分娩"，也就没有各级党委、政府和领导干部的敢于担当，"大包干"这一襁褓中的婴儿是不可能顺利"存活"下来、"成长"起来的。面对有的干部坚决要小岗再并起来，不能搞单干，支持小岗就是支持搞资本主义的"威胁"，凤阳县委书记陈庭元顶住压力，一锤定音地说："算了吧，都已经分了，再并回去各家的投入有大有小也不好算，就让他们干到秋吧。"他还在不同场合说过："农民已经穷'灰'掉了，还能搞什么资本主义？全县有两千多个生产队，就算这一个是搞资本主义，也搞不到哪里去。"据陈怀仁的日记记录，从 1979 年 4 月到年底，陈庭元先后 10 多次到小岗村，观察他们的责任制实行情况，帮他们解难题、定计划，并通过"不制止、不宣传、不推广"的方法，将小岗的包干到户责任制保护了下来。

1979 年 6 月 5 日，万里在凤阳实行大包干后首次前来视察，陈庭元在汇报时说了两段顺口溜："大包干，大包干，直来直去不拐弯；保证国家的，留足集体的，剩下都是自己的。""大包干，真正好，干部群众都想搞，只要给干三五年，吃陈粮，烧陈草……"万里听到这些来自民间的乡谚俚语，笑得十分开心。他说，如果个人和集体都变富，我就批准你们的"大包干"干他三五年！

1998 年 9 月 22 日，中共中央总书记江泽民到小岗村视察，听了当年的顺口溜，笑着说："农民的语言简洁生动，一下就把家庭承包经营的好处说明白了。"

（五）立竿见影，包干到户让小岗一年翻身

1979 年是小岗实行大包干的第一年，即便遭遇罕见大旱，也仍然取得大丰收。粮食总产 13.3 万斤，相当于"文革"期间年均产量的 4 倍；油料总产 3.5 万斤，相当于之前 20 年产量的总和；交售粮食 6.5 万斤，自合作化以来第一次向国家交售余粮；交售油料 2 万斤，超过任务的 80 倍；归还贷款 800 元，小岗历史上第一次归还国家贷款；人均收入 400 元，是 1978 年的 18 倍。

农业丰收了，人们的精神面貌也发生了根本性变化。见到有客人来就会捧出炒熟的花生、瓜子招待；看见外地讨饭的来了，他们也把大捧大捧的山芋干，大把大把的玉米、高粱拿给人家；过去收割季节，到处防偷窃，看场的看场，看田的看田，还是免不了丢黄豆、少山芋，现在那么多花生都摊在田里，晒在田里，那么多的山芋干都撒在荒野上，从未发现谁家的东西少了。

"说凤阳，道凤阳，凤阳如今大变样。三中全会路线好，爱民传统大发扬。政策归心干劲足，五谷丰登粮满仓。花鼓小锣唱新歌，穷乡飞出金凤凰。"这首重新填词的凤阳花鼓表达了小岗人收获大包干成果的喜悦心情，反映了小岗人对党的改革开放政策的赞誉。

1980 年春节前夕，万里专门来到小岗村考察。万里高兴地说：

"哎呀，这回好了，可以随便吃饺子，面条了。"此后，对于不时传来的反对大包干的声音，万里的意见是，"大包干只要能增产，不仅今年干，明年还要干。"这让干部群众又吃了一颗定心丸。1981年底，全国已有 90% 以上的生产队建立了不同形式的农业生产责任制。

1980 年 5 月 31 日，邓小平同志在《关于农村政策问题》的谈话中指出："'凤阳花鼓'中唱的那个凤阳县，绝大多数生产队搞了大包干，也是一年翻身，改变面貌。有的同志担心，这样搞会不会影响集体经济。我看这种担心是不必要的。"

1980 年 9 月 27 日，中共中央印发了《关于进一步加强和完善农业生产责任制的几个问题》的通知，指出可以"包产到户"，也可以"包干到户"，并在一个较长的时间内保持稳定。大包干从此有了全国的"户口"。

1981 年 10 月 1 日，邓小平同志在接见哥伦比亚外长莱莫斯时说："有个美国女教授到我们历史上最穷的地方——凤阳访问，看完后印象很深……最近两年多有变化，农村实行了新的农业政策——责任制，调动了农民的积极性。地方还是一个地方……现在一下子变了，而且很不错，就是这一两年的时间翻了身，完全摆脱了贫困落后的面貌。"

1982 年 1 月 1 日，被称为"中央一号文件"的《农村工作会议纪要》，肯定了"包产到户""包干到户"在内的各种生产责任制"都是社会主义集体经济的生产责任制"。

1984 年国庆节，庆祝新中国成立 35 周年盛大游行，北京市农民的游行队伍前抬着写有红色大字的巨幅标语——"联产承包好"。

启示：

马克思说："历史活动是群众的活动。"毛泽东同志说："人民，只有人民，才是创造世界历史的动力。"习近平总书记说："人民是历史的创造者，是决定党和国家前途命运的根本力量。"以小岗人为代表的中国农民在现实所迫下开展了多种形式的"大包干"，以大无畏精神创造了历史，推动了中国改革开放的新征程，就是对人民历史作用的生动诠释。

在长期革命和建设实践中，中国共产党人正是掌握了群众路线这一法宝，一切为了群众，一切依靠群众，从群众中来，到群众中去，才取得了一个又一个伟大的胜利。

从新中国成立后至小岗"大包干"的整个过程中，从中央到地方，各级干部正是紧紧抓住人民的需求，从人民的愿望出发，尊重人民主体地位和首创精神，始终保持同人民群众的血肉联系，对农村政策进行不断的调整、完善、提高。即使在农业合作化、大跃进、人民公社运动的狂热时期，中央和各地也根据现实状况和基层呼声，对僵化的政策进行"松绑"，让人民群众能在现有体制内尽可能地提高生活水平。正是秉持"以人民为中心"的理念，中国这艘承载 13 亿多中国人民伟大梦想的巨轮才能在以习近平同志为核心的党中央的领导下，乘风破浪，不断创造新时代新的历史伟业。

二、探索：解决温饱让小岗人度过了幸福的 80 年代，而置身商品经济的大潮中，如何成为时代的弄潮儿，小岗人进行了坚决而艰辛的探索

"当这个时代到来的时候，锐不可当。万物肆意生长，尘埃与曙光升腾，江河汇聚成川，无名山丘崛起为峰，天地一时无比开阔。"——引自财经作家吴晓波《激荡三十年》一书

"大包干"拉开了中国农村改革开放的大幕。农村改革推动了城市改革，并形成农业和工业、农村和城市之间相互影响、相互促进的改革洪流，从而使改革向更深入、更广阔的领域行进。小岗村正是在改革开放的浪潮中，开启了从温饱向致富奔小康的征程，其间探索尤其令人深思。

（一）80 年代：吃饱穿暖的幸福洋溢在小岗人的脸上

"一进村头，首映眼帘的是：两排富有时代特征的房屋建筑群挺立在银装素裹的树丛中。前排是小岗队过去遗留下的茅草屋，后排是建在柿子园中一幢幢红砖青瓦带廊檐的新农庄。那雪地里玩童领着狗儿点燃爆竹向我们致意，那草垛上的喜鹊叽叽喳喳争着向我们报喜，那一棵棵柿子树、钻天杨钢臂舒展，雪傲琼枝，如同一幅天然的木刻浮雕，把小岗庄装扮得格外美丽动人……我的手上一会儿塞满糖果瓜子，一会儿递来香烟热茶。所见之处好不眼热，'泰山'

（拖拉机）躺在院里，'凤凰'（自行车）停在厅堂，'飞人'（缝纫机）立在闺房。'熊猫'（收音机）响在桌上，'钻石'（手表）戴在腕上，那块块猪肉横在梁上，鸡鸭飞进厨房……忽然间，在队长家门口，一大群推着自行车、身着彩衣、脚蹬高跟鞋、烫着大波浪发式的姑娘们围住我，要我替她们拍几张彩照……庄南的乡场上正在举行一场别开生面的拔'富'比赛，两队人马各持一方，一根长绳中间红绸上系着一个'富'字。一声令下，喝彩声、加油声此起彼伏，一跌一仰，个个心花怒放，发自心底的串串笑声传遍了整个小岗……"

这是 1983 年大年初一，滁州日报社记者汪强在小岗村实地采访后写下的文字，生动展现了包干到户后家家户户生活好转，吃饱穿暖后开始追求更高的物质和精神文化享受的情景。

到 80 年代末 90 年代初的时候，小岗由 1978 年的 20 户人家，繁衍到了 33 户，全队粮食总产增长到了 50 万斤，人均纯收入从 22 元增长到 640 元，耕牛由 4 头发展到 19 头，户户有了电视机、自行车，全队已有 19 台拖拉机，盖起了 30 多间新瓦房。

在科学技术是第一生产力的激励下，小岗人在抓粮食生产的同时，不断增加对农业基本建设投入。全队在 80 年代开挖了十多条水渠，筹集资金建起了两座电灌站，把水龙王请上了山岗，全队还实现了水稻杂交化，亩产千斤以上。

"不过，小岗在 80 年代发展的步子还是缓慢了，旧的小农意识、小富即安的观念牢牢桎梏着他们，商品经济不够发达，除了生产粮食外，其他经济作物还不多。因为缺乏眼界、技术和市场意识，小岗人搞特色种植、养殖，搞贸易、加工，往往搞不成功，或者不了了之。"汪强说，虽然发展得不理想，但小岗人追求富裕的劲头一直在，他们敢想敢干的精神没有丢。

在这一时期，严宏昌一度不干队长了，一边种地，一边开四轮机，又到小溪河镇上与人合伙做生意，办起了农工商联合贸易客栈。1984年，严宏昌向妻子要了3000元钱，说要去外地买收割机，实际上则是跑到浙江瑞安"取经"，他要去看看其他地方的农民是怎么干的。外面的世界震撼了严宏昌，这里的农民竟然抽3块钱一包的烟，而在凤阳，县里的干部才能抽上八毛二一包的。这里几乎户户农民都有自己的小工厂，一个家里搞塑料生产的普通小老板告诉他，大约每年能挣70多万元。这让在小岗差不多算得上"首富"的严宏昌受到极大刺激。他想清楚了，农民种地只能管个吃饭，要挣钱必须搞工业。回到小岗，他把村里重要的人物都叫到家里吃饭，跟他们讲外面世界的故事，鼓动大家搞编织袋厂。结果，大家只是把这个想法当作故事听听，说咱农民的钱只可能从地里出，要搞你自己搞，我们不搞。

见过世面的严宏昌不信这个邪，自己干。不仅养过3000只鸡，办过米面加工厂、食用菌厂、塑料切粒厂，当过总经理，还申办农工商股份公司，引进上海的客商办良种猪场，撮合村里与港商合资兴建凤阳县兴达电气公司。严俊昌也追逐着"土地生金"的梦想，着手发展蔬菜大棚、桑蚕柿子园，带头种葡萄……然而，随着严宏昌、严俊昌被提升到镇里"吃财政饭"，小岗商品经济的"火种"

没能迅速燃烧成熊熊大火。但却为小岗的发展保留了希望，在小岗人心里打上了发家致富的烙印。

（二）90 年代到 21 世纪初：小岗在市场经济浪潮中艰难前行

改革开放闸门打开后的中国，人们如过江之鲫般涌向市场经济的浪潮之中。温州商人白天当老板，晚上睡地板，将生意做到了世界各地；胆子大的芜湖人年广久靠炒卖"傻子"瓜子成了全国典型；大寨、华西村、南街村等在文化、品牌和旅游等三产上做文章，转型升级。

而此时的小岗，大多数人依旧沿袭着日出而作、日落而息的生产和生活方式，满足于"三十亩地一头牛，老婆孩子热炕头"，农业生产还停留在传统的一麦一稻连作，传统的家庭养殖，传统的耕作方式。一直到 2003 年，全村人均收入只有 2100 元，低于全县平均水平，离"小康"标准相去甚远，村集体欠债 4 万元，人心涣散。"一年跨过温饱线，多年未过致富坎。""除去位置、环境、生产条件等客观因素，部分小岗人躺在'大包干'的功劳簿上，存在严重的小富即安思想，对外界的扶助、支持产生了依赖感，革命精神和改革动力日渐不足。"迷茫中的小岗村干部群众开展了一起思想解放大讨论，自我检讨、深刻剖析，决定痛定思痛，迎头赶上，二次创业。

1996 年底，严俊昌之子，第二代小岗人严德友任小岗村支部书记。第二年，小岗村与江苏张家港市长江村结成了"姊妹村"。在长江村的帮助下，一条宽 22 米，长 1 公里崭新的友谊大道出现在小岗村核心地段，同时，占地 80 亩的葡萄种植示范园也在小岗村建起来了，带动村里一些农民种植葡萄300多亩。小岗人意识到，小岗要富裕，要全面建设小康社会，光靠帮扶输血是不行的，必须大力发展现代农业，兴办工业。很快，在上级政府和长江村的支持下，村里引入企业，共同出资成立安徽小岗现代农业发展股份有限公司，走"公司＋农户"的发展路子。

1998年11月26日，小岗村举行村民民主选举村委会主任大会。经过第一轮初选，产生了两位候选人，一位是"大包干"带头人严宏昌，一位是年轻的村民吴广德。村民们热情高涨，说，"谁能让小岗致富，谁能替村民办事，咱们就选谁。"结果似乎没有出乎意料，名声在外的严宏昌当选小岗村第四届村委会主任。此后，严宏昌大脑里商品经济的细胞再度活跃起来，着手与外省几家企业联系联营，并把正在谈的三个项目公布到自家的墙上：小岗村汽车制动安全器厂，年产值1200万元；小岗汽车尾气净化器厂，年产值800万元；小岗贵重金属二次提炼厂。小岗村以无形资产入股，企业根据产值比例交给村里。然而，半年后，几家企业要么放弃建厂，要么建成半拉子工程，总之，小岗的工厂还是没有冒烟。

另一位"大包干"带头人严宏昌之子严余山，初中毕业后不久就到上海打工去了，20世纪90年代初回乡，想办大规模养鸡场，光是学习笔记就写了20多万字。结果市场没有打开，项目失败了。后来，他又去广东打工，一去七八年，搞电子元器件，终于有了一些积蓄，又回来办厂，但还是不顺利。2002年，他再去上海，慢慢地在电子节能器材上有了起色，把家也安在上海了。后来，沈浩请他回乡办企业。严余山觉得作为第二代小岗人，他有责任有义务回到家乡干一番事业，毅然将家搬回小岗。现在，严余山已将在外地的企业转给别人经营，每年净得一定的分红，他自己当选了小岗村党委委员，还在家里开了个礼品店，兼为村民收送快递。礼品店主要售卖融入大包干元素的工艺品，"大多数是靠网店销售，都是自己设计的，有小岗文化在里面。"严余山说，他做的电商平台现在每年能有十几万元收入。他还组建了一个40多人的"青年农民创业交流群"，除了线上交流，也定期组织大家出去学习别人的现代化农业，共同营造创业氛围。就像父亲严宏昌一样，在严余山的心里，创业办公司的梦想从没有灭过。

1998年12月28日上午，在安徽知名的商企——安徽商之都，严宏昌等8位当年"大包干"的带头人及村民代表身披彩缎，向顾客推销"小岗"牌食品。这是小岗人在包干到户20年后，向市场经济跨出的可喜一步。"过去我们村民商品意识不强，在市场经济落伍了，现在我们要抓住机遇，借东风，攀高枝，从田头走进商场，把小岗的改革标志优势变成经济发展优势，努力打好'小岗牌'，用好这一无形资产，把小岗的名气变成村民手中的钞票。"严宏昌感慨地说。

启示：

改革开放后，小岗与全国其他农村一样走进市场经济的浪潮中。然而，无论是大寨、华西村，还是其他一些明星村，都能通过办工业企业，发展特色产业、旅游业很快富起来，而小岗村却为何不行呢？对此，陈怀仁直言不讳地说："除了地理位置、自然条件等客观原因，小岗缺乏一呼百应的带头人，缺乏农村农业人才，是主要原因之一。"

或许，因长期贫困而缺乏一种凝聚力、向心力，再加上贫穷导致的不重视教育，小岗很难培养出人才，也留不住人才，村民整体小农意识强，市场意识、合作意识和闯市场能力弱。即使少数人头脑灵活、眼界开阔，但终因单打独斗而没能走出致富的新路子。这不能不说是一种遗憾，却也因此让小岗人学会了审视历史，反省自我，增强了发展的紧迫感和内驱力。

三、开拓："一年跨过温饱线，多年未过致富坎。"以沈浩为代表的小岗村干部群众为打破这一魔咒，进行了顽强拼搏，小岗的发展和群众精神面貌焕然一新

"学习南街村，壮大集体经济，走向共同富裕。"
——曾担任小岗村党委第一书记 6 年之久的沈浩同志生前曾带领小岗村干部到华西村、南街村和大寨等地参观考察，并在南街村留言

（一）"这个省里来的后生不一般"

进入 21 世纪，小岗的发展显得滞后了，急需有一个好的带头

人。根据中央部署，从 2001 年开始，安徽省委先后从省、市、县党政机关和企事业单位分批选派优秀年轻党员干部到相对贫困的后进村，担任党组织第一书记，帮助农村发展。沈浩就是他们中的杰出代表。

2004 年 2 月，沈浩从安徽省财政厅来到了名扬海内外的小岗村。当时的小岗村，粮食总产达到 180 万斤，人均收入近 3000 元，全村 112 户，大部分盖了新房，人均住房面积在 20 平方米以上，拥有彩电 130 台、冰箱近百台、拖拉机 110 台，村民初中以上文化程度有 150 人，其中大学文化 5 人。虽然村民基本没有温饱问题，但小岗村村集体没有收入，没有像样的特色产业和骨干企业，成为制约小岗进一步发展和村民增收致富的最大瓶颈。

对于小岗的"偏""穷""散"，沈浩是有心理准备的，但他坚信：小岗是"中国改革第一村"，这个品牌全国独有，只要发展的路子对了，只要干部群众拧成一股绳，实现小岗的快速发展指日可待！沈浩更明白：要想发展，必须创新！

然而村民们一开始对这位省城下派干部并没有抱太大希望，认为他是来"镀金"的，并不信任他。严立华说，沈浩一到村里，就起早贪黑挨家逐户找人谈"小岗怎么发展、要实现什么目标"。30多个日夜，沈浩将全村 100 多户人家走访了两遍。

调研走访结束后，沈浩把小岗创新发展的路径归纳为"三件事"。

第一件事是确立了"三步走"的发展规划，即"调整产业结构、发展现代农业，加快设施建设、发展旅游业，跳出小岗求发展、着力办好工业园"。紧紧围绕着"三步走"的发展规划，设计实施了一些子项目，比如扩大优质葡萄种植面积，兴建大包干纪念馆，引进一些工业企业等等。

第二件事是改善生产、生活等基础设施条件。比如，修路，打辐射井，推塘筑坝等。

第三件事就是带着村里的党员干部、群众代表和"大包干"的带头人到大寨、南街村等地考察学习，进一步转变思想观念。

此时，村民最迫切的愿望是把友谊大道以东1.2公里的泥土路修成水泥路，方便生产生活。沈浩和村"两委"决定筹集资金修建。严金昌回忆说，一开始打算对外招标，报价最少的也要四五十万元，沈浩召集村民开会算细账，决定由村里租机械、村民大伙儿出工自己修。修路期间，沈浩天天泡在工地上，自己当小工，扛水泥，拌砂浆，手被磨烂了也没叫一声苦。路通了，人瘦了，大伙儿一合计，村里节约了近20万元。小岗村的快速通道打通了，小岗去县城比原先缩短了20多公里。

这件事，让小岗人觉得沈浩是个干实事的人，对他的信任和支持与日俱增。"大包干"带头人的严俊昌一锤定音："这个省里来的后生不一般，这样的干部我们觉得可靠，很难找！"而沈浩自己却说："我来到小岗，就是小岗的一员，就要和大伙儿一起干！"

此后，沈浩通过法律手段，收回了长期被人占用的部分集体资产，并建立了集体资产管理制度；把小岗村优质葡萄由原来的80

亩发展到 600 多亩，亩均纯收入 3000 多元；吸纳大学生到村里创业，带动了现代农业的发展；建设起小岗村养殖示范区和 500 头种猪基地；在市县两级以及有关部门的关心支持下，投资 300 万元建造了占地 20 亩的小岗村"大包干纪念馆"，并于 2005 年 6 月 19 日建成开馆，成为安徽省重要的爱国主义教育基地，"红色旅游"吸引着大江南北的游客。他还通过招商引资先后办起了钢构厂、装饰材料厂、小岗面业、节能电器公司等工业企业，开通了有线电视和自来水，兴建了居民小区和卫生服务中心。

为了把小岗村建设成现代农业的示范村、制度创新的实验村、城乡统筹的先行村、文明和谐的新农村，沈浩带领全村干部群众大规模流转土地，每亩土地收益上升几倍、几十倍。沈浩说，"过去分田搞大包干是改革，现在把土地合理流转起来也是改革。"2006 年 5 月，沈浩以优惠政策创造性地从安徽科技学院引进三名大学生，带动村民建起了 179 个蘑菇大棚，成立了食用菌、养鸡、养猪、葡萄种植、农民资金互助等多个合作社、协会。2009 年，沈浩把目光瞄向了更广阔的市场，与 GLG 集团、从玉菜业等国内外企业签约合作协议，建起了总投资达 15 亿元的小岗村 GLG 农产品深加工高科产业园，从事甜叶菊种植及甜菊糖生产加工。此外，小岗村生态农业园、小岗村培训中心、村民文化广场、农贸市场、农家乐餐馆等项目都在他的任期内或建成使用，或加紧筹备。

（二）沈浩6年："红手印"的褒奖

除了1978年的那次"红手印"，小岗人还摁过三次"红手印"，三次都是为了一个人——沈浩。

2009年11月6日早晨，沈浩因长期积劳成疾，突发心脏病，倒在了工作第一线，年仅45岁。村民们说：沈浩在小岗的6年，共引进项目13个，是小岗村村容村貌变化最大的6年，是村民得实惠最多的6年，也是进入新世纪以来小岗发展最快的6年。2008年3月1日，小岗村和周边的石马、严岗正式合并，新的小岗村人口从400多人增加到4000多人。2008年，小岗村农民人均纯收入达到了6600元，是2003年的2.87倍，比全县高出2000多元。几乎家家用上了自来水、燃气灶，装上了电话，看上了彩电，用上了冰箱、洗衣机，年轻人还买了电脑上了宽带。在沈浩的带领下，小岗村调整产业结构、发展旅游业、兴办工业，村集体开始有了收入。

沈浩对小岗人的爱是全面的、细微的、深沉的，充分体现了一名共产党员与人民群众血浓于水、根叶相连的深厚情感。他积极争取资金，改善村民住房条件，让很多村民住进了上下两层160平方米的小洋楼；大雨滂沱的夜晚，已躺下的沈浩担心住在危房中的徐庆山，撑着雨伞，赤脚跑去动员他连夜搬出去，直到把徐庆山安排好住处睡下，才一手撑着雨伞一手拎着鞋子离开；困难户韩德国的孙子刚出生，母乳不够，家里又买不起奶粉，沈浩知道后，从自己口袋里掏出1000块；"大包干"带头人关廷珠的遗孀邱世兰老大娘背驼走路不方便，沈浩不仅从合肥给她买了个好拐杖，2007 年除夕夜还放弃回合肥与家人团聚，陪邱大娘吃一顿年夜饭……

在 6 年时间里，小岗人为沈浩摁了三次红手印，第一次是2006 年 11 月，沈浩挂职期满，小岗人摁红手印将他挽留下来再干三年；第二次是 2009 年 9 月，沈浩第二个挂职期将满，小岗人又通过摁红手印希望他继续留任；第三次则是沈浩去世后，小岗人摁红手印将沈浩永远留在了他的"第二故乡"小岗。

2008 年 9 月 30 日，中共中央总书记胡锦涛亲临小岗视察，当得知沈浩是在圆满完成 3 年选派任务、由村民自发按手印留下来连任的村干部时，连声说好，并勉励沈浩："群众的认可，是对你最大的褒奖！"沈浩的不幸去世，胡锦涛同志闻讯后作出重要批示："沉痛悼念沈浩同志。请转达对沈浩同志亲属和小岗村村民的亲切慰问。"

沈浩先后荣获全国农村基层干部"十大新闻人物"、安徽省第二批选派干部标兵、安徽省改革开放"三十人三十事"先进个人、"全国百名优秀村官"、全国优秀共产党员和国家优秀公务员等荣誉称号。"沈浩精神"也跟"大包干"精神一道，成为激励人们不畏艰难、奋勇拼搏的精神动力。

沈浩逝世后，小岗村在其"三步走"战略的基础上，制定了把小岗村建设成为"现代农业的示范村，城乡统筹的先行村，制度创新的实验村，文明和谐的新农村"四型村的新目标。

为此，小岗村科学编制了"十二五"规划，在此基础上，聘请省城乡规划设计研究院完成了《小岗村总体规划》、村核心区控制性详细规划、新农村示范区控制性详细规划、村排水系统专项规划、旅游专项规划的编制。在产业发展上则扶持 GLG 产业园、宝迪公司 10 万头原种猪基地等，加快土地流转，引进农产品深加工业企业，带动商贸、物流、旅游等三产。在各级政府的支持下，道路改造、居民新区建设、自来水厂、养老院、小岗学校扩建、绿化亮化工程等陆续完工，小岗村面貌焕然一新。

2012 年，小岗村人均纯收入突破了万元，达 10200 元。2013 年，小岗村集体收入首次突破 500 万元，比上年增长 22%，农民人均纯收入达到 12100 元。生活好了，小岗人的精神文化生活也逐渐丰富起来，每天晚上都组织群众开展集体舞、健身舞等锻炼，组织专业人员对他们进行培训，小岗村举办春节联欢会、大型红歌会等活动已成常态。

启示：

习近平总书记指出，"幸福都是奋斗出来的"，"奋斗本身就是一种幸福"，"新时代是奋斗者的时代"。可以说，上至一个国家，下至一个村庄、一个单位、一个家庭，乃至每个人，想要取得成功、收获幸福，除了奋斗别无他途。

在小岗村的发展历程中，一直体现出一种奋斗精神。从严俊昌、严宏昌们初涉商品经济的尝试，到严德友、严余山们投身商海的实践；从国家层面改革开放政策的层层推进，到像沈浩这样的基层党员干部带领群众搞建设、求富裕、谋幸福，全国人民正是在共产党人"奋斗幸福观"的激励下，一步步实现从站起来，到富起来，再到强起来的伟大飞跃。

四、奋进：党和国家领导人的关怀，农村综合改革的深化，激发小岗发展巨大的内生动力，小岗村走进新时代

"小岗村发生的翻天覆地的变化，是我国改革开放的一个缩影，看了让人感慨万千。实践证明，唯改革才有出路，改革要常讲常新。希望小岗村继续在深化农村改革中发挥示范作用。"——2016 年 4 月 25 日，习近平总书记视察小岗时对小岗村发展提出殷切希望

改革开放是决定当代中国命运的关键一招，是推动国家进步和时代发展的不竭动力，必须将改革进行到底。作为中国农村改革主要发源地的小岗村，在经历了首创农业"大包干"，解决温饱问题；制定"三步走"振兴战略和开展"四型村"建设，迈向富裕之门之后，正按照习近平总书记对小岗村的谆谆教诲和殷切希望，实施"三年大提升"，加快实现率先全面进入小康社会的目标。

（一）总书记来到小岗村

春风拂面，麦浪滚滚。2016 年 4 月 25 日，习近平总书记一

行驶车来到凤阳县小岗村，下麦田、进农家。他来到"当年农家"院落，了解当年 18 户村民按下红手印，签订大包干契约的情景。习近平总书记感慨道："当年贴着身家性命干的事，变成中国改革的一声惊雷，成为中国改革的一个标志。"他强调，雄关漫道真如铁，而今迈步从头越。今天在这里重温改革，就是要坚持党的基本路线一百年不动摇，改革开放不停步，续写新的篇章。

习近平总书记的到来，令小岗村村民激动万分。习近平走进吴广利和当年大包干带头人严金昌两户人家，询问家庭成员就业、上学情况，了解他们用临街房屋开办小超市和农家乐的状况。得知游客很多，总书记说："好！农家乐，乐农家。"今昔对比，总书记说，改革开放 30 多年，真是发生了翻天覆地的变化。小岗梦也是广大农民的梦。祝你们生活越来越好。

25 日下午，习近平总书记来到小岗村 4300 亩高标准农田示范点，沿着田埂走进麦田，察看小麦长势，向村干部、种粮大户和农技人员了解土地流转、农田整理、种植品种、亩产量、病虫害防治、粮食收购等情况。听了大家介绍情况，总书记说，现在正值抽穗灌浆的关键时期，要加强田间管理，实现丰收，今年的白馍能吃到嘴里了。

在小岗村高标准农田示范点，习近平总书记向农技人员了解为保证合理施肥采取了哪些措施。总书记强调，要加强管理，加强监测，确保农产品安全。习近平总书记还关切询问县里农技人员培养和待遇情况，勉励农技人员发挥专长服务"三农"。

这是继 1998 年 9 月 22 日江泽民总书记、2008 年 9 月 30 日胡锦涛总书记之后，第三位中共中央总书记专程到小岗村考察，深入田间地头、农户家中，同干部群众共商农村改革发展大计。一个村庄，享受这样的"礼遇"，充分体现了党和国家领导人对改革发展、对"三农"工作、对人民群众的高度重视和亲切关怀。

"这次是我跟总书记第二次见面了，第一次是 2010 年 1 月 13 日在人民大会堂参加沈浩事迹报告团。因此我们谈话没有拘束，很亲切，总书记还祝我的食府越办越好！""大包干"带头人严金昌回忆起习近平总书记走进他开的"金昌食府"，跟他拉家常的一幕，一脸的幸福。严金昌说，总书记仔细查看了他家的前厅、后院、厨房，还夸奖他家是农家菜，可以吃得放心。在那张总书记与沈浩事迹报告团合影的照片前，总书记驻足观看，并勉励小岗人要发扬"大包干"精神和沈浩精神，把小岗建设得更美好。严金昌对总书记说，党的好政策让小岗有了翻天覆地的变化，到 2020 年小岗还要实现收入翻番。中华民族有伟大的复兴梦，小岗人也有小岗梦。总书记说，小梦能汇成大梦。

总书记来了之后，严金昌家的"金昌食府"生意一下子火爆起来了。严金昌说，他一共有 7 个子女，全家 60 多亩地全部流转了出去，拿着租金，不耽误创业。如今，除了小女儿嫁到外地，严金昌其他子女都在村里开饭店、超市、浴室。严金昌如今还是土流网小岗村土地流转中心的"总经理"，并帮人管理着一片 60 多亩的石榴园。他打算利用自家的土地承包经营权证书，在县农商银行抵押办理 10 万元贷款，在后面空地再起一栋 3 层的楼房，一楼大厅、二楼包间、三楼住宿，创个标准的农家乐。

55 岁的程夕兵是村里有名的"种粮大户"，目前种着 590 多亩地。除了自家的 20 亩，其他都是流转来的。程夕兵说，他一开始只是帮外出务工的邻居代种，后来发现机械化不仅省时省力，还可以降低生产成本，就主动流转，租用村民的地。如今，他牢记总书记的嘱托，搞起了农机大院，和别人一起入股了十几台农用机械，上了三台烘干设备，还准备建一个育秧室和米厂。"更长远的设想是从粮食种植、烘干、加工，再到消费者的餐桌，实现一条龙服务。"程夕兵说。

（二）改革迈大步，小岗大提升

如今的小岗村，是 2008 年与相邻的石马、严岗合并后的"大小岗"，现辖 19 个自然庄，23 个村民组，1040 户，4173 人，村域面积 2.25 万亩，其中农用地 1.89 万亩，可耕土地面积 1.367 万亩。

走进小岗村，看到的是宽敞的马路、崭新的楼房、成片的麦地、正在建设的工业园区、粮食烘干仓库、如织的游客、火爆的农家乐餐馆……

对于小岗村来说，土地始终是发展最关键的因素。为了全力种好改革"试验田"，小岗村通过土地流转，将土地集中起来，通过农村土地承包经营权确权登记颁证和流转，小岗村土地也"由分到合"，农民群众吃上了"定心丸"。2015 年 7 月 8 日，安徽省土地承包经营权第一证由省委书记李锦斌在小岗村颁发。"大包干"带头人严立华说:"土地是农民的命根子,农民的心一直被拴在土地上。小岗人家家户户都在寻求致富门路。如今确权颁证,广大农民可以甩开膀子去搞土地流转、入股,拿租金、分红利了。"很快,小岗全面完成了 1.367 万亩可耕土地承包经营权确权登记颁证,发放证书 875 本,发证率达 100%。拿到这个"红本本",小岗土地流转加快了速度,目前全村共流转土地 8932.88 亩,占全村可耕土地面积的 65.7%,其中规模流转 6841.88 亩。

随后,小岗村积极推行集体资产股份合作制改革和农村"资源变资产、资金变股金、农民变股东"试点,盘活集体资产,尝试用土地承包经营权证抵押贷款,把"红证书"变成了"活资产",开展农村宅基地和农房确权发证,推行小岗村小型水利工程管理体制改革,建设现代农业示范区。

"当年搞'大包干','分'得比较彻底,虽然经过近 10 年的投入积累,集体经营性资产仍然很少。"小岗村党委第一书记李锦柱说,"优先发展集体经济,集体收入增长与村民收入增长基本同步,成为我们推进集体产权制度改革的原则。"为此,在清产核资和界定成员身份基础上,小岗村组建了集体股份合作社,对小岗村品牌等部分无形资产进行评估登记,折算成 3026 万元,入股了此前村里开办的小岗村创新发展有限公司,以这家公司为载体经营集体资产,经营利润按占股比例分配给集体股份合作社,合作社提取公积金、公益金后按章程给村民分红。2017 年,小岗村的集体收入达

820万元，投入了98.9万元免费给全村村民办理新农合、新农保和政策性保险，平均每个村民获益230多元。小岗村民人均可支配收入达到18106元，每名村集体经济组织成员从小岗村集体资产股份合作社获得分红350元，实现从"户户包田"到"人人持股""人人分红"。

"唯有改革才有出路，改革要常讲常新。近几年，特别是习近平总书记来视察之后，小岗村倍感振奋、备受鼓舞，我们正按照总书记的要求，实施15项改革试点和136个'三年大提升'项目，着力开展主题为'农村改革＋农业'的5A景区创建行动，努力在内生动力、品牌形象、产业发展、民生保障、组织建设五个方面建设美丽幸福新小岗。"小岗村党委第一书记李锦柱说。

目前，小岗有了科学发展的总体规划，形成一个中心、三大组团、三条轴线的空间布局。改革大道南北贯穿小岗村，成为小岗与外界连通的快速通道。友谊大道、创新大道、和谐路、大包干南路纵横交错，将小岗清晰地划分为几大功能区。仅旅游方面，2015年以前，已开放了大包干纪念馆、沈浩先进事迹陈列馆、当年农家、村文化广场、葡萄采摘园、金小岗农林科技示范园等景点。2016年起，陆续建成或在建小岗干部学院、天荒红街、研学基地、当年小岗、乡愁院子、漫享田园、国家农业公园、中国红乐园、梨园公社、麦田大地艺术园、石马文化园等景点。以5A创建为抓手，立足于小岗的红色基因，红色旅游风生水起，休闲农业观光旅游也渐入佳境。小岗村近几年成功入选农业部美丽乡村创建试点，先后荣获全国生态文化村、全国旅游名村、安徽省美丽宜居村庄等称号。去年全年，小岗村接待游客74.2万人次，旅游总收入1.2亿元，带动农民增收230万元。

此外，小岗致力于发展现代农业，转变生产方式，提高科技支撑，促进一二三产业融合发展。2016年9月，小岗村与安徽农垦集团有限公司正式签订协议，推行4300亩高标准农田全程社会化服务"331"模式，开工建设小岗生态农业综合服务中心，通过改善小岗村农业基础设施条件，示范推广农垦新品种、新技术、新机具、新模式，提升小岗村农业产出率和农业产业化水平。去年7月31日，安徽科技学院小岗村现代生态农业研究所挂牌，并选定4300亩高标准农田内80亩农田作为科技示范基地，双方合作建设小岗绿色无公害农产品科技示范基地和现代生态农业产业化建设示范区。目前，小岗农业综合生产能力显著增强，农作物良种覆盖率100%，农机综合水平79%，高出安徽全省10个百分点。

2009年开工建设的小岗村GLG农产品深加工高科产业园，如今已更名为小岗村洪张健康产业园。走进小岗村洪张健康产业园，今年4月初刚投资500万元新上的银杏和丹参提取生产线上，十多名工人正在紧张忙碌。"我们现在的主要产品是银杏滴丸、润贝安娜甜菊糖、燕麦片及苦瓜桑叶、山楂山药等各种固体饮料，去年产值1000多万元，税收近200多万元。"公司行政副总吴怀龙说，他是土生土长的小岗人，见证了公司在小岗发展的每一步，尽管因为市场竞争激烈导致食品饮料产品创品牌、占领市场难度大，但公司近十年来一直没有停止生产，这对小岗发展加工业起到很好的支撑和示范作用。

目前，小岗村正全力建设小岗农产品加工园，创建国家级现代农业示范区。去年，盼盼等知名食品加工企业签约落地，正加紧建设。小岗已初步形成了以特色农业为基础、农产品加工业为核心、旅游业为重点的三产融合发展格局。

（三）小岗人的幸福生活

走进小溪河镇卫生院小岗分院，手术室、远程会诊中心、输液室、检查室、档案室等一应俱全，几位村民正在吊水，而院长肖玉艳正在跟凤阳县人民医院的医生就患者陈德兰的病情进行远程会诊。"这样的远程会诊每个月都有几例，县医院的专家每周还来坐诊指导一天。我们医院环境设施、医疗设备都比较好，不仅服务小岗村村民，周边一些乡镇的农民也来看病。"肖玉艳介绍说，医院今年3月底还引进了科大讯飞的智医助理项目，实现家庭医生签约服务全覆盖。只要将病人的症状输入智医助理系统，系统上的专家就会根据情况给出结论、处置方法、注意事项。同时，开通家庭医生智能随访功能，村民在家里使用血压计量血压，卫生院的医生就能随时看到。

在小岗学校，正值大课间活动，同学们在操场上举行庆祝改革开放40周年的少先队活动彩排。在教室旁边的数字图书触摸屏前，有的同学正在那里点击自己喜爱的图书阅读。"在各级党委政府的关心下，我们学校的软硬件设施不断完善，建立了教师生活津贴补助、教育教学奖励制度，建设了 30 多套教师周转房，组织 18 名教师到合肥琥珀中学、蚌埠三实小等市外学校开展教学教研活动，今年还与天津市河北区红心路小学结成共建对子，这使得小岗学校教学质量得到明显提升。"小岗学校校长邱建闯说。小岗村党委委员、村委会副主任赵玲说："百年大计，教育为本。小岗村每年给予小岗学校的教育经费都有 30 多万元，用于改善办学条件、奖励优秀教师、资助困难学生，这几年小岗学校每年初中升学率在全县东片都是比较高的，小岗已培养出了硕士生、博士生。"

如何发挥村民参与村里发展建设的积极性和主体作用，提高基层民主和村民自治能力，小岗村近几年进行了探索。村两委在友谊大道两侧改建和居民新区建设中，引导组建村民理事会，参与村级事务的决策与管理。在严岗新区一期续建工程中，规划由村两委委托专业单位规划设计并通过专家论证，然后交给村民理事会 30 名成员进行表决。大家热情高涨，有的放弃田里的农活，每次会议都到场，共召开了 6 次理事会议，对住房户型、外形、结构、高度，甚至对厨房和卫生间应该设计在哪个位置更符合当地习惯和实用性提出意见。从表决通过，到选好承建公司，再到开工兴建，仅仅一个半月时间。在建设期间，理事会成员轮流到工地，监督工程施工情况，发现问题及时提出，并主动帮助做部分群众工作，让工程顺利实施。

"大包干"带头人严立学的老伴杜永兰以前有一点不满意的事

情就爱到村两委来"闹腾"。几年前，村里评选"好婆婆"，杜永兰光荣当选，再加上学校开展"小手拉大手，做文明小岗人"活动，孙女也给她讲道理，此后她不仅不爱闹了，还在道路整治中带头拆除自家房屋，起到很好的示范作用。小岗村注重村民文明素质和文化软实力的提升，组建了腰鼓队、锣鼓队、旱船队等，连续十年举办小岗村迎春联欢晚会，每逢重要节日都举办文化活动，评选表彰"小岗好人""好媳妇、好婆婆""文明卫生户""致富带头人""美德少年""新入学优秀大学生"等，村民在文化的熏陶中，团结意识和凝聚力明显增强，对村里的各项工作支持、配合得越来越多。此外，小岗村还成立环境执法队，充实 5 名专职工作人员负责小岗环境卫生；建立农村矛盾义务调解机制，设立小岗村综治维稳中心，开展"法治宣传和矛盾纠纷排查化解"专题活动，助力"平安小岗"建设。聘请 5 位老党员、乡贤担任义务调解员，2017 年以来调解各类矛盾 30 余起。

在小岗科技公司"互联网＋大包干"体验中心，货架上摆放着带着"小岗"品牌的原生态大米、野生鱼干、蓝莓果汁等特产。据总经理王辉介绍，"互联网＋大包干"电子商务平台是全国首个扶农扶贫城乡供需一体化的乡愁电子商务平台，于去年上线，以售卖小岗村特产农产品为主。"小岗村已经有 50 多户农民入驻平台，通过这种城乡间紧密互动的社交圈，让小岗村的特色产品与城市消费者直接建立联系，实现增收。不久的将来，小岗村将成为全国优质农产品集散地。"

小岗村党委第一书记李锦柱介绍说，村两委正在规划一个小岗未来的发展方案，在这份蓝图中，小岗村的目标是建成一个"一、二、三产业融合，景区、社区、园区融合的改革特色小镇，一个生产、生活、生态融合，创新、创业、创意融合的全域田园综合体"。他认为，改革创新是小岗的基因和底色，今年是改革开放 40 周年，最好的庆祝就是更有力地推进改革。

在小岗人过上幸福生活的今天，人们没有忘记当年那些冒着坐牢危险去争取和开创幸福未来的"大包干"带头人们。当年的 18 人，如今还有 10 人健在，最年轻的也 70 岁了。

70 岁的严宏昌当年是个文化人，如今也有了自己的微博、微信，还在小岗村电商平台"源乡愁"上开了个网店，放些当地的土特产售卖。

71 岁的关友江和儿子一起开着大包干菜馆，作为村里的长辈和前任村主任，村里人有了纠纷，都爱找他调解，让关老爷子评评理。

75 岁的严金昌开了小岗村第一家超市，又开了以自己名字命名的农家乐"金昌食府"，一年 20 来万收入。他总爱给游客讲当年大包干按红手印的故事，讲习近平总书记视察时的情景。

77 岁的严俊昌总爱端着茶杯在村里走走看看，作为当年的生产队长，他仍然关心着小岗村的大事小情。

……

启示：

小岗人以"敢闯、敢试、敢为人先"的"大包干"精神开启了中国改革开放的历史序幕。在40年历史进程中，小岗人继"大包干"之后不断推进和深化改革，不断强化党组织建设和引领作用，取得了历史性成就、发生了历史性变化，锻造出新的时代精神，即从"敢闯、敢试、敢为人先"升华到"敢于创造、敢于担当、敢于奋斗"的"小岗精神"。"小岗精神"的源头是红船精神，摇篮是民族精神，核心是改革精神。弘扬"小岗精神"，对于我们更好学习贯彻习近平新时代中国特色社会主义思想，全面建成小康社会和实现中华民族伟大复兴中国梦具有重要意义。

链接：淘宝村：乡村振兴的先行者

如果说小岗村的创新，是工业化背景下来自农村基层的制度创新的代表，那么近年来在全国风风火火、已经具有一定国际影响的淘宝村，则代表了数字时代的新农民群体，积极利用数字化的新技术，所展开的一场全方位创新。它的发展，充分体现了农民群众在数字时代下的群众智慧与首创精神。

2017 年全国共有 2118 个淘宝村

淘宝村，是指活跃网店数量达到当地家庭户数 10% 以上、电子商务年交易额达到 1000 万元以上的村庄。

2009 年，全国只有 3 个淘宝村，规模不大，分布也很零散。到 2017 年，全国已有 2118 个淘宝村，销售额超过 1200 亿元。这些淘宝村广泛分布在 24 个省区，且呈现出了集群化发展的大好势头。其中，东部沿海地区淘宝村数量较多，如浙江共有淘宝村 779 个，广东有淘宝村 411 个，江苏 262 个，山东 243 个。同时，2017 年西部六省（区、市）也实现了淘宝村的"零突破"，分别是广西、贵州、重庆、山西、陕西和新疆。

2017 年，全国淘宝村的发展可以归结为三个关键词：

产品多元：既有农产品、手工艺品，也有服装、鞋包、家具等大众消费品，甚至还有无人机、扫地机器人、智能家居等新兴的科技产品。

服务升级：在仓库里使用自动分拣机，在客服环节应用人工智能，在网店运营中应用大数据等。

热心公益：2017 年,95.8% 的淘宝村参加了"公益宝贝"的网络捐款，捐款笔数超过了 6 亿笔，部分网店店主还通过捐款修路、慰问老人、帮扶贫困人口等方式回馈社会。

淘宝村吸引了全球关注

人才返乡、产业兴旺，淘宝村的农民正在快速实现富裕的梦想，并进一步地实现了生态宜居、治理有效、乡风文明。

2016年，睢宁县40个淘宝村人均年收入达1.62万元，比全县人均年收入高17%。曹县丁楼村人口1100余人，拥有汽车超过240辆，是全省平均水平的1.23倍。在曹县大集镇，2009年时很多村子都以留守儿童和空巢老人为主，青壮劳力大多外出打工。2013年，丁楼村、张庄村第一批网商通过淘宝网销售演出服装。在先进榜样的带动下，2016年大集镇已有2.4万家网店，销售额达20亿元，直接带动了约2万人从事线上销售和线下加工，共5000多人实现了返乡创业。

淘宝村也有力地推动了农村的脱贫。2017年，国家级贫困县共有淘宝村33个，省级贫困县的淘宝村达400个，其中河北省平乡县拥有16个淘宝村。2016年，平乡县网店覆盖的网购用户超过700万，相当于该县人口的20多倍。在菏泽，2017年24个贫困村成为了淘宝村，带动了超过13万人受益。

淘宝村的发展，还带动了农村新兴产业、生活方式和社会治理的转变。据菏泽市副市长王卫东介绍，随着淘宝村的发展，设计、包装、配件、物流、培训等服务业快速兴起，在淘宝村出现了适应电商生活规律的夜排档、24

小时营业的超市、淘宝大酒店、淘宝豆捞、酒吧、KTV等现代服务业，而菏泽全市 61 个淘宝村的刑事案件发生率也低于全市 50%。

淘宝村的高速发展，吸引了全球的广泛关注。国际贸易中心执行主任阿兰嘉·冈萨雷斯女士提到："我们亲耳听到了中国的农民创业者来到日内瓦，讲述他们的故事。这些故事帮助我们理解，电子商务如何成为一种强大的推动力，去促进农村发展、创造就业和减少贫困。"世界银行贫困与公平全球实践局高级局长商乐至认为，移动网络和互联网扩展了连通的定义，使之超出了道路桥梁的范围，使得那些偏远地区的居民能够受益于过去遥不可及的服务。淘宝村在基层的发展利用了这种连通性，提供了一些有意义的经验可供其他国家借鉴。联合国工业发展组织总干事李勇对淘宝村的发展也充满信心，"我相信淘宝村的成功故事和最佳实践可运用到其他发展中国家。"

群众的首创精神拥有无穷活力

农民群众的首创精神、带头人的示范效应，是淘宝村迅猛发展的最直接的动力。清河东高庄村的刘玉国、沙集镇东风村的孙寒、大集乡丁楼村的任庆生等带头人，身上都体现出了鲜明的首创精神。正是在他们的带动下，淘宝村有了突飞猛进的发展。

2009 年的任庆生，每年春秋两季都要外出打工，收入仅能勉强应付支出。他所在的丁楼村，在当时也是有名的"贫困村"。一次偶然的机会，任庆生听说一个朋友开淘宝店赚到了钱。于是 2009 年底他开起了第一家淘宝网店。至今，任庆生都对第一单淘宝店的生意记忆犹新："当时卖了 16 件衣服，净利润达到 200 元。"在农村这一熟人社会里，更多的亲朋好友、街坊邻居，也都纷纷跟了上来。截至 2016 年年底，丁楼村 300 户农户中已有 280 多户开设了淘宝网店，注册的表演服饰公司达到了 40 家。任庆生由于带领村民致富，得到了广泛的认可，被光荣地选为了村支书。

60 多岁的江苏沭阳老人张展，则对干花事业充满了自豪。"袁隆平先生把亩产做到了 1000 斤，马云先生说互联网要把亩产做到 1000 美金，而我，把亩产做到了 1 万美金。"上世纪 90 年代，在外打工的张展接触到了干花产品，回到家乡后创办了一家干花制作公司，并尝试把小麦等农作物变为了工艺品、装饰品，居然大受欢迎。在张展的带动下，沭阳解桥村已有 90% 以上的家庭从事干花生产、销售或相关工作，干花网店数量更是达 630 多家。

　　此外，政府的积极作为，也为淘宝村的发展塑造了良好环境。浙江省投入数千万元支持电商专业村发展。江苏沭阳、睢宁，山东郓城，贵州息烽等地，政府也积极推动建立了电商培训基地。世界一流的电商平台如阿里巴巴等，则从小额贷款、物流网络和支付等方面，为淘宝村的发展插上了腾飞的翅膀。2017年2月至年底，超过10万名淘宝村学员参加了淘宝大学的网络课堂，学习超过2200门电商课程。2016年和2017年，网商银行共为20多万淘宝村商家提供了订单贷款和信用贷款，总金额超过580亿元。

　　面向未来，阿里研究院预测，到2020年，全国淘宝村的数量将超过5500个，活跃网店将超过100万个，就业机会也将超过300万。借助改革开放的东风，异军突起的淘宝村，必将在数字时代进一步大放异彩！

（阿里研究院盛振中、宋斐）

第二章
深圳的故事

　　从 1978 年党的十一届三中全会开启我国的改革开放事业以来，中国的改革已经走过了 40 年的峥嵘岁月。相较于人类发展历史的漫漫长途，40 年宛若弹指一挥间，然而，这 40 年却足以让一个国家和她的 13 亿多人民的命运发生巨变，从曾经的积贫积弱成长为世界第二大经济体，昂首走近世界舞台的中心。历史，总是在一些重要时间节点上更能勾起人们的回忆和反思。回溯过往，总有一些特殊的地点、人物和事件，提醒人们鉴往知来、勇往直前。深圳，这个因改革而生、因改革而兴、因改革而强的城市，正是这样一颗闪亮的明星。1979 年，蛇口轰然响起填海建港开山炮，吹响了改革开放的号角，深圳这个小渔村，从此踏上历史舞台。1992 年，邓小平南方谈话肯定了深圳经济特区所取得的卓越成效，让全国坚定了改革开放的信念并继续加大改革开放的力度。40 年来，令人称道的"深圳模式"和"深圳速度"如同一段传奇，镌刻在中国改革开放波澜壮阔的画卷之中。

一、开局："蛇口模式"孵化"深圳速度"

深圳改革开放发轫于与香港隔海相望的蛇口。2017 年 12 月 26 日，深圳市"蛇口改革开放博物馆"正式开馆，这是全国首个以改革开放为主题的博物馆，馆内设置《春天的故事》《袁庚》等展览，通过串联起与改革开放相关的小物件、小场景、小事件，对蛇口改革开放事迹进行辑录和追忆，还原时代记忆，系统展示深圳蛇口首开国门、开拓创新、迅速发展的全景画面。

一切寻常，自有不易。博物馆里看似平静的述说与展示，浓缩了蛇口乃至深圳改革开放的风雨历程。历史镜头回放到 1979 年，招商局创办了中国第一个对外开放的工业园区——招商局蛇口工业区，这是中国经济特区建设的最早尝试，被称作中国改革开放的"试管"，比深圳经济特区的正式成立还要早 1 年零 7 个月。

蛇口工业区开创了新中国最早的园区基础建设标准——"五通一平"，这就是通水、通电、通车、通航、通电讯和平整土地，并在 1980 年 1 月正式打开国门招商引资。作为中国改革开放的第一个窗口，蛇口工业区首倡符合市场经济规律的效率观和价值观。1981 年蛇口首次提出"时间就是金钱，效率就是生命"的口号，被誉为"冲破思想禁锢的第一声春雷"，响彻大江南北。此后兴于蛇口的创新理念"空谈误国、实干兴邦"和"敢为天下先"也都成为改革开放进程中最具影响的时代强音。

在党的领导下，招商局蛇口工业区充分运用中央赋予的自主权，大胆突破，进行以市场为取向的经济体制改革，多项"中国第一"或"全国之最"被写进历史，例如率先实现超产奖励制、首开全国招聘用人制度先例、率先改革工资分配制度、率先实行社会保险制度、第一个实行职工住房商品化等一系列配套改革。这些探索为中国其他地区推行改革开放提供了宝贵经验和借鉴。

蛇口"摸着石头过河"改革的成功经验被媒体誉为"蛇口模式"，核心是企业摆脱行政干预，充分发挥自主权，按照市场法则和经济规律办事，运用经济手段管理经济、搞活经济。在"蛇口模式"创造的良好营商环境下，蛇口工业区孵化了一大批具有"蛇口基因"的优秀企业，例如中国第一家股份有限公司——南山开发、中国第一家由企业创办的股份制银行——招商银行、中国第一家由企业创办的商业保险机构——平安保险、全球最大的集装箱制造企业——中集集团以及华为、腾讯、中兴等创新型企业。蛇口被称为"单位面积培育知名企业最多的地方"。

在"蛇口模式"的推动下，"拓荒牛"式的开创精神开始在深圳这座城市扎根，众多地标性建筑拔地而起，从38年前最高的楼房只有3层，发展到现在100米以上摩天大楼近1000栋，"三天一层楼"的"深圳速度"享誉海内外。

二、传承：创新基因培育"科技绿洲"

历史的镜头缓缓摇过，人们不难发现，发端于蛇口的开放与创新精神，早已写入深圳这座年轻城市的基因。

2017 年 8 月，一篇题为《美国终身教授的海归全记录》的文章在网上"疯传"，尤其在高校和科研界引起高度关注和热议。故事的主人公邓巍巍在 2017 年 5 月放弃美国终身教职，加盟了南方科技大学力学与航空航天工程系。对于这样的选择，邓巍巍表示："不是有了海归的念头才选择南方科技大学，而是因为南方科技大学才有了海归的念头。"使邓巍巍得到回国感召的南方科技大学，在诞生之初就备受关注。2010 年，深圳在中国高等教育改革发展的宏观背景下创建了南方科技大学，致力于服务创新型国家建设和深圳创新型城市建设，通过开放式科研体系建设，超前布局量子科学、人工智能等前沿领域，承担一批体现核心竞争力的重大科研任务，并探索技术转移的市场化运作模式。

南方科技大学的建立既是我国高等教育改革的一个样本，也是深圳致力构建以企业为主体、以市场为导向、产学研深度融合的技术创新体系的一个缩影。对于创新的想法和人才，这个城市从来不亏待。2014 年，同样是海归博士的陈宁和他的团队从美国来到深圳，将人脸识别技术应用到安防领域，其公司开发的"深目"人像智能平台自 2015 年在深圳市龙岗区上线后，协助公安破案 4000 余起，找回多名失踪儿童和走失老人，现在"深目"系统在全国已建设在线智能前端设备 1 万多路，拥有 80 多亿动态人像数据。

"很难想象我们当初如果选择创业的地方不是深圳，项目能不能如此快速落地并迅速产业化。"陈宁表示，人工智能行业经过几回起落之后在很多人看来前景并不明朗，再加上安防行业壁垒很高，因此他们创业之初备受质疑。"深圳是最适合海归创业的城市之一，深圳人口大部分都是外来移民，他们有一种开放包容的心态。国外先进的技术和国内开放的市场相结合，是人工智能项目能迅速规模化产业化的重要原因。"陈宁说。

"深圳的科研创新体系有'4 个 90%'的鲜明特征，即 90% 的研发人员、研发机构、科研投入、专利生产集中在企业。"广东省委常委、深圳市委书记王伟中表示，现在的深圳是一片生机勃勃的"创新绿洲"：2017 年，深圳全社会研发投入占 GDP 比重 4.13%，接近全球最高的韩国、以色列水平，高新技术产业增加值占 GDP 比重达 32.8%，成为全国的一面旗帜。

包容开放的人口人才政策给深圳新产业新技术的聚集提供了源源不断的动力，助力深圳产业升级，从"中国制造"转向"中国智造"。据深圳市人力资源和社会保障局局长孙福金介绍，为了集聚人才，深圳一方面发挥市场在配置人才资源的决定性作用，另一方面发挥行政的力量进行制度创新，并做好战略性新型产业的布局，让人才适得其所。以去年为例，深圳市常住人口增加 60 万，其中引进人才 23 万，居国内一线城市首位。面对为整个社会作出巨大贡献的外来务工人员，深圳通过较高的社会保障水平以及无差别的公共服务为外来人口创造宜居宜业的生活环境。据统计，2017 年深圳社会保险参保率为 5881 万人次，居全国首位，养老金水平和医疗保障水平都居全国前列。"通过开放有效的人才政策和较高的公共服务水平为外来人口创造'来了就是深圳人，来了实现深圳梦'的创业环境。"孙福金介绍道。

个体的选择只有熔铸进历史的进程，才能回荡出巨响。城市平均人口年龄 32.5 岁的醒目数字，就是无数青年人共同选择将个人命运置于深圳改革开放历史进程，从而实现人生价值的有力印证。

三、再出发：打造千亿量级的特区"精华"

对于一段历史最好的纪念，就是创造一段新的历史。2012 年 12 月 7 日，习近平总书记在党的十八大后离京视察的"第一站"即来到深圳前海，向世界郑重宣示中国全面深化改革、扩大开放的时代强音，嘱托前海要"依托香港、服务内地、面向世界""实行比特区还要特的先行先试政策"。

前海是深圳西部、珠江口东岸一片完全由填海而来的新区域，面积仅 15 平方公里。习近平当年视察前海合作区时，前海还是刚刚完成填海的一片滩涂。如今，前海从零起步，从无到有、从小到大，已经迅速崛起为一座充满生机活力和强大辐射带动能力的现代服务业新城区。

2015 年 4 月，深圳前海蛇口自贸片区挂牌成立，距今刚满 3

年。1000 多个日夜的高速运转，前海蛇口自贸区交出的成绩单令人振奋：自贸区注册企业日均产出从挂牌时的 3 亿元升至 2017 年的 6 亿元，税收收入也从 174 亿元增长至 345 亿元，两年时间全部翻了一番。2017 年底，自贸区注册企业增加值达 1528 亿元，每平方公里产出突破 100 亿元，实际利用外资占深圳市的 61%、广东自贸区的 74%、全国自贸区的 28%——如此傲人的成绩使前海成为特区"最浓缩最精华"的亮点。

"创新是第一动力，前海蛇口自贸片区的爆发式、跨越式发展源自制度创新的驱动。"深圳市委常委、前海蛇口自贸区管委会主任田夫表示。3 年来，前海坚持以制度创新为核心，对照国际最高标准、最好水平，强化顶层设计和系统集成，构建政府、市场、社会协同创新体系，形成了以投资管理体系、贸易监管模式、金融业对外开放示范窗口、社会信用体系、法治建设、人才管理、市场化治理等七大板块为核心的制度创新"前海模式"。

以商事制度改革为例，自贸区实施"多证合一"和"一照一码"，企业办理营业执照和外商投资备案回执时限从自贸区成立前的 20 个工作日减少到两个工作日。目前，前海开业的商事主体数量已超过 6 万家，在全国自贸区位居前列。

一份前海蛇口自贸区管委会给出的数据显示，截至目前，自贸区共推出制度创新成果 358 项，全国首创或领先 133 项，全国复制推广 9 项，全省复制推广 62 项，全市复制推广 79 项。通过充分激发自贸区"制度创新策源地"和"改革开放试验田"的活力，深圳再一次走在全国新一轮改革开放前列。

抚今追昔，深圳经济特区的改革历程纵然经历千难万险，却从未停歇。站在历史的肩膀上，这个沉淀着创新与开放基因的年轻城市，再一次将自己置身于新时代全面深化改革的洪流中，以勇立潮头的使命感为新时代中国特色社会主义继续贡献深圳智慧和深圳经验。

40 年弹指一挥间。深圳，从昔日一个小渔村，发展成如今的"梦之城"，生动地展现了"改革"这一如椽巨笔描绘出经济社会展翅腾飞的巨大奇迹。

以深圳为起点，在祖国 960 万平方公里的广袤土地上，发展的传奇每日都在书写。40 年来，我们党以巨大的政治勇气，锐意推进经济体制、政治体制、文化体制、社会体制、生态文明体制和党的建设制度改革，不断扩大开放，取得了举世瞩目的成就。特别是党的十八大以来，以习近平同志为核心的党中央不断加强顶层设计，坚定不移全面深化改革，推出 1500 多项改革举措，变革之深、影响之广前所未有，更坚定地向中国人民和世界展示出我们党坚定不移深化改革的决心和信心。

⊙　　⊙　　⊙

蛇口春雷

——历久弥新的"时间就是金钱，效率就是生命"口号

"时间就是金钱，效率就是生命"，这句讲时效、重实干的口

号，在今天看来不过是稀松平常的一句话，可在 1979 年，经由广东蛇口提出，释放出一个强劲的思想冲击波。当是时也，"左"的思想令很多人无所适从，社会上视金钱、效率为禁忌。正因如此，简练、有力的"时间就是金钱，效率就是生命"提出后，时人誉之为"冲破旧观念的一声春雷""划过长空的第一道闪电"。

"时间就是金钱，效率就是生命"在机声隆隆的工地上出生，在不绝于耳的争议声中长大。它的"准生证"是我国改革开放总设计师邓小平颁发的，它的"成人礼"在天安门广场上的国庆大典中完成。书写有这句口号的牌子，在历史的风雨中几经竖起拆下，但至今依然屹立不倒。第四块写着这句口号的牌子甚至由国家博物馆收藏。这句口号迸发出冲破层层束缚的力量，更是深深地镌刻在了波澜壮阔的改革开放进程中。

一节生动的现场教学课

这句口号并不是一时灵光乍现的产物，而是袁庚在生前创建蛇口工业区的过程中长期积累、长期思考的结果。最早让袁庚受到启发的，是他在香港上的"第一课"，袁庚曾多次在不同场合讲述过那次令他深有感触的经历。

1978 年 10 月份，袁庚调任交通部香港招商局常务副董事长。初到香港，就上了生动的"一课"，"授课"的是一位香港企业家。当时为了业务发展，招商局需要在香港购买一栋大楼。袁庚与卖主谈妥后，约定在星期五下午 2 时预付定金 2000 万港币。"当天下午 2 时，袁庚准时到达律师楼，卖主也如期而至。没想到，卖主的汽车停在门外都没熄火，只等双方在律师楼办完交易手续拿到支票，就立即安排专人坐汽车直奔银行。"招商局历史博物馆、招商局档案馆馆长樊勇对每个细节如数家珍。

这位卖主为什么要这样争分夺秒？原来，第二天就是星期六，银行不上班。如果星期五下午 3 点之前支票不能交给银行，卖主就要损失 2000 万港币的 3 天存款利息。

"当时浮动利息是 14 厘，3 天的利息就是几万港币。"袁庚后来回忆这段往事时曾感叹，当时在内地的很多人完全没有时间观念、理财观念。受到触动的袁庚举一反三，迅速在企业开展财务检查。这一查问题还真多：不少子公司不及时进账，有人把支票搁在保险柜里过夜不当回事。袁庚随即换掉了责任人员，加强财务整顿。仅抓及时进账这一项，就使招商局收益状况改善不少。

可以说，一堂生动的现场教学课，让"时间就是金钱"的观念在袁庚脑海中萌芽。"时间就是金钱，这句话不是我发明创造的，中国古话就说，一寸光阴一寸金。"袁庚曾这样说。"时间就是金钱，效率就是生命"这一观念发酵、成形，源于在蛇口工业区的火热实践。

招商局历经百年沧桑，身为香港招商局第 29 代掌门人，时年 61 岁的袁庚希望将招商局发展成为一个多元化的大型跨国公司。为此，袁庚提出了"立足港澳、背靠香港、面向海外、多种经营、买卖结合、工商结合"的二十四字经营方针。根据当时国际市场特点，袁庚认准了两条：一是必须扩大船舶修造业务；二是必须增加中流作业能量。前者需要增设浮船坞，后者需要增加驳船仓库，兴建集装箱码头，两者都需要场地。

袁庚带领招商局同事四处奔走，可在万商云集、寸土皆金的香港寻找一块物美价廉的地皮谈何容易。当时，香港繁华地带的地价，仅次于日本东京银座，每平方英尺（0.0929 平方米）1.5 万港币，郊区工业用地也要每平方英尺 500 港币以上。袁庚他们又想在澳门试一试，但当时澳门电力不足，港口水浅，一时难以发展起来。

天无绝人之路。袁庚想，为何不到与香港隔水相望的广东省宝安县？宝安县是袁庚的故乡，蛇口工业区的最终选址就在宝安县蛇口南头半岛。据史书记载，6000 多年前，这里便有了刀耕火种的人群繁衍生息，民族英雄文天祥千古绝唱中的伶仃洋也在附近。

鞠天相所著《争议与启示——袁庚在蛇口纪实》一书中记述，1978 年 11 月下旬，袁庚在香港向时任交通部部长叶飞汇报了想在蛇口筹建工业区的构想，叶飞当场表态：起草报告，与广东省联合上报中央。1979 年 1 月 6 日，广东省革委会与交通部联名向国务院呈报了《关于我驻香港招商局在广东宝安建立工业区的报告》。报告称，在临近香港的蛇口建立工业区，既能利用内地较廉价的土地和劳动力，又便于利用国际资金、先进技术和原材料，把各方有利条件充分利用、结合起来。工业区拟从 1979 年上半年踏勘测量设计，下半年开始建设，1980 年上半年建成投产。

1979 年 1 月 31 日，农历正月初四，春节上班后的第一天，袁庚和交通部副部长彭德清跟随国务院副总理谷牧，一起向中共中央政治局常委、副主席、国务院副总理李先念汇报。在招商局档案馆里还保留了那天李先念、谷牧和袁庚、彭德清的谈话记录。当时，袁庚汇报说，只要中央点个头，在报告上面签个字，这块地皮价值就大大提高了。先念同志说："好，我批！"于是先念同志批示道：拟同意，请谷牧同志召集有关同志议一下，就照此办理。

这一天，李先念用铅笔在袁庚带去的地图上划出了一块地方，这便是蛇口南头半岛。1979 年 7 月 8 日，蛇口工业区开山第一炮爆响。如果说，党的十一届三中全会制定了我国改革开放的总方案的话，那么在封闭了几十年的中国大地上，蛇口工业区开工建设是真正打响了开放和改革的第一炮。

"4 分钱"惊动中南海

蛇口很多做法是创举、突破，是特事特办的。现在回头看，做这些事情，需要有敢为人先的精神。别人不敢踩的雷敢踩，别人不敢打破的框框敢打破。袁庚曾讲，我为什么提"时间就是金钱，效率就是生命"？当时国内没有市场观念、时间观念、效率观念。从计划经济向市场经济转变，首先思想上要变革，不能再用老思想面对新问题。

那时候，建设工业区需要引进外资，招商局必须先期投资弄好"五通一平"，也就是通水、通电、通车、通航、通电讯和平整土地。这需要将大量的建设材料运进蛇口，但当时蛇口的码头只有小船才能靠岸。在荒山野岭的蛇口半岛，当务之急就是新建 600 米长的顺岸码头。可是，当时来自制度和人才的困难，超出了蛇口建设者的预计。

1978 年的蛇口，是隶属于广东省宝安县的一个公社，宝安撤县改为深圳市，是蛇口工业区成立一个多月后的 1979 年 3 月 5 日，深圳经济特区的建立则是 1980 年 8 月 26 日。当时，一条 20 多米宽的深圳河隔开了两个世界：河北岸的宝安县，一个农民的年收入只有 143 元，可 20 多米外的香港，农民的年收入有 13000 港币。按照当时汇率折算，相差 70 倍之多。同时，蛇口的青壮年很多都跑去香港发展，留下来的都是老人小孩。收入差距巨大的背后，是整个经济发展和思想观念的差别。时间观念差、不讲经济效益、办事效率低、平均主义、铁饭碗、大锅饭等制约着改革开放之初的蛇口。

1979 年 8 月份，交通部四航局承建蛇口工业区首项工程蛇口港。梁宪是蛇口工业区第一届管委会委员，以袁庚智囊著称。据梁宪回忆，当时蛇口的工程局、施工队全是国有的，吃大锅饭，建设港口码头的钱是从香港贷款来的。"招商局的人很急，但施工队不急，一二十米远的距离，一天就开泥头车拉二三十车，什么时候才能把这个码头填好啊？钱什么时候收回啊？"

那时，工人收入主要靠工资，奖金仅是辅助，分 5 元、6 元、7 元三个等级。工人对每月几元奖金兴趣不大，工作干劲不高。为了调动工人的积极性，提高工作效率，四航局工程处决定实行超产奖励。具体做法是每部车每天的劳动定额为 55 车，完成定额后每车奖 2 分钱，超出定额部分每超一车奖 4 分钱。实行新的超

62

产奖励后，工人劳动积极性大涨，每人每天能够运八九十车。不仅如此，工人们还主动要求加班加点，实行每天工作 12 小时的大班制。

600 米长顺岸码头中的 150 米，原计划 1980 年 3 月底完工，实行超额超产奖励后，施工速度加快，结果提前一个月竣工并交付使用。根据蛇口工业区后来的统计，在实行超产奖励的 1979 年 10 月份到 1980 年 3 月份，工业区多创产值 130 万元。

这样提高效率的奖励办法在当时却引起了一场争论，有反对者认为这是"滥发奖金"，行之有效的奖励被有关部门勒令停止，工作效率也低了下去，直接影响到了工程进度，使得蛇口首次出现了完不成月计划的现象。

在向上级部门递呈报告的同时，袁庚请来记者写了内参，将情况汇报给时任中共中央总书记胡耀邦。在今天招商局历史博物馆的展示墙上，就有《胡耀邦总书记、谷牧副总理对蛇口工业区超产奖问题的重要批示》复印件，在这份批示中，胡耀邦口气颇为严厉："为什么国家劳动总局能这么办？交通部也这么积极？看来我们有些部门并不搞真正的改革，而仍然靠作规定发号施令过日子，这怎么搞四个现代化？"

"4 分钱"惊动了中南海。在中央领导的支持下，蛇口工业区获准继续实行超产奖励办法。此后，招商局先后在蛇口港码头、华益铝厂、华美钢厂等工程项目中实行形式各异的奖励办法，大大激发了工人积极性，加快了施工进度，缩短了工期。"大锅饭"的分配制度由此也走上了改革之途。

尽管蛇口工业区的工程建设采取了一些与以往大不相同的方式，比如选择施工单位、议定工程价格等，但吃了几十年的"大锅饭"，路径依赖的力量不可低估，拖延工期、质量不合标准的问题在蛇口屡有发生。如何突破计划经济体制下那种僵化的体制，袁庚想到了沿用香港和国外的做法——工程招标。1980年，蛇口工业区在基础施工建设中率先引进了招标制度，这也是蛇口最早全面推行的一项改革举措。第一个招标项目是蛇口铝材厂，由一家日本承包商中标。此后，蛇口工业区主要工程先后采用招标方式发包，除内地施工单位外，日本、美国等国家或地区的建筑商都纷纷参加竞标，外商中标率约为10%。1984年8月份，蛇口工业区公布实施《工程招标管理办法》，将工程招标制度固定了下来。

1981年春天，蛇口工业区"五通一平"一期工程基本竣工，建设指挥部正式更名为招商局蛇口工业区管理委员会，引发4分钱奖金争议的600米顺岸码头也已正式投入使用。这一年6月份，《人民日报》全文刊载了一篇新华社电讯稿《蛇口工业区建设速度快》，首次提出了蛇口方式。此后，蛇口方式又演变为蛇口模式，并在日后与"深圳速度""苏南模式"等一起，对深化改革开放起到了重要的示范作用。

"蛇口很多做法是创举、突破，是特事特办的。现在回头看，做这些事情，需要有敢为人先的精神。别人不敢踩的雷敢踩，别人不敢打破的框框敢打破。"樊勇介绍道。

的确如此，"先有蛇口后有深圳"，不仅是说蛇口创办时间早，更意味着很多改革经验、改革办法也先于深圳，是在蛇口先期试行并逐步成熟后才慢慢推广到各个经济特区，进而辐射全国的。也因此，蛇口又被人称为"特区中的特区"。

蛇口在企业改革、管理改革上有很多创举，这其中包括了1981年改革劳动用工制度。效率和公平是一对矛盾体，但在蛇口的合资企业中，效率和公平如同一枚硬币的两面，相生相伴。1980年的中集公司劳动力协议，在允许企业开除工人的同时，已经明确规定，企业支付一定比例的费用，由蛇口劳动服务公司统筹提供医疗、养老等社会保障。蛇口也成为我国最早建立社会劳动保障制度的地方。1982年在全国首次公开招聘人才，开始干部人事制度改革；1983年试行管理体制改革；1984年推行住房制度改革；1985年试行民主选举工业区领导人制度；1985年，蛇口成立了专门的社会保险公司，这是我国第一家由企业成立的社会保险机构，也是今天平安保险的前身……蛇口曾经创造了24项全国第一，这些第一如今已多数沉淀成为当下我国经济生活的一部分。

标语牌"四立三拆"

在改革开放之初，虽然"时间就是金钱，效率就是生命"只有12个字，却事关发展理念，甚至事关中央对改革开放的路径选择。

从革命年代，到建设时期，全国出现过许多经典的脍炙人口的口号标语，在不同时期产生过特殊的重要影响。当袁庚在蛇口面对体制和观念的阻力，他一方面不断寻求对旧体制、旧制度的突破，一方面也认识到，从香港到蛇口，虽是一水之隔，但两地思想观念上却有天壤之别。

袁庚很看重思想建设。这位40多年的老共产党员，认为高速发展的蛇口急需一个富有凝聚力和号召力的口号，这个口号不能假大空，要符合蛇口特色，推动蛇口建设。

1981年3月份的一天，袁庚坐船从香港赶往蛇口，趁着空闲，他在船上涂涂写写，最后写下了"时间就是金钱，效率就是生命，顾客就是皇帝，安全就是法律，事事有人管，人人有事管"这6句口号，并拿给同行的招商局董事总经理梁鸿坤和招商局资料室日文翻译李炳盛看。梁、李二人都认为口号不错，确实能把蛇口工业区的精神概括起来。

在随后召开的工业区干部大会上，袁庚宣读了这6句口号，得到大多数与会者的赞同，但也有与会者对"顾客就是皇帝"提出异议，认为共产党把顾客当"皇帝"不大好。当天的会议结束后，袁庚一行离开蛇口返回香港。临走前，他叮嘱蛇口工业区副总指挥许智明将口号制成标语牌竖在工业区里亮相，让大家都能看到，都能引发思考。许智明找到旅游文化服务公司总经理邹富民，安排美工在一块三合板上用红油漆写上"时间就是金钱，效率就是生命"，并第一次在蛇口竖立起来。

口号一亮相就引发强烈震动。标语中的两个词比较敏感，一是"金钱"，二是"效率"。在当时金钱一向被认为是资本主义的追求，社会主义鼓励的是大公无私。效率的提法也不寻常，因为在计划经济体制下，平均主义和"大锅饭"是常态，突然有人提出"效率"，而且把它当成"生命"，很多人不习惯。

此时，国内有关经济特区是否要继续办下去的争论也很激烈，不少人指责经济特区与"租界"没啥两样，"只剩下五星红旗是红的"。袁庚为了大局着想，示意暂时把牌子拆下来，放到仓库里。从竖立到拆除，第一块标语牌面世仅3天。

1981年11月底，袁庚给招商局企业管理培训班的学员上课，再次谈到这句口号，在培训班学员中引发热烈回应，在这次讲课过后的一个星期天，谭筑熙等6名培训班学员，在当时蛇口最热闹的商业街——华苑酒家门前的小广场上再次竖起标语牌："时间就是金钱，效率就是生命，事事有人管，人人有事管"，比第一块木牌多了两行字。

1982年的春天，一场针对改革开放的非议再次出现，"姓社姓资"之争不断扩大。面对严峻形势，袁庚考虑再三，再一次让人将这块牌子拆除。一年过去，对于改革开放的非议稍微转淡。1983年8月份，时任蛇口工业区宣传处副处长的周为民又想起了这句口号，他认为这句话如同晨钟暮鼓，引领蛇口人以全新的观念与光阴赛跑，促进蛇口人在改革开放中不断锻造新的辉煌。宣传处用了一个星期，制作了比前两块大许多倍的巨幅标语牌"时间就是金钱，效率就是生命"，将其立在港务公司门前。

在1984年前的蛇口，"时间就是金钱，效率就是生命"的标语牌，每一块存在的时间都很短。"那时人们耻于谈钱，你还竖牌子，把时间就是金钱挂起来，当时在蛇口是引发争论的。"樊勇介绍说。在改革开放之初，虽然"时间就是金钱，效率就是生命"只有 12 个字，却事关"姓社姓资"的路线之争。

获得改革开放总设计师肯定

在蛇口工业区早期建设的 20 多年间，有近百位党和国家领导人踏足蛇口。蛇口的经验也因此被总结、提炼，成为中央决策和政策的重要参考

1984 年春节，邓小平南下视察深圳、珠海等沿海经济特区。邓小平是我国改革开放的总设计师，是经济特区的命名者，也是最重要的推动者之一。"实践是检验真理的唯一标准"大讨论已经过去了 6 年，创办经济特区也有两年多时间了，这次邓小平就是要看看经济特区的实践到底是否经得起检验。

得知邓小平要亲临蛇口，袁庚等蛇口工业区负责人很振奋。在做足所有的接待工作之后，袁庚布置了一项紧急任务，要求工程公司连夜加班，做出一块"时间就是金钱，效率就是生命"的标语牌，立在当时从深圳市区进入蛇口的分界线上。

蛇口工业区办了 5 年，这条路到底对不对？"时间就是金钱，效率就是生命"究竟是对是错？袁庚想从改革开放总设计师口中得到一个答案。1984 年 1 月 26 日早上，经过通宵加班赶工，一块巨大的广告牌伫立在从深圳通往蛇口的路口，蓝底铁皮板上写着 12 个大字：时间就是金钱，效率就是生命。

事实证明，邓小平对深圳和蛇口的改革开放建设是满意的。在

这次视察后，邓小平为深圳经济特区题词："深圳的发展和经验证明，我们建立经济特区的政策是正确的。"1984 年 2 月 24 日，邓小平在与中央领导谈话时，有这样一段寓意深刻的话：'深圳的建设速度相当快……深圳的蛇口工业区更快，原因是给了他们一点权力，500 万美元以下的开支自己做主，他们的口号是'时间就是金钱，效率就是生命'。"邓小平的一锤定音，消除了当时围绕着口号的种种争议，也给袁庚吃了一颗定心丸。

得到邓小平的肯定和赞许，"时间就是金钱，效率就是生命"的口号从此广泛传开，这句最能体现改革开放精神的口号，逐步成为人们的广泛共识和行为准则，被誉为"第一声春雷"。1984 年 10 月 1 日，新中国成立 35 周年的国庆庆典上，写有"时间就是金钱，效率就是生命"的蛇口工业区彩车驶过天安门。这句口号从此响彻全国，家喻户晓。

1984 年 3 月份，在北京召开的沿海部分城市座谈会上，中央领导明确提出，"蛇口的管理经验，要在各特区推广"。在 20 世纪 80 年代，蛇口作为"特区中的特区"，中央领导纷纷视察，各地参观学习的人络绎不绝。"没有中央领导的支持这个事情是做不成的。因为这种开放改革的整个政策不是自下而上的，是自上而下的。"梁宪说。在蛇口工业区早期建设的 20 多年间，有近百位党和国家领导人踏足蛇口，有的领导人来过多次，最多的是谷牧，先后视察蛇口达 18 次。蛇口的经验也因此被总结、提炼，成为中央决策和政策的重要参考，推动了我国改革开放的进程。

蛇口流传的三个笑话

在蛇口曾流传着 3 个真实的笑话，都发生在蛇口工业区建设早期。一是英国剑桥大学派访问团访问蛇口，工业区一位干部很谦虚地问，你们是"建桥"大学，主要建造多大的桥啊？二是美国商务代表团参观蛇口，工业区一位干部笑容可掬地问对方，英国人是讲英语，请问你们美国人讲什么语？三是谷牧视察蛇口时，一位干部汇报说，刚到香港考察，思想有很大的变化，不只是 180 度的转弯。谷牧笑问：那是多少度啊？这位干部认真地说，是 360 度的大转弯。谷牧笑着说，同志，那你转到哪里去了？

这些笑话，袁庚在不同场合多次讲过。笑话的主人公实有其人，但人们讲的时候都隐去其名，不想揶揄这些在改革发展中立过功劳的老人。袁庚讲这三个笑话有其特别用意。当时，正在建设中的蛇口工业区是一种全新的尝试，需要新知识新思想的人才和管理干部。当时，香港通行的做法是招考聘任制，袁庚想借鉴香港的办法，在蛇口做一次尝试，在几十年铁板一块的单位体制上打开缺口。

1979 年 11 月份，邓小平在一次讲话中专门谈到人才问题，强调要破格选拔人才，不能按照老规矩办。根据邓小平讲话精神，4 个月后，谷牧在广东福建两省汇报会上，谈到蛇口工业区的问题时，首次提出一个崭新的概念，"择优招雇聘请"，并说"你们要把蛇口工业区先办好，就可以取得一些经验"。参加会议的袁庚大喜，两天后致信谷牧，希望在允许招聘、招考和解雇之外再加上一条，对应聘应考专业人才，所在单位不要为难，谷牧当天批复同意。

当下，人员流动是一件很正常的事，但在 20 世纪 80 年代，所有人都是一个萝卜一个坑，很多人跳进那个坑里可能就会待一辈子。袁庚想摆脱干部对企业的人身依附，他认为这样才能让人才得到最大的自由发挥。他采用了两种办法，一是冻结，交通部冻结向蛇口工业区派干部。二是招聘，在全国范围内造势招聘干部。

1981 年，蛇口工业区在广州、武汉、北京等地，以企业管理培训班招生的名义刊登招聘广告，公开招聘干部。王潮梁是武汉地区唯一通过笔试和面试的人。由于招录到的干部调动困难，原定 1981 年 10 月 20 日开学的第一期培训班，不得不推迟开学。即使如此，在开学以后，仍有学员陆陆续续报到。

1981 年 12 月 8 日，后来被称作"蛇口黄埔军校"的企业管理培训班在简陋的教室里举行了一场迟到的开学典礼。袁庚典礼致辞的第一句话就是"我对不起诸位，把大家骗来了"。培训班 40 多名干部一时间不知道他葫芦里卖的什么药。袁庚说，蛇口工业区什么都没有，只有沙子和海水，如果我们干不好，就只能吃沙子喝海水。"我是一个大冒险家，你们是些小冒险家，我在全国范围内把你们这些小冒险家网罗到蛇口工业区来，我们来冒一些险，搞一些改革。"

从内地到蛇口，尽管大家有备而来，但仍然不同程度地存在着转变观念、更新知识、扩大视野等众多实际问题。为此，袁庚举办的企业管理培训班实行一年学制，除了英语、粤语、驾驶、外贸实务、企业管理等外，还有一些专题讲座，最主要的任务就是解放思想。培训班曾请过加拿大多伦多大学的心理学教授江绍伦来讲授心理学。当时有人质疑，为什么要请资产阶级学术权威来散播唯心学？袁庚笑笑答道，西方学者把人类行为学植入经济管理中，作为一门学科来为企业经营者服务。把"效率"和"满足感"放在经济学中来考察，也有可借鉴之处嘛。

但6个月后，学员们便以崭新的面貌，奔赴各自的岗位。袁庚提前半年初步实现了他举办培训班的目的：培养蛇口工业区急需的中级管理人员，使之适应改革开放的形势，具备国际交往的能力。

为了进一步释放人才潜力，袁庚主张取消干部等级制度并实行聘用制，不分身份，不分等级，职务随时可以调整变动。顾立基是第二期培训班班长，"文革"后的第一批大学生，在清华大学曾发起成立了学生经济管理爱好者协会，并在1981年成为北京海淀区人大代表。当时，招商局在北京设点，专门负责毕业生招录，在北京出差的袁庚翻看学生资料时对顾立基感兴趣便亲自上门"考察"。顾立基回忆与袁庚的谈话时说："当时他讲了改革开放，招商局需要有一批人跟他一块儿突破体制，给我印象最深刻的是，他说整个体制像一堆螃蟹，你钳着我，我钳着你，谁都动不了，谁都别想动，招商局在蛇口工业区就想解决这个问题。"

1983年，蛇口工业区领导班子调整，中层干部青黄不接。顾立基、周为民等4名学员，仅仅培训半年后便提前毕业，走马上任。工业区正式启动干部制度改革，实行聘任制。作为工业区招考引进的第一名干部，这一年 11 月份，王潮梁被任命为"海上世界"总经理。

"海上世界"是由一艘豪华游轮"明华轮"改装而成。"明华轮"1964 年诞生于法国，因戴高乐总统曾坐过而闻名于世，后来被广州远洋公司买下。1983 年 8 月份，"明华轮"完成最后一次航行后，袁庚用 300 万元将它迎到蛇口。经过整修改造，成为集酒店、娱乐为一体的我国第一座综合性海上旅游中心。"海上世界"一经推出，就风靡深圳，是游客必到之处。1984 年 1 月 26 日，邓小平在蛇口视察最后一站就是这里。

被任命为"海上世界"总经理仅仅 3 个月后，王潮梁就体会到了什么是能上能下。"我被解聘的事还上了《人民日报》。"王潮梁回忆，"开头我都能背出来了：在深圳蛇口有一个著名的'海上世界'，前不久它的总经理被解聘了，这个人作风正派，工作辛苦，但是没有做出开创性的事业，所以被解聘了。这就是新的蛇口观念。"

"蛇口的观念创新在改革中起到了引领作用，有了思想观念的解放，才会有执行层面的创新和思路。"樊勇介绍说。除了"时间就是金钱，效率就是生命"，蛇口流行过的口号还有"大胆走，莫回头""空谈误国，实干兴邦"等。

一个体制是一项项制度的制约和协调，有的改革已经发生了，有的还没有发生，便成为制度瓶颈。当蛇口进一步招商引资，开始全面建设的时候，面对的已经不单单是奖金制度、招标制度，它还必须面对用工制度、干部制度、住房制度、社会保障制度等几乎所有框框的制约，蛇口工业区被倒逼着一件一件去改、去试。

改革开放初期，房子是困扰我国千家万户的"老大难"问题，也是蛇口开发区早期不得不面对的一大难题。在改革人事制度的第二年，蛇口正式启动了住房商品化改革，蛇口也成为我国最早实行房地产改革的地方。

1981 年，蛇口第一批职工住宅竣工，当时蛇口职工的收入要远远高于全国其他地方，而蛇口的职工住房也一改过去低收入、低房租的老路，开始采用成本核算的办法，实行按质按量论价，由职工自由选租，从国家包供给、低房租的"大锅饭"制度转变到按成本计租。当时，内地一套房的月租金不过三五元钱，但在蛇口三室一厅的房子月租金是五六十元，约占职工月收入的 1/4。这样一来，蛇口的很多职工宁愿住小房子也不住大房子，宁愿住楼层采光差一点的丙类房也不愿意住甲类房，甚至出现了领导住房比普通职工小的现象。

随着工业区的建设推进，蛇口的人口也越来越多，住房需求量越来越大。1984 年 12 月份，蛇口工业区在全国率先实行租售结合的住房商品化改革。在提高房租让人感到租不如买的同时，鼓励职工购买住房并将回笼的资金投入建造新房，实现资金良性滚动。在 1984 年蛇口的一份房改文件中还出现了首付、月供、土地使用年份、房产权等新名词。

1980 年，邓小平在一次与中央领导谈话中，曾经提出了住房制度改革的一个构想核心，内容就是：逐步实现住房商品化。在实践中最早走出这条路的就是蛇口。4 年后，深圳经济特区开始房改，全国的住房改革，是在 1998 年才真正全面铺开。为什么又是蛇口？"其中一个简单的答案，就是因为招商局是一个自负盈亏的企业，蛇口房改的动力离不开企业的贷款压力、资金压力。回头看当时的房改、实行干部聘任制，其背后有一个共同的主线，就是要摆脱铁板一块的单位束缚，从旧的僵化体制中把人解放出来。"樊勇介绍说。

当年蛇口突破重重阻力甚至冒着巨大风险实行的改革，很多在今天看来已是再平常不过的事了，可在当时，其主要目的就是打破计划经济的束缚，解决企业没有自主权的问题。随着蛇口经济发展和企业权力增加，袁庚开始考虑权力的约束问题。在干部监督问题上，后来袁庚常常引用一句话，说权力导致腐败，绝对权力绝对导致腐败。

早在 1980 年，邓小平就曾经讲过，之所以过去发生各种错误，不是说个人没有责任，而是说领导制度、组织制度问题更带有根本性、全局性、稳定性和长期性。这些方面的制度好，可以使坏人无法任意横行，制度不好可以使好人无法充分做好事，甚至会走向反面。"在蛇口开发的前几年里碰到了数不清的障碍，这些障碍看起来是经济问题、观念问题，是每一个具体的人的问题，但最后都归结到了一些根本性的制度问题。"樊勇介绍说。

"当时我们事业发展起来了，招商局这边有银行、酒店等等，就开始考虑几万人怎么监督？"梁鸿坤回忆，1983 年 4 月份，蛇口工业区第一届管委会宣布正式成立。袁庚在成立大会上说，从现在开始，将废除干部职务终身制，以后每届任期两年，每年一次民意测评，信任票数不超过半数者立即下台。

新任命的管委会委员，平均年龄 46 岁，知识结构、学历、观念等方面符合袁庚的期望。一年后的 1984 年 4 月份，第一届管委会首次民意测验，300 多人参加，收回信任票 295 张，7 名委员全部过关。

一份闻名全国的小报

"效率就是生命，效率来自于管理，工业区管理倘若长期落伍，就会丧失生命力。袁庚同志，请您学习一下管理，注重一下管理，好吗？"

蛇口当时办过一份全国有名的报纸，叫《蛇口通讯》，首任总编辑是韩耀根，一篇《该注重管理了——向袁庚同志进一言》的稿子，被称作是开了当代中国新闻史的先河，其舆论监督锋芒所向，一时轰动大江南北。

韩耀根认识袁庚是在 1983 年，当时他是一名记者，负责特区和蛇口的新闻报道，在一次采访袁庚时，他建议袁庚办一份报纸，为改革开放鸣锣开道。1984 年年末，蛇口工业区筹办报纸，韩耀根正式加盟。当年 12 月 30 日，《蛇口通讯》出版了试刊第一号，韩耀根任总编辑。

1985 年 2 月 5 日，《蛇口通讯》创刊第二期出版，袁庚和韩耀根有过一次谈话，这次谈话引发了一系列十分有名的报道，进一步解放思想观念，展现出开放的环境和氛围，并对我国的新闻界产生了巨大的冲击力。"袁庚说，舆论要敢于批评不称职的干部，蛇口一些做得不到位的事情你照样可以登报。但批评稿要有父母之心，这样干部也就能够接受得了。他还特别强调，包括他自己本人也可以批评。"韩耀根坦言，当时听到这话一方面很振奋，一方面又有所疑虑，对于是否真的能对他本人在报纸上公开批评，韩耀根还是有点不大相信，但他想试一试。

1985 年 2 月 28 日，署着"匿名"的《该注重管理了》一文出现在《蛇口通讯》第三期上。这封信在列举了蛇口工业区的惯例问题之后，还引用了袁庚发明的口号："效率就是生命，效率来自于管理，工业区管理倘若长期落伍，就会丧失生命力。袁庚同志，请您学习一下管理，注重一下管理，好吗？"在这篇"重磅炸弹"的下面，报纸还配发了一篇评论《恐惧，告别吧》。这个评论是韩耀根根据与袁庚的多次谈话内容整理。在袁庚看来，免于恐惧的自由，要把人的能量在改革中释放出来。要做到这一点，整个企业的透明度要增加，知情权也要增加。

《该注重管理了》在蛇口并没有掀起太大的波澜，却在蛇口之外的地方形成了冲击波。包括《人民日报》在内的全国性大报和不少境外媒体纷纷报道和转载，袁庚一夜之间成为闻名全国的新闻人物。一个月后，《蛇口通讯》试刊第四期，发表了《进一言的前前后后》。一年后，这篇文章和《该注重管理了》以及《恐惧，告别吧》一起，高票获得 1985 年度的全国好新闻特等奖，但当时的《蛇口通讯》尚没有正式的刊号。

据梁宪回忆："诺贝尔化学奖获得者、美籍华人李远哲从美国到香港访问，曾经向袁庚提问，你们招商局办蛇口工业区的初衷是什么？袁庚明确地回答，我们想在最靠近香港的地方，拿出一块地方来做实验，来证明共产党管理经济，或者管理企业，也是能够获得好的经济效益的，有效率的，也可以使社会繁荣起来的，使人们生活富裕起来的。"

今天的蛇口工业区已经回归了企业身份，蛇口从行政区域上归属于深圳市南山区。袁庚主持的招商局在蛇口工业区的试验，为我国的改革开放提供了借鉴，也促进了人们的思考。从 20 世纪 80 年代开始，曾有学者批评袁庚，认为李先念给了袁庚整个蛇口半岛，但袁庚只要了 2.14 平方公里，要得太少了。2004 年，袁庚曾在接受媒体采访时说，自己最后悔的一件事就是当年没把蛇口工业区"划得更大一些"，感叹自己当年思想不够解放。世人总喜欢脱离当时的环境，评判当时人物，往往会出现苛责之势。从实践来看，蛇口 2.14 平方公里的工业区，已经起到了领风气之先的效果。

袁庚把蛇口比作我国改革开放的一根试管。1986 年 5 月份，袁庚在香港中文大学的一次演讲中，首次明确提出试管这一概念。1993 年，离休后的袁庚曾经写过一篇文章，谈到蛇口改革时说："1878 年，爱迪生在门罗帕克实验室最初点亮的白炽灯只带来了 8 分钟的光明，但是这短短的 8 分钟却宣告了质的飞跃，世界因而很快变得一片辉煌。最初那盏古拙的灯泡，它纤弱的灯丝何时烧断并不重要，重要的是它真真确确留给人们对不足的思索和对未来的希望。"

2016 年 1 月 31 日，袁庚在深圳蛇口逝世，享年 99 岁。在互联网上，网民们"点"亮蜡烛和鲜花标记，向这位传奇老者致敬。"世上再无袁庚，改革仍在进行"。袁庚主导的改革，形成新的时间观念、竞争观念、市场观念、契约观念、绩效观念和职业道德观念等，成为推动我国改革开放的重要精神力量，并将始终激励中国一代又一代的改革者。

结语

改革开放是党中央顺应时代发展作出的改变中华民族命运的关键抉择。深圳经济特区作为我国改革开放的前沿阵地，从计划经济的束缚中杀出了一条血路，培育了一批适应改革开放、体现时代精神的"深圳观念"，极大地振奋了人民群众的精神与斗志。

实践永无止境，创新永不止步。站在新时代的历史起点上，深圳将沿着习近平总书记指引的方向，继承发扬改革创新精神，解放思想，实事求是，与时俱进，激励新一代建设者继承老一代创业者的勇气和智慧，为我国改革开放贡献更多宝贵的经验与智慧。

（选自杨阳腾：《蛇口春雷：历久弥新的"时间就是金钱，效率就是生命"口号》，《经济》2018 年第 21 期）

⊙　　⊙　　⊙

华为：走向世界的"中国民营企业500强"

1987年创立于深圳的华为公司，仅仅是一家生产用户交换机（PBX）的香港公司的销售代理。2016年8月25日，全国工商联发布"2016中国民营企业500强"榜单，华为以3950.09亿元的年营业收入，成为500强榜首。短短二十几年，华为由深圳一家不知名的做代工产品的小公司，成为全球通信产业龙头，赢得了世界的关注和认可。2015年7月，美国《财富》杂志评选世界500强排名中，华为飙升到129位，超过英特尔、思科等科技巨头。华为的成长史，是一部走向世界的历史，也是一部自主创新的历史和培养塑造人才的历史。

走向世界是华为的基本战略。早在创业初期，任正非就向所有华为人宣称：未来世界电信市场，三分天下，华为有其一。

1996年，华为与香港和记公司开展交换机业务，迈出了从国内走向国际的第一步。1997年，华为进军俄罗斯，这是华为的海外第二站。1998年，华为参与全球各大地区展会(印度展、巴西展、开罗展、南非展等)，开始在亚太、中东北非、非洲南部、拉美几个发展中地区选取重点国家进行少量人员的长期投入。然而一切并不顺利。屡战屡败之后，华为重新思考战略方向，决定走"农村包围城市"的道路，选择非洲（含中东）、东南亚等发展中国家作为主战场。经过几年的闯荡和努力，华为凭着高质量的产品和优质服务，成为很有竞争力的品牌，完成了第一阶段的"抢滩"任务，基本实现了营销体系的国际化。

华为在发展中国家积累一定市场份额和经验之后，开始向电信业发达、市场竞争激烈的西欧和北美等发达国家进军。为保证快速国际化，华为还尽量采取本地化策略，设法雇佣本土人员，在巴黎、伦敦、纽约、加拿大和澳大利亚大量招聘国际化人才。华为在美国硅谷设立研发中心，与摩托罗拉进行 OEM 方式的合作，成功打开美国市场；在欧洲市场设立联合研发中心，与各大运营商紧密开展合作，成为欧洲顶级运营商眼中值得信赖的公司，进而打开欧洲市场的大门。

今天，华为已经成为全球移动通信设备市场中的最大巨头，其产品遍布五大洲 150 多个国家，服务于全球 1/3 的人口，在世界各地设立了几十家分公司，即使在 4G 技术领先的欧洲，华为也有过半的市场占有率。

> **链接：华为的外交路线**
>
> 中国的外交路线是成功的，在世界赢得了更多的朋友……华为公司的跨国营销是跟着我国外交路线走的，相信也会成功的。
>
> ——任正非

　　自主研发创新是华为的立身之本。华为之所以成功地走向世界，离不开其自主研发的核心创造力。华为主打创新牌，主动投入大量财力、人力和物力用于研发。华为拥有研发人员 76000 多名，占公司总人数的 45%，而且创新团队层次高，有 10000 多名博士。华为平均每年的研发经费都超过其营业收入的 10%，最近十年研发经费达到 2400 亿元人民币。2016 年，其研发投入创历史新高点达 763.91 亿元，约合 110 亿美元，位列全球研发投入前十名企业的第九位，超过苹果、思科等巨头，确保了它在 ICT 技术基础设备制造业中走在世界前列的地位，也在世界 500 强企业和世界品牌500 强企业榜单中的位次不断前移。

> ### 链接：华为的"2012 实验室"
>
> 　　该实验室由 1997 年进入华为的欧洲海归科学家李英涛担任实验室总裁，是华为的科研创新中心，主要研究新一代通信技术、云计算、音频视频分析、数据挖掘、机器学习等面向未来 5 至 10 年发展方向的前沿科技。2012 实验室还在国内外构建了 16 个研究所、28 个创新中心。其中，在欧洲、美国、加拿大、俄罗斯、印度、日本共设立了 8 个研究所，皆依据不同国家科技人才不同的能力优势和市场需求而设，吸纳聘用当地科技人才比例最高达 80%。

　　不遗余力的研发投入，换来无与伦比的创新成果。据统计，2016

年华为全球累计专利授权5万多件，PCT国际专利申请数量连续两年位居全球企业榜首。目前，华为在5G标准技术研发全球性竞赛中，更是走在前列，它推荐的5G短码解决方案，同高通提出的中长码解决方案并列，获得3GPPRAN会议讨论认可为5G标准技术。在智能手机的研发上，华为也后来者居上，海思麒麟系列芯片的研发成功，有力推进了华为手机从技术和品牌上阔步向高端化迈进，也令其终端产品智能手机高端化和市场占有率跻身于国内第一、世界第三。

> **链接：华为芯片的研发**
>
> 华为芯片的研发不是一帆风顺的。华为芯片经过了K3的失败，K3V2的改良，到后来的麒麟910、920直到现在的950，性能和功能趋于完善和平衡，受到市场的一致好评，逐渐争取到市场更多的份额。2016年华为手机出货量达1.39亿台，以此为主的终端产品营收同上年相比猛增43.6%，达到1798.08亿元，占总营收的34.47%，成为华为新的经济增长点。

华为依靠开放式的自主研发创新，驱动企业稳步快速发展，又以企业发展积累的财力保障创新必需的投入，令创新与发展相互促进，进入良性循环的佳境。

人才是华为的动力支撑。一切创新都离不开人才，华为通过高工资吸引人才，高股权留住人才，把人才的优势发挥到淋漓尽致，令人望而生畏。

华为是"三高"企业：高效率、高压力、高工资。高工资是第一推动力，重赏之下必有勇夫。除了高工资，华为还是中国较早实施全员持股的企业之一。全员持股使广大员工以股东的身份参与企业决策，分享利润、分担风险，对于激发员工的工作积极性和进取精神，有着不可替代的作用。目前，华为员工持股计划参与者已发展到 8 万多人。任正非个人持股约占公司总股本的 1.4%，按 2016 年底公司净资产 1401.88 亿元计算，任正非的个人净资产仅为 19.63 亿元。而华为 17 万在职员工 2016 年人均工资薪酬福利达 63 万元（是人均工业增加值的近 2/3）。而华为持股员工除此而外，还有历年积累的部分剩余价值或储蓄人均约 170 万元的公司股本。华为一整套合理的内部评价机制和激励机制，使员工价值与公司价值相互叠加，打造出良性循环的人才云和价值链。

链接：用狼性理念培养和开发人才

任正非认为：企业发展就是要发展一种狼性。狼有三大特性：一是敏锐的嗅觉；二是不屈不挠、奋不顾身的进攻精神；三是群体奋斗的意识。华为实施狼狈组合计划，要求每个部门都要有进攻性的狼，又要有精于算计的狈。这一系形成了华为式管理的向心力，让华为人能够团结协作，敢于创新，实现自己的最大价值，为公司创造最大的利润。

华为成为中国民营企业打造世界级自主品牌的一面旗帜，这家中国民营企业的翘楚正在悄然改变世界。我们欣喜地看到，除了华为，中国还出现了一批走向世界的民营企业，比如联想、TCL、海尔等等。这些中国本土企业，已经向国际化目标迈进了一大步，正在全球范围内积累了很多宝贵的国际化经验。

深圳市渔民村：昔日村庄变商肆

全国最早的万元户村、深圳特区内首个由村民自筹资金推倒重建的城中村，经过多年的改造和提升，逐步改头换面成现代化大都市一部分的深圳市罗湖区渔民村，现在是名副其实的"品牌村"，日益改善的生活让这里的村民腰包越来越鼓。

深圳市罗湖区渔民村，是一个有着独特政治光环的居民区。从1984年到2012年的近三十年里，邓小平、胡锦涛、习近平等党和国家领导人来到这里视察，走进普通居民家中。

从打鱼人家到万元户村

今天的渔民村新的篇章依旧在谱写。5年前，习近平总书记考察深圳渔民村，仔细询问了村民的生活状况。对这里的居民来说，总书记的关怀和殷切期盼在5年时间里，并没有褪色。

5年来，渔民村作出的骄人成绩有目共睹：村里不但日子越过越红火，而且还成立了共治议事会，让居民们对关乎自己的事务有了更多发言权。同时，村内基础设施建设进一步完善，社区内有了近 430 平方米的老人日间照料服务中心。闲暇之时，居住在渔民村的村民还可以在共享图书室借阅书籍，而喜欢健身和文化活动的居民则可以在社区内的文化广场畅享闲暇时光。

从渔景大厦上，可以清晰俯瞰渔民村，从地形上看占地 0.25平方公里的渔民村安放在深圳河畔。隔着深圳河，它的南边便是香港；隔着滨河大道，它的北边则是船步街与和平新居，与万象城相望，步行也就 10 分钟路程；西边是鹿丹村，东边区域是和平路上的海关及铁路部门的功能与生活区。

如今，这个印象里紧挨香港的小渔村，通过融入现代都市生活，逐渐成为深圳特区中农村城市化发展的样板，社区治理更是走在了全国前列。一幢幢现代化的高楼环绕中心公园，老人们悠闲散步，孩子们在草地上欢乐嬉戏……各种文化、休闲、娱乐设施齐全，并实行智能化社区管理。

这样的现代化高档小区很难让人想象到它曾是贫穷的小渔村。一条 350 多米长的文化艺术长廊，镌刻着 20 多幅铜雕，格外显眼。"这里记载着渔民村百年历史变迁。"深圳市渔丰物业管理有限公司副总经理黄兴炎介绍道。

据《渔民村村史》记载，渔民村人最早是漂泊在东莞一带的水上人家。这些被称为"水流柴"的东莞人路过罗湖桥时，无意间发现深圳河水清鱼肥，于是决定顺东江漂来，住在这里打鱼，久而久之，"犁头尖"成了码头。那时渔民们的生活较为艰苦。被称为渔民村的"活历史书"的吴锦清回忆道，他十多岁就随父母在海上打鱼，一家人就挤在不足 4 平方米的船舱里生活。由于船不大，只能在浅海打鱼，一天捞不到多少鱼虾，好的时候也就卖几块钱。

20 世纪 50 年代，在政府的鼓励和帮扶下，渔民们上岸盖草棚、辟鱼塘，开始了定居生活，渔民村逐渐形成，然而生活依然非常清苦。

党的十一届三中全会后，中央决定建立深圳经济特区。由于紧邻罗湖口岸，与香港一河之隔，这个偏僻小渔村所在的位置，一夜之间成为世界关注的核心区域。这让渔民村里近 200 位渔民几乎占尽了天时地利。

改革开放初期，渔民村利用其地理优势和特区政策，开展小额贸易，组建运输车队和运输船队，发展养殖业，办起了来料加工厂。老村长邓志标就见证了渔民村的第一个春天，"到 1979 年，已经有酒楼、珠宝加工等好几家香港工厂来村里投产，厂房租金都到了村民口袋里。"

据相关资料显示，1981 年渔民村的集体收入达到 60 多万元。全村 35 户村民，每户平均收入 10588 元，在全国率先实现了"万元户村"。村里还为村民们统一筹建了新住宅，33 栋米色别墅式小洋楼拔地而起，每栋面积 180 多平方米，不仅有花园和围墙，还带一个小鱼塘。当时刚刚开始流行的三大件——电饭煲、电冰箱、电视机，村民家里都有了。

到了 20 世纪 80 年代初，渔民村已经是远近闻名的中国最富庶村庄之一。

1984 年 1 月 25 日，小平同志来渔民村视察，村里翻天覆地的变化给他留下了深刻的印象。"政策肯定会变，但只会越变越好！"这位历史伟人的一句话，肯定了村里的共同富裕道路，也让渔民们更坚定了走改革开放之路。

带领居民致富有一招

2001 年 8 月，渔民村启动改造，通过渔丰实业股份有限公司和村民自筹资金，渔民村的旧式别墅全部推倒重建，由规划设计院进行整体规划。改造后的渔民村总建筑面积约 6.5 万平方米，共有 1213 套单元房，原村民户均拥有面积由过去的 980 平方米增加到 1390 平方米，除自己居住的一套 240 平方米顶层复式外，剩余的房间出租每月收入 3 万元以上，扣除银行贷款 2 万元，净收入 1 万多元。

此外，黄兴炎还谈道，渔民村在全国率先成立第一批村办股份制公司——渔丰实业股份公司，在每年一次的分红中，现有的 220 位原始村民每年的分红能有十多万元，这让很多村民都过上了富足的生活。

现在经过旧城改造升级之后的渔民村从住宅到公寓，从高档居所到智能办公，从商业街区到星级酒店，几种物业相互交融，曾经的核心商圈，也最大限度地进行了土地整合，众多商肆依附于此。

黄兴炎说，渔民村的这些变化来之不易。跟大多数由村转居的社区一样，从 20 世纪 50 年代满是鱼塘、村民依靠捕鱼捞虾艰难度日，到 80 年代家家盖起小洋楼、成为全国最早的"万元户村"，再到 90 年代违章抢建成风，成为"脏、乱、差"的城中村，况味杂陈的渔民村城市化之路迂回曲折，甚至彷徨反复。

"说到底，渔民村的发展是抓住了机遇。"黄兴炎说，这些年凭借敢为人先的改革尝试，渔民村更进一步地实现了政府社会管理成本下降、居民幸福指数上升、租户安全感增强的"三赢"。

特别是渔民村小区改造竣工投入租赁市场运作后，罗湖区委、区政府和相关职能部门率先在渔民村推行"政府主导、物业介入"的流动人口管理服务新机制，依托物业公司推行出租屋统一出租集中管理。小区内1213间（套）出租屋，一律由渔丰物业管理公司通过与业主签约全权委托的方式实行统一招租集中管理，业主每月坐享租金。

这样有机建立的管理服务链条，确保了精准掌控流动人口异动的状况。由物业公司组建出租屋管理服务中心，按照办法推行一站式窗口管理服务，旨在把流动人口管理服务业务与物业管理、出租登记、物业维修、水电费收取等经营业务有机结合，将社区群众房屋租赁委托、签订租赁合同、办理入住手续、租住人退房搬迁等变"串联"为"并联"。

随着近年来运行机制的不断成熟，这种"物业介入"的管理服务机制也产生了良好效应，其"统一招租，集中管理"的"一站式"模式为全市城中村社区管理以及流动人口和出租屋管理提供了新鲜经验，辖区连续8年治安案件发案率为零，成为特区农村城市化的样板，实现了"四个无"——无黑网吧、无黑诊所、无"房中房"、无造假窝点。尤其是综合效应凸显。

据介绍，近五年来治安和刑事案件零发案，渔民村还被评为深圳市安全文明标兵小区、两度被评为区百日无案件社区。而渔丰实业股份公司年均收入从改造前的 580 万元提升到改造后的 800 万元，总资产从农村城市化前的 8000 万元提高到现在的 1.9 亿元，变化喜人。

黄兴炎说，未来渔民村的发展自然还是离不开求新发展，所以在前进的道路上，渔民村人在已有的基础上依旧会探索新的发展理念，不断续写新的华丽篇章。

渔民村：用城市化步伐讲述新深圳故事

高楼林立的花园式小区中，道路干净整洁，孩子的欢笑嬉戏声不断，社区内的渔民村文化广场热闹非凡，举办多日的文艺比赛吸引了不少人的注意，老人们则在小区内纳凉、聊天。村民外出也十分方便，步行几分钟就能到地铁站，万象城就坐落在村边。

很难想象，几十年前，渔民村的居民依靠打鱼为生，后期违章抢建成风，一度成为"脏、乱、差"的城中村。

"没有改革开放，就没有渔民村的今天。"邓伟雄是渔民村早期的渔民，经历渔民村的变迁和发展，也见证了中国改革开放近 40 年的辉煌成就和巨大变革。这个全国第一个实现家家"万元户"的村庄，无疑是深圳经济特区 37 年发展的一个缩影。

"这里是广东改革开放的试验田，也正是改革开放，让渔民村从小渔村变成大都市。"渔丰股份公司总经理黄兴炎说，大家对改革转型充满信心，这也让渔民村向着小康村的目标加快迈进。

（选自韩静：《深圳市渔民村：昔日的村庄变
商肆》，《小康》2017 年第 26 期）

第三章

浦东的故事

　　党的十一届三中全会开启了我国改革开放波澜壮阔的历史进程，浦东开发开放诞生于这一伟大的历史进程之中，始终与中国改革开放共奋进，与时代发展同步伐。作为我国改革开放的"一张王牌"，浦东开发开放承载着国家战略的历史使命。党中央始终高度重视浦东开发的推进和深化，党的十四大、十五大、十六大和十七大报告相继提出，要发挥上海浦东新区在改革开放和自主创新中的重要作用。20 多年来，在中央的关怀和全国人民的大力支持下，在上海市委、市政府的正确领导下，"开发浦东、振兴上海、服务全国、面向世界"的方针得到了坚定不移的贯彻。浦东开发开放以创新创业的历程和举世瞩目的成就，成为"上海现代化建设的缩影"、"中国改革开放的象征"。

浦东开发成为国家战略

开发浦东，承载了几代人美好的梦想。

1917 年，中国民主革命的先行者孙中山先生，在上海香山路 7 号的一座花园楼房里，写下了他为中国绘制的复兴蓝图《建国方略》。在这幅蓝图里，他特别提出开发浦东、建设"东方大港"的构想。

1921 年，致力于家乡建设的著名爱国民主人士黄炎培召集同乡，创建上川交通股份有限公司，在浦东修建铁路。这条铁路，由庆宁寺一直延伸至南汇祝桥镇，全长 33 公里。铁路建成后，带来了纺织业的发展，也拉近了浦东与时代的距离。但是，由于连年战乱的现实，浦东与繁华擦肩而过。

1949 年，上海解放后，市政府在浦东进行了相当规模的投资，改造老企业，兴建、扩建上钢三厂、沪东造船厂和上海炼油厂等大型骨干企业，修建公路、港口、仓库等，各项社会事业也有所发展。但是，由于黄浦江的阻隔，江上仅有轮渡，没有大桥、隧道等现代化交通设施，致使浦东的经济和社会发展严重滞后于浦西。进入 20 世纪 80 年代后，在改革开放的推动下，浦东地区开发建设的问题，被提到市委、市政府的重要议事日程。

开发浦东最初的出发点，是开拓上海城市空间、更新基础设施和实现产业转移。1984 年 12 月，上海上报中央的《关于上海经济发展战略的汇报提纲》，提出城市和工业布局"重点是向杭州湾和长江口南岸南北两翼展开，创造条件开发浦东，筹划新区的建设"①。1986 年 7 月上报中央的《上海市城市总体规划方案》中具体设想，有计划地积极建设和改造浦东地区，规划出一定地段发展金融、贸易、科技、文教、信息和商业服务设施，在陆家嘴附近形成新的金融、贸易中心，成为市中心的延伸部分。

党中央和国务院十分重视市委、市政府开发浦东的构想。1985 年 2 月，国务院在对《上海经济发展战略汇报提纲》的批复中予以肯定，指出要创造条件开发浦东，筹划新市区的建设。1986 年 10 月，国务院批复《上海市城市总体规划方案》，明确提出："当前特别要注意有计划地建设和改造浦东地区，要尽快修建黄浦江大桥及隧道等工程，在浦东发展金融、贸易、科技、文教和商业服务设施，建设新居住区，使浦东新区成为现代化新区。"②

为落实国务院的批示，1987 年 7 月，市政府正式成立了开发浦东联合咨询小组，聘请原市领导以及一批海内外专家担任高级顾问，进行了大量的可行性研究、论证、规划和筹备工作，力求通过开发开放浦东，彻底摆脱城市基础设施老化、产业结构层次较低、总体经济实力相对下降的困难局面。1988 年 5 月，"上海市浦东新区开发国际研讨会"召开。市委书记江泽民、市长朱镕基、市政府顾问汪道涵等领导与来自国内外的 140 多位专家、学者共商开发浦东大计。在研讨会上，江泽民指出：上海要加快外向型经济的

① 上海市计划委员会编：《上海市计划报告集（1949—1998）》，1998 年 3 月，第 670 页。
② 上海市计划委员会编：《上海市计划报告集（1949—1998）》，1998 年 3 月，第 676 页。

发展，建成社会主义时代太平洋西岸最大的经济贸易中心之一，不开发浦东，只靠老市区改造是不容易实现的。上海在 20 世纪 30 年代就已经成为亚洲最大的国际贸易中心和金融中心，是世界闻名的都市。"上海作为全国最大、位置最重要的一个开放城市，应该更进一步改革开放。开发浦东，建设国际化、枢纽化、现代化的世界一流新市区。"①他还提出要再造上海经济中心功能和对外枢纽的功能，深化了对开发浦东的认识。

20 世纪 80 年代末，国际政治风云变幻，国内整顿经济秩序，刚刚起步的改革开放事业遭遇严峻挑战。错综复杂的历史背景，同时孕育着巨大的转机，历史最终选择了上海，几经酝酿，浦东开发的构想，上升为面向世界的国家发展战略。

1989 年春夏之交的政治风波之后，国内外、党内外都有人对中国的改革开放路线能否继续表示怀疑。邓小平在总结我们党和国家之所以能在国内和国际风波中站住了脚的原因时，明确地指出了一个基本事实：如果没有改革开放的成果，在国内风波和国际风波面前，我们就不可能像今天这样巍然屹立。基于这样一种对大局的清醒判断，邓小平在 1989 年 6 月同中央负责同志谈话时指出："现在国际上担心我们会收，我们就要做几件事情，表明我们改革开放的政策不变，而且要进一步地改革开放。"他还明确提出："关门可不行"，"要体现改革开放，大开放"，"要把进一步开放的

① 明锐、逸峰：《江泽民在上海（1985—1989）》，上海人民出版社 2011 年版，第 223 页。

旗帜打出去"①。

1990 年初，邓小平在上海。邓小平在了解到上海市委、市政府关于浦东开发的准备工作情况后，表示赞成，并要上海市委尽快向中央报告。回到北京后，邓小平与几位中央领导同志谈话时说，我已经退下来了，但还有一件事要说一下，上海的浦东开发，你们要多关心。同年 3 月初，邓小平同几位中央负责同志在谈到国际形势和经济问题时指出："比如抓上海，就算一个大措施。上海是我们的王牌，把上海搞起来是一条捷径。"②

从 3 月底至 4 月初，全国的两会尚未闭幕。中共中央政治局常委、国务院副总理姚依林率国务院特区办、国家计委、财政部、中国人民银行、经贸部、商业部、中国银行的负责同志来到上海，对浦东开发问题进行了 10 天的专题研究、论证。其间，提出浦东开发要再加上"开放"的定位。最后形成《关于上海浦东开发开放几个问题的汇报提纲》，报国务院。1990 年 4 月 18 日，国务院总理的李鹏代表党中央、国务院在上海宣布："中共中央、国务院同意上海市加快浦东地区的开发，在浦东实行经济技术开发区和某些经济特区的政策。"6 月 2 日，国务院正式批复，原则同意上海《关于开发浦东、开放浦东的请示》，指出："开发和开放浦东是一件关系全局的大事，一定要切实办好。"这样，浦东开发开放就从上海地方发展战略上升为国家发展战略，浦东开发开放的帷幕拉开了。

---

① 《邓小平文选》第 3 卷，人民出版社 1993 年版，第 297、313 页。
② 《邓小平文选》第 3 卷，人民出版社 1993 年版，第 355 页。

几代中央领导集体关心浦东开发开放

党中央始终关心浦东开发开放，历届中央主要领导都给予浦东开发亲切的指导和支持。

邓小平是浦东开发开放的倡导者。在浦东开发正式启动后，邓小平对浦东开发开放和上海工作作出了一系列重要指示和论述。1991年初，他来沪考察时，勉励说："上海开发晚了，要努力干啊！"开发浦东"不只是浦东的问题，是关系上海发展的问题，是利用上海这个基地发展长江三角洲和长江流域的问题。"上海要"抓紧浦东开发，不要动摇，一直到建成"，并指出"上海过去是金融中心，是货币自由兑换的地方，今后也要这样搞。中国在金融方面取得国际地位，首先要靠上海"。鼓励上海"要克服一个怕字，要有勇气"，"思想更解放一点，胆子更大一点，步子更快一点"①。1992年春天，他视察武昌、深圳等地后来到上海，指出："上海的民心比较顺，这是一股无穷的力量。目前完全有条件搞得更快一点。"上海改革开放胆子要大一些，"看准了的就大胆地试，大胆地闯"，"我看上海一年会有一个变化，三年会有个大变化。我相信浦东开发可以后来居上"。②1993年底，邓小平又一次来到上海。12月13日，他冒着寒风细雨视察浦东，并登上杨浦大桥，眺望热气腾腾的浦东建设景象。在视察1993年建成的内环线浦东段和浦东

① 《邓小平文选》第3卷，人民出版社1993年版，第366、367页。
② 黄菊：《在探索中前进》，中共中央党校出版社1999年版，第236页。

罗山路、龙阳路两座立交桥后，邓小平说："喜看今日路，胜读百年书。"1994 年初春，当邓小平最后一次离开上海，火车即将启动时，他紧紧抓住前来送行的上海市委负责同志的手，说："你们一定要抓住 20 世纪的尾巴，是你们上海的最后机遇！"这一系列战略思考和重要指示，成为上海抓住历史机遇、赢得大发展的重要指针。

江泽民同志曾先后十多次到浦东视察指导工作。特别是在浦东开发开放的三个关键时刻，江泽民亲临浦东给予支持和鼓励。1992 年 10 月，江泽民在党的十四大上提出："以上海浦东开发开放为龙头，进一步开放长江沿岸城市，尽快把上海建成国际经济、金融、贸易中心之一，带动长江三角洲和整个长江流域地区经济的新飞跃"，接着，11 月就来到浦东，听取陆家嘴金融贸易区、金桥出口加工区和外高桥保税区建设情况的汇报。当了解到浦东开发开放短短两年，首批十大市政工程已全面开工，有的已经进入竣工阶段，国外客商投资也出现热潮时，江泽民同志说："浦东开发开放是从整个国家经济发展战略出发提出来的。一定要集中力量把浦东开发这件大事办好。"[1] 这给当时还处于基础开发阶段的浦东开发开放进一步指明了方向。1994 年 5 月 1 日，江泽民同志在上海听取了浦东开发开放的情况汇报。5 月 6 日，江泽民同志专门来到浦东金桥开发区考察，并发表重要讲话，他说："党中央、国务院关于开发开放

---

[1]　《解放日报》1992 年 11 月 23 日。

浦东的决策坚定不移，政策坚持不变。开发、开放浦东不仅关系到上海的发展，并且是中国改革开放的重要标志。""实践证明，中央关于开发、开放浦东的决策是完全正确的"①。这一番话，充分表明党中央第三代领导集体，在复杂和严峻的国际环境中，毫不动摇地支持浦东开发开放。1997 年 9 月，江泽民同志在党的十五大报告中提出："进一步办好经济特区、上海浦东新区。鼓励这些地区在体制创新、产业升级、扩大开放等方面继续走在前面，发挥对全国的示范、辐射、带动作用"。10 月 18 日，这是党的十五大闭幕后不到一个月的时间。这一次，江泽民同志在浦东视察了陆家嘴金融贸易区，对陆家嘴中央商务区金融功能开发方面所取得的成绩，给予充分肯定，高兴地说："浦东开发不容易，每年都有大变化。"并要求，努力把陆家嘴建设成为面向国际的现代化金融贸易区。

胡锦涛同志到中央政治局工作以后，关心浦东开发，并到浦东考察工作。2004 年 7 月，胡锦涛同志在浦东考察工作时，专程到中科院上海药物研究所、居民小区、港口、造船公司等实地调研。他对浦东的发展提出了明确要求："要继续搞好浦东开发开放，加快体制创新，不断提高外向型经济层次，努力在更高起点上实现快速发展。"2007 年 10 月，胡锦涛同志在十七大报告中提出："更好发挥经济特区、上海浦东新区、天津滨海新区在改革开放和自主创新中的重要作用。"2010 年 1 月，胡锦涛同志来到上海，深入科研

---

① 《解放日报》1994 年 5 月 7 日。

基地、产业园区、企业车间，就转变经济发展方式、推动经济社会又好又快发展进行调查研究。在张江高科技园区考察展讯通信（上海）有限公司时，胡锦涛同志指出："只有大力推进自主创新，才能不断增强核心竞争力。"在外高桥保税区考察时，当了解到国内最早成立的外高桥保税区目前主要经济指标排名各大保税区榜首，并已成为上海国际贸易的重要服务平台之后，胡锦涛同志提出了新的期望："要进一步创新体制机制，不断完善服务措施，把物流园区建设得更好，为促进上海经济发展方式转变和产业结构优化升级发挥更大作用。"

党的十八大以来，以习近平同志为核心的党中央，围绕全面深化改革的新形势和新任务，对浦东开发的历史使命提出了新要求。习近平同志在担任上海市委书记时就多次强调，坚持高举浦东开发开放的旗帜，进一步深刻认识开发开放浦东这项国家战略的重大意义。2010 年 9 月，习近平同志来到浦东新区参观了浦东开发开放成就展，听取了浦东开发开放 20 年成果与下一步发展规划的介绍。他强调，改革开放是加快转变经济发展方式的必由之路。浦东已进入开发开放二次创业的更高发展阶段，要进一步解放思想、开拓创新、大胆探索，坚持用全球视野、战略思维谋划发展，继续深入推进综合配套改革试点，率先建立充满活力、富有效率、更加开放、有利于科学发展的体制机制。①2014 年 5 月，习近平总书记在上海

---

① 《解放日报》2010 年 9 月 28 日。

考察自由贸易试验区时指出，自由贸易试验区要按照先行先试、风险可控、分步推进、逐步完善的原则，把扩大开放同改革体制结合起来，把培育功能同政策创新结合起来，大胆闯、大胆试、自主改。①2016 年 12 月，习近平总书记对上海自贸区建设作出重要指示："继续解放思想、勇于突破、当好标杆，对照最高标准、查找短板弱项，研究明确下一阶段的重点目标任务，大胆试、大胆闯、自主改，力争取得更多可复制推广的制度创新成果，进一步彰显全面深化改革和扩大开放的试验田作用。"②在连续五年参加全国人代会上海团审议时，习近平总书记多次要求上海"更好地发挥浦东作用，推动重大改革举措在浦东先行先试"。

高起点制定浦东发展规划

1990 年 4 月，朱镕基市长在市九届人大三次会议上所作的《政府工作报告》中指出："党中央、国务院十分关心和支持上海的振兴。李鹏总理已经向国内外宣布了中共中央和国务院同意开发浦东，开放浦东的重大战略决策。""我们将按照面向世界、面向 21 世纪、面向现代化的战略思想，把黄浦江两岸的规划和建设作为一个整体来考虑，有计划、有重点、分层次、分步骤地加以实施。"4月 30 日，市政府举行开发浦东新闻发布会，常务副市长黄菊宣布

---

① 《文汇报》2014 年 5 月 25 日。
② 《文汇报》2017 年 1 月 1 日。

浦东开发开放将分三步实施：第一步，"八五"期间为开放起步阶段。主要是编制规划、整治环境和着重解决交通问题，积极为吸引外资创造条件。第二步，"九五"期间为重点开发阶段。继续建设区内骨干道路和市政公共设施，初步形成基础设施比较配套的浦东新区的大格局，为以后几年的大发展打下基础。第三步，2000 年以后的二三十年或更长一些时间，为全面建设阶段。届时通过浦东的建设和浦西城区的改造，上海将成为设施配套比较齐全，以外向型经济为主的重要现代工业基地和金融、贸易、科技、文化、信息中心。

按照"规划先行"的开发思路，经上海市人大常委会审定通过的浦东新区总体发展规划指出：把浦东建成高度文明和国际水平的集中央商务区、自由贸易区、出口加工区、高科技园区以及海港、空港、铁路枢纽于一体，城乡协调发展的现代化新城区。总体规划明确了以开发区建设带动城区发展的思路，引入了"组团"、"分区"等概念，采取了"多心组团"的规划布局，规划形成"一轴三带五个综合分区"的空间结构和轴向开发、组团布局、滚动开发的发展模式。尽管有约 400 平方公里的土地资源，面对慕名而至的国内外投资者，规划者却显得极为"吝啬"，因为要把浦东建设成为具有国际水准的新城区，必须精心策划、惜土如金，

在总体发展规划基础上和指引下，浦东新区各职能部门陆续编制了各自的详细规划，如，环保规划、绿化规划、交通规划、水利规划等；各开发区、街道、集镇也编制了本区、本块的各类详细规划。

在规划编制的方式上，浦东打破了传统规划编制的体制界限，1.7 平方公里的小陆家嘴地区在全国率先采用国际竞争性招标形式。

1990 年 12 月，在市政府组织的浦东新区总体规划审议会上，市长朱镕基对有关专家提出：浦东陆家嘴地区地理位置十分优越，区位绝无仅有，应该按照国际惯例，开展城市规划的国际招标或国际竞赛，以此提高陆家嘴金融贸易区总体规划的水平，扩大浦东开发的国际影响。从此，揭开了引进国外智力进行陆家嘴中心区规划、中心区交通规划、中心区城市设计的序幕。

1992 年 11 月，上海市陆家嘴中心地区规划及城市设计国际咨询会议举行。英、法、日、意、中等 5 国专家的 5 个精心设计制作的陆家嘴中心地区的规划模型，摆放在会场中央，世界顶级规划设计大师们就各自的设计，各抒己见。

在国际咨询会上，对于是否在陆家嘴中心位置建造绿地曾产生过较大的分歧。

英国、法国两位专家陈述设想时，说："陆家嘴四周是建筑群，中间建一块圆形的绿地，让人和自然融合，置身于大自然的怀抱之中。"

有人问："建中心绿地需要多少土地？"外国专家回答：要占地 10 公顷。这相当于 10 个足球场的大小。一时间，会场震动，在场的人有些坐不住了。要知道，这陆家嘴中心区地块，可是寸土寸金！

后来，浦东建设者在与外方的交流中形成了共识，陆家嘴金融贸易区不能只有"水泥森林"，没有绿荫。10 公顷的中心绿地要建！

据参加会议的赵启正回忆，"各国设计各有特色，都比我们设计得好。"①

在中外专家 5 个规划方案的基础上，上海市成立了由副市长、浦东新区管委会主任赵启正为组长的陆家嘴中心区深化规划领导小组，开始了中心地区规划方案深化工作，先后完成了 3 轮 17 个方案的逐步深化。

1993 年 8 月，最终形成了融汇各国专家设计方案特点，集城市功能、建筑美学、环境科学、交通设施于一体，反映跨世纪超一流城市规划设计水准，体现中国与外国、浦东与浦西、历史与未来相结合的陆家嘴中心地区城市规划设计深化方案，同年 12 月经市政府正式批准。1995 年，该规划设计方案获上海市优秀勘察设计项目一等奖。1998 年，这个中国历史上第一个与国际合作的 CBD 规划模型为中国革命博物馆 ② 作为文物永久性收藏。

同时，浦东还邀请英国专家进行交通规划设计咨询，邀请加拿大和日本专家分别编制不同区域的城市设计咨询或环境设计，使得区域的社会和经济发展规划、城市形态规划、交通规划、基础设施规划和生态环境规划配套完善。

---

① 赵启正：《卓越，是永恒的追求》，载《浦东开发》2014 年第 7 期。

② 2003 年 2 月，在中国历史博物馆和中国革命博物馆两馆基础上，正式组建中国国家博物馆。

此后，新区的规划设计走出了一条新路，许多规划，包括一些系统规划、地区规划、单体规划，都纷纷采取国际招标或国际咨询等方式，使之成为集国际、国内智慧的最新成果。许多单体、单项，如著名的浦东国际机场航站楼、世纪大道、金茂大厦、中央公园等，都具有标志性建筑的特点，也都是中外规划设计专家的贡献。浦东还在全市率先办起规划展示厅，让规划接受人民审查，并形象化地展示浦东开发前景。参照世界大都市文化发展的经验，新区还制订出面向 21 世纪的文化发展规划，建造第一流的音乐厅、大剧院、博物馆、科技馆、文化博览城和浦东民俗风情园等，使之成为浦东文化的象征和标志。

通过一系列高起点的规划设计，一方面保证了开发的有序性，为子孙后代留下一个比较理想的新城区；另一方面也在国际上打出了浦东的品牌，使浦东的开发开放在启动之初就定位于国际高端。

创新浦东开发开放模式

浦东开发开放之初，最大的现实问题是资金的匮乏、基础的薄弱，尽管中央、上海市人民政府都给予了大力扶持，但据当时的初步估算，整个开发初步完成需要的资金达几千亿人民币，这显然不是当时的政府财政所能支撑的。之前，深圳等经济特区的开发开放模式主要是：通过吸引外商投资，发展以"三来一补"形式的出口加工业。按照"开发浦东、振兴上海、服务全国、面向世界"的方针，浦东开发开放则定位为上海城市功能转型的先导区，着重发展以金融贸易为核心的第三产业和吸引以跨国公司投资为主体的高新技术产业。为此，上海把"重点小区先行"作为浦东开发开放的一个基本的战略举措，确定了陆家嘴金融贸易区、金桥出口加工区、外高桥保税区和之后的张江高科技园区四个国家级开发区。随后，又相继成立了王桥工业区、孙桥农业园区、华夏旅游文化区和六里生活园区。

浦东新区的开发主体是开发公司，土地实行有偿使用，几个重点功能小区的土地开发模式具体表现为："资金空转、土地实转、统一规划、滚动开发"。这是浦东新区有别于国内其他开发区的显著特征。

浦东开发主要由开发公司承担，首先遇到的难题就是成立开发公司的资本金和公司成立后的开发资金的筹措问题。在实际操作中，当时主要采取"资金空转、土地实转"方式，政府仅以土地的使用权作为成立公司的资本金投入，配以极少的现金资本。具体做法是：政府财政部门开出一张面值为拟出让土地的出让金总额的支票，作为重点小区开发公司的资本金，并成为该开发公司的国家股股东；开发公司将此支票背书后，交给土地管理部门，用作支付购买相应面积土地的使用权的出让金；土地管理部门再将收到的出让金（支票）收入上缴给财政部门，整个程序完成。这样，资金空转了一圈，但各项程序都已完成：土地实现有偿使用，土地批租收入也上缴国库；政府将国有土地投入（实转）到开发公司，作为设立开发公司的资本金；开发公司也获得了可以开发并有偿转让的土地。由此，变政府投资开发为委托开发公司进行滚动开发的全新模式正式启动，国有开发公司开始承担土地开发和招商引资任务。"资金空转、土地实转"的操作方法看似简单，实质上可以说是我国土地使用政策的一场革命，其意义非常深远。

1990 年 9 月，市政府就是以这种方式成立上海市陆家嘴金融贸易区开发公司、上海市外高桥保税区开发股份有限公司、上海市金桥出口加工区开发公司。虽然这些开发公司都有几个亿的注册资金，但政府实际上几乎没有现金投入，只有极少量的开办费以满足基本的办公需求。1992 年又以同样的方式成立张江高科技园区开发公司等几家公司。

例如，陆家嘴前期开发建设工作主要从土地和资金两方面着手。一是通过土地"空转"来启动区域开发和建设。1990 年陆家嘴金融贸易区开发公司成立初期，以国有土地使用权（约合 6.7 亿元人民币）"空转"起步，以工商银行 200 万元贷款作为公司的开办费，以 3000 万元借款作为启动资金，重点解决两件事：编制区域规划和动迁用房的开发和建设。二是通过土地二级市场进行土地使用权的有偿出让，把土地资源变成现金，用于土地的滚动开发。到 1997 年，公司通过实施滚动开发，累计批租土地 69 幅，面积 65.21 万平方米，累计吸引投资 51.4 亿美元。区域内累计开工大楼 174 幢，面积 750 万平方米，累计竣工大楼 88 幢。

截至 2001 年土地空转制度基本结束时，浦东新区共计空转出让土地 88.6 平方公里，占同期土地出让总面积的 80% 左右。政府投入 61 亿元撬动了 700 亿元资金。①

　　浦东基础设施建设的开发资金，除了采取土地资源市场化利用取得收入之外，主要来自以下几个方面：一是市政府统筹解决的东西联动项目投资资金；二是中央对浦东开发开放的财政信贷支持；三是国家有关部门参与部分项目投资；四是发行债券和举借外债所筹措的资金，其中有很多融资机制的创新尝试，如采用 BOT 方式吸引内外资建设、经营延安东路越江隧道复线等具有一定营利性的基础设施项目；五是开发公司以一定比例的资本组建股份公司，大量吸收企业社会个人的资金使资金总量迅速增长。1992 年陆家嘴、金桥、外高桥等开发公司相继组建了股份公司，并在海内外证券市场上市，资本总量扩大，浦东概念股成为海内外注目的热点；六是加快扩大浦东新区税基，增加政府的财政收入。

　　经过 20 多年的建设，浦东新区的基础设施建设日新月异。昔日因为黄浦江的阻隔，浦东浦西判若两个世界。曾经因为这条黄浦江，不少上海人"宁要浦西一张床，不要浦东一间房"。今天，浦江两岸连接成一个整体，平均不到 3 公里就有一处越江设施。至今，上海共建成 15 条隧道；1991 年南浦大桥落成，目前黄浦江上共有 12 座大桥飞跨。越江大桥、车行隧道、轨交隧道、观光隧道，不仅带来的是浦东的腾飞，更是促进了整个上海的经济发展。

---

①　赵启正：《浦东逻辑——浦东开发与经济全球化》，上海三联书店 2007 年版，第 199 页。

"小政府、大社会"的管理模式

浦东新区在开发初期采取了"一地六府"的行政管理体制，即原川沙县，上海县的三林乡，黄浦区、南市区、杨浦区的浦东部分及浦东开发办。这在当时起到了政策准备和社会管理工作"不断不乱"的作用。随着新区开发实质性启动阶段的到来，行政管理中的矛盾和摩擦越来越多，为了适应浦东新区开发建设需要和与上海中心城区现行区划体制协调统一、相互衔接，以有利于上海社会经济发展宏伟目标的实施，为了加强基层政权建设、确保社会安定团结和在行政管理有效运转的同时减少层次，提高行政管理效率，有关部门对浦东新区的行政管理体制进行了调整，改变原有三区二县的行政建制，合并建立一个统一的新区行政建制。

1993 年 1 月 1 日，中共上海市浦东新区工作委员会、上海市浦东新区管理委员会成立。中共上海市浦东新区工作委员会作为中共上海市委的派出机构，在新区内起领导核心作用。新区管委会作为上海市人民政府的派出机构成为浦东新区的准政府，是浦东地区区级行政实体形成前的过渡机构。作为市政府的派出机构，它协调的面比较宽，具有较高的权威性，可以有效地协调条块矛盾，对浦东开发行使全方位的职权；同时它还避免了一级政府必须设立的若干职能部门的体制，有利于机构精干，形成"小政府"的格局，办事效率高，节奏快。同年 3 月，浦东新区同 4 区 1 县社会管理职能交接完成，浦东新区管理委员会全面行使管理职能。新区党工委、管委会共设一个办公室、一个组织部（含劳动人事局职能），一个纪律检查委员会（含监察局职能），管委会设综合规划土地局、城市建设管理局、经济贸易局、农村发展局、社会发展局、财政税务局、工商管理局共十个委办局，比上海市政府的 100 个委办局少 9/10，整个领导机构共 800 人，比县（区）级政府机关人数还少 1/3。浦东新区的机构改革不是对传统体制的简单压缩，而是在"小政府、大社会"原则指导下一次真正的大刀阔斧的改革。依据政企分开的原则，不设各类主管局，把相应的职能分别归并到一个大口中。如，只有 93 人的社会发展局的职能就包容了一般城市管理的民政局、教育局、文化局、卫生局、体委等 13 个委办局的全部职能；80 多人的经济贸易局则集经委、外经贸委、科委、商业局、旅游局、物资协作办等六七个部门职能于一身；80 多人的城市建设管理局相当于一般城市管理的园林绿化局、环卫局、环保局、市政局、交通局、建委等职能；100 人的综合规划土地局则拥有一般城市管理的计委、规划局、土地局、房管局、统计局的职能。这样相互关联的条条的归并，不仅大大减少了机构的设置，而且各局具有综合效益的功能，有利于提高决策水平和加强协调功能，通过各局内部的职能疏理和处室协调，简化了办事程序，提高了办事效率，体现出新机构的管理优势。

2009 年 4 月，国务院批复上海市《关于撤销南汇区建制将原南汇区行政区域划入浦东新区的请示》，同意撤销上海市南汇区，将其行政区域并入上海市浦东新区，浦东开发开放进入"二次创业"

阶段。为了构建起适应两区合并后"大浦东"的行政框架，浦东在理顺体制方面以"大部门制、大管委会、大镇"为目标，探索"大部门"、"大管委会"、"大镇"制，浦东新区实现"瘦身"。

继续保持大部门制。浦东新区一直提出要构建"小政府""大社会"的管理模式。开发开放初期的浦东，是典型的"小政府"，当时的制度架构是"上有管委会，下有十个部门八百壮士"。2000年建政以后根据组织法的规定，搭建四套班子；新成立的浦东新区区委、区政府仍然保持了大部门制的行政管理格局，2009年"两区合并"前，浦东新区有13个政府工作部门，原南汇区则有28个，两个区的"四套班子"都需要进行整合。"新浦东"仍然坚持了建立符合大部门体制的服务型政府方向。当时浦东的机构改革方案在整体组织结构上，将政府机构划分为综合统筹、经济服务、社会建设、城建管理、法制监督等5个职能模块，探索按职能模块设置机构，最终确定党委工作部门7个，政府工作部门19个，仍然是上海委办局最少的区县。经过多轮调整，被时任上海市市长朱镕基称为"戴着钢盔也要顶住"的浦东新区行政体制改革，保持了一贯的"大部门制"特色。浦东新区的行政编制维持"两区合并"前的编制总量不变，政府机构数量大体相当于上海全市区县机构平均数的2/3，每万人配备的行政编制数为4.9名，不到上海全市其他区县平均水平的1/2。

建立大管委会。两区合并并不仅仅是简单意义上的地理或者区划的合并，更主要的是区域的核心功能，或者说是区域的资源禀赋发生了重大的变化。比如，两区合并后，迪斯尼项目、大飞机项目就从原来跨两个区变成在同一个区里了。浦东机场综合保税区，同样如此。大管委会是一个生产关系，建立大管委会就是为了让生产关系和生产力相适应。大管委会有的还是市属区管，是市区两级共管的体制，可以发挥市区两级的积极性。

设置大镇。两区合并后，浦东新区一共有 36 个街镇，围绕功能，把有条件的街镇整合起来，使生产关系和生产力相适应，既解决了管理跨度的问题，又解决区域功能定位的问题。比如，围绕"迪斯尼项目"，建了川沙新镇；围绕"大飞机项目"，建了祝桥新镇；在临港产业区建了南汇新城镇。

上海自贸区不栽盆景勇当苗圃

早在浦东开发开放之初，建立自由贸易区的构想就已经悄然萌芽。1990 年 6 月，国务院批准设立上海外高桥保税区，这是中国第一个综合性、多功能的具有自由贸易性质的海关特殊监管区域。根据我国改革开放实际，办出自由贸易区的特色，英文名按国际通行的 Free Trade Zone（自由贸易区）定名，中文名则叫保税区。伴随浦东开发开放，上海外高桥保税区很快成为国内经济规模最大、业务功能最丰富的保税区。

党的十八大以来，在全面深化改革的大背景下，上海外高桥保税区的探索实践，使中国第一个自由贸易试验区的落地成为现实。2013 年 9 月，中国（上海）自由贸易试验区设立，自贸区范围涵盖上海外高桥保税区、外高桥保税物流园区、洋山保税港区和上海浦东机场综合保税区等 4 个海关特殊监管区域，总面积为 28.78 平方公里，成为我国实行政府职能转变、金融制度、贸易服务、外商投资和税收政策等多项改革措施的试验田。从此，一场聚焦制度创新的"国家试验"在上海启航，向世界亮明中国全方位开放的鲜明态度。这里是国家的试验田，不是地方的自留地；这里是制度创新的高地，不是优惠政策的洼地；这里是种苗圃，而不是栽盆景。

2014 年 12 月，国务院决定推广上海自贸试验区经验，在广东、天津、福建三省市设立自由贸易试验区，同时扩展上海自由贸易试验区的区域范围：增加陆家嘴金融片区、金桥开发片区、张江高科技片区以及世博园区等，面积扩大至 120.72 平方公里。

2017 年 3 月，国务院印发的《全面深化中国（上海）自由贸易试验区改革开放方案》提出，在上海的洋山保税港区和上海浦东机场综合保税区等海关特殊监管区域内，设立自由贸易港区。

五年多来，上海自贸试验区在投资、贸易、金融和政府职能转变等领域，加快探索形成更多制度创新成果，彰显的是全面深化改革、扩大开放试验田的作用。

以探索建立负面清单管理模式为例，"负面清单"是上海自贸试验区内一项典型的制度创新，它体现了在投资领域"非禁即入"的原则，即除了清单上规定不能干的，其他都可以干，且不再需要政府事前审批。在不到六年时间里，"负面清单"已"五度问世"。2013 年 9 月率先出台了全国第一份外商投资负面清单，包括 18 个行业门类、1069 个小类的 190 条内容。仅仅 9 个月后，在提高负面清单开放度、透明度的基础上，2014 版"负面清单"出炉，特别管理措施压缩至 139 条，缩减幅度为 26.8%。2015 版"负面清单"更是升级为"全国版"，适用于上海、广东、天津、福建四个自贸试验区，进一步缩减为 122 项，负面清单开列方式明显改进，表述更加细化明确。越来越短，是自贸区负面清单的一大特点。2017 年版负面清单包括 40 个条目、95 项措施，与 2015 年版相比，减少了 10 个条目、27 项措施，开放度大大提升。2018 年版负面清单由 2017 年版 95 条措施减至 2018 年版 45 条措施。

伴随着负面清单的缩短，在自贸区的深化改革中，速度和效率的提升是企业获得感最强的事项之一。以上海自贸区在全国率先试点的非特化妆品审批改备案试点为例，改革让办理时间一下子从 3-5 个月缩短至 5 天，实现了进口化妆品国内与国外基本同步上市。2017 年 3 月至年底，91 家企业的 573 款进口新产品在自贸试验区完成备案，上海浦东正在成为全球化妆品的国内"首发地"。审批改备案改革，为"非特"化妆品进口开启了一扇窗，但改革只有进行时。备案看似降低了进口门槛，实际上是将审核流程后移，更侧重于事中事后的监管。为此，浦东新区相关部门根据企业需求和市场运行状况，编制详细的事中事后监管细则，确保市场"放得开"，也能"管得住"。

如今，自贸试验区的改革创新理念和 100 多项制度创新成果在全国复制推广。外商投资备案管理、企业准入"单一窗口"等 37

项投资领域改革措施在全国复制推广。先进区后报关、批次进出集中申报等 34 项贸易便利化改革措施，已在全国范围、长江流域范围、海关特殊监管区域等分阶段有序推广实施。跨境融资、利率市场化等 23 项金融制度创新改革成果分领域、分层次在全国复制推广。上海自贸试验区的主动开放、自主改革，探索了新形势下推动全面深化改革和扩大开放的新路径，为全国自贸试验区建设提供了可借鉴的经验和模式。

上海自贸试验区的制度创新进一步激发了市场创新活力和经济发展动力。投资管理创新激发投资热情，自挂牌至 2018 年 6 月，自贸试验区累计新设企业 5.6 万户，是前 20 年同一区域企业数的 1.5 倍；新设外资企业超过 1 万多户，占比从自贸试验区挂牌初期的 5% 上升到 20% 左右，累计实到外资 230 亿美元。自贸试验区以 1/10 的面积创造了浦东新区 3/4 的生产总值，以 1/50 的面积创造了上海市 1/4 的生产总值，2/5 的贸易总额，反映出制度创新而非优惠政策是驱动经济长远发展的持续动力。

为上海科技创新中心建设发挥核心作用

1992 年 7 月，国务院批准设立张江高科技园区，是浦东新区四个重点开发小区之一。园区重点发展生物医药、微电子与信息技术和光机电一体化三大产业。1999 年 8 月，上海市委、市政府颁布了"聚焦张江"的战略决策，张江的集成电路、软件、生物医药、文化创意等创新产业迅速成长，形成具有全球竞争力的产业集群。

创新是引领发展的第一动力。经过改革开放近四十年的发展，我国发展已进入新常态。要避免陷入"中等收入陷阱"，关键是依靠科技创新，由要素驱动为主转向创新驱动为主。对上海而言，创新驱动发展、经济转型升级到了关键时刻。2014 年 5 月，习近平总书记在上海考察调研时，要求上海着力实施创新驱动发展战略，加快向具有全球影响力的科技创新中心进军，这为浦东建设科创中心的核心功能区指明了方向。

服务国家战略，确立科创中心核心区地位。2015 年 5 月，上海市发布《关于加快建设具有全球影响力的科技创新中心的意见》（简称科创 22 条）。为率先全面承接落实 22 条意见，9 月 22 日，科创中心建设首个行动方案——《上海建设具有全球影响力的科技创新中心浦东新区行动方案（2015—2020)》出炉，从加快建设世界一流的张江科技城，优化功能联动互补的创新空间布局，完善政府引导、市场主导的创新投入体系，以及构建功能完备的科技综合服务体系等 8 个方面，划出 32 条行动轨迹，共同推进打造具有全球影响力的科技创新中心核心功能区。

同年 7 月 13 日，科技部与上海市政府达成协议，双方表示进一步深化部市合作，建立相应工作推进机制，重点推进积极抢占全球科技制高点、培育更具活力的创新型经济、大力提升科技创新国际化水平、打造全球创新创业人才高地、深化区域间创新协同、营造良好创新生态环境、深化体制机制改革等七方面工作。7 月 28 日，中国科学院与上海市政府达成全面深化合作协议，围绕支持张江综合性国家科学中心建设、共同承担国家重大科技任务、进一步加强人才队伍建设等方面内容展开合作。张江作为科技创新中心核心载体，也是综合性国家科学中心所在地，一大批重点项目落地。2015年7月28日，全球生命科学领域首个综合性的大科学装置——国家蛋白质科学研究（上海）设施通过国家验收。7月30日，中科院携手阿里巴巴在浦东成立量子计算实验室，打造我国量子信息科学研究的"上海高地"。12月28日，上海股权托管交易中心科技创新版开盘，首批挂牌27家企业位于张江核心区。

深化"双自联动"，打造最好的科技城。聚焦自贸试验区和自主创新示范区联动发展和制度创新，上海市与浦东新区研究制订了专门的"实施方案"，推动投资贸易便利与科技创新功能的深度叠加，促进制度创新、开放创新与科技创新的深度融合，全力打造开放度最高的自由贸易园区和最好的科技城。2015年11月，上海市发布《关于加快推进中国（上海）自由贸易试验区和上海张江国家自主创新示范区联动发展的实施方案》。

上海自贸试验区管委会、浦东新区政府和张江高新区管委会建立了紧密的工作推进机制，积极推动"双自联动"工作的开展。重点试点事项稳步推进。一是"加快推进药品上市许可人制度试点"取得突破性进展。2015年11月，全国人大常委会同意授权国务院在部分地方开展药品上市许可持有人制度试点。作为试点城市之一，张江率先依托勃林格殷格翰等企业作为生物制药和合同生产平台，开展首个试点。同时，上海出台试点风险保障资金实施意见，为这项试点的顺利开展推进保驾护航。二是"建立符合国际惯例的科技创新型企业培育机制"取得阶段性成果。此项试点在2015年二季度启动，这项创新试点给予"双自"区域更大认定自主权，并让符合标准的企业获得更多真金白银的财力支持。三是张江关检联合服务中心建设稳步推进。建立"张江关检联合服务中心"，实现关检合作"三个一"，即一次申报、一次查验、一次放行，通关时间从原先的2-3天缩短为6-10小时。同时，海关、检验检疫部门以"中心"为载体，开展预归类、预审价、原产地预确定等前沿业务，率先试点集中汇总征税等系列改革措施，大大提升贸易便利化水平。四是集成电路产业保税监管试点全面启动。2015年8月，市政府启动集成电路全产业链保税监管创新试点工作，将保税政策从设计环节延伸至全产业链，进一步促进这一国家重大战略性新兴产业的深度发展。

聚焦张江，全力推进张江综合性国家科学中心建设。2016年2月，国家发改委、科技部正式批复了《上海张江综合性国家科学中心建设方案》，张江地区成为国内首个综合性国家科学中心，成为上海加快建设具有全球影响力的科技创新中心的关键举措和核心任务。

新一批重大科技基础设施落户张江，高度集聚的重大科技基础设施群初现雏形。光源二期可行性研究获批，超强超短激光装置、活细胞成像平台、软X射线自由电子激光用户装置等3个重大科技基础设施分别获国家发改委各 1 亿元资金支持；预计再用 2 至 3 年时间可建成具有世界领先水平、最为集聚的光子科学大设施群。同济大学牵头建设海底长期科学观测网。发挥上海科技大学的体制机制优势，建设高水平、国际化创新型大学。清华大学、北京大学、复旦大学、上海交通大学、中国科技大学等高校创新资源在张江综合性国家科学中心加快集聚。部分重大共性技术研发平台逐步接近世界先进水平。上海集成电路研发中心有限公司已完全掌握自主知识产权的 28 纳米关键工艺，在建 14/10 纳米先导线，为我国 5 家芯片制造和设计企业、15 家设备和材料企业提供了先进技术转移和评价服务。实施华力微电子二期、中芯国际新生产线和辉光电二期等重大产业项目，有望快速提升集成电路和新型显示产业的规模和能级。国家先进制造产业投资基金、上海市集成电路制造产业基金等重大产业投资基金陆续组建，为重大项目布局提供投资保障。28 纳米 CPU、22 纳米刻蚀机、ARJ-21 支线飞机、AMOLED 显示屏等一大批重大产业创新成果不断涌现并实现产业化。积极争取国家有关部委支持，研究探索针对投向种子期、初创期活动的投资给予税收支持；新设以服务科技创新为主的民营银行；实施股权奖励递延纳税试点政策；推动上海自贸试验区海外人才离岸创新创业基地建设，推出浦东新区"人才创新创业 14 条"，率先试点永久居留、人才签证、外国留学生直接就业等政策。围绕产城融合、功能创新、产业发展、品质提升和众创空间建设，完善张江的城市功能，推进教育、医疗、文体艺术、生活休闲等综合配套设施建设，促进科技、产业、人口与空间有机融合，推动张江从科技园区向科技城转型升级。

28 年来，浦东新区的地区生产总值从 1990 年的 60.24 亿元上升到 2017 年的 9651.4 亿元，增长 160 倍。财政总收入从 1990 年的 10 亿元跃升到 2017 年的 3937.96 亿元，增长 393 倍。一般公共预算收入从 1990 年的 5 亿元上升到 2017 年的 996.26 亿元，增长 199 倍。制造业和服务业双轮驱动。2017 年浦东第二产业增加值增长 10.5%，第三产业增加值增长 8.3%，以金融保险、现代物流、信息服务等现代服务业为主体的第三产业得到快速增长。浦东以上海约 1/4 的人口、1/5 的土地面积，创造了上海近 1/3 的生产总值、1/2 的金融业增加值、3/5 的外贸进出口总额。在全国 19 个国家级新区中，浦东新区成为当之无愧的领跑者。

浦东开发开放是一次圆梦，几代人的梦想在浦东的 1200 平方公里土地上成真。浦东开发开放又是一大壮举，彰显国家战略的历史担当。浦东开发开放更是一面旗帜，清晰地标注着中国特色社会主义的道路自信、理论自信、制度自信、文化自信。站在新的历史起点，浦东将以习近平新时代中国特色社会主义思想为指引，奋楫扬帆再出发。

第四章
中关村的故事

中国最闪亮的名片

再没有像今天这样，一个村子能够这样有名、这样引起全世界的关注。

这个村子就是北京的中关村。

今天的中关村，早已成为中国科技的制高点和创新文化的策源地，成为中国最闪亮的名片之一。今年是中国改革开放 40 年，也是中关村创新发展 40 年。可以说，中关村是中国改革开放 40 年最有代表性、最具说服力的标杆和样本之一。

2007 年，人民日报高级记者凌志军在对中关村调查了两年后，写了一本《中国的新革命》，他将中关村发生的一切称之为"中国的新革命"。在凌志军看来，中关村是中国改革开放的一个缩影，

"在 20 世纪的最后 20 年，这个国家打碎了精神枷锁，战胜了饥饿，又让自己成为全世界最庞大的'制造车间'。在 21 世纪的第一个 10 年，它急切地渴望拿下新技术的高地，把'中国制造'变成'中国创造'"。"中关村之所以值得注意，就因为它是这条道路上的先行者。"

创新工场创始人、谷歌前全球副总裁、中国区总裁李开复则用诗一样的语言评价说："中关村，一个汇集了太多的变革与跃迁、冲击与包容、坚韧与轻狂、灵感与梦想的地方。当大洋两岸不同风格的创业理念和不同背景的创业人群，在这个原本只是北京西郊一隅的地方交汇、融合，当一代代新技术、新模式和新 IT 人在短短十几年间制造出无数激动人心的起伏跌宕，便形成了今天的中关村。"

2011 年，美国《华盛顿邮报》发表文章《美国人应该真正害怕中国什么》，特别介绍了中关村的创业。

2012 年，美国《麻省理工科技评论》一篇文章说："全世界的城市都在试图复制硅谷，希望能像硅谷那样出色地培育创业公司、发展千亿美元市值的科技公司。但到目前为止，只有一座城市成为硅谷真正的竞争对手，它就是北京。"

2013 年，享誉世界的创新大师史蒂夫·布兰科在对北京进行专访回美国后表示："在全世界范围内，我见过很多创业公司的问世，但北京更让我震惊。"

2014 年，德国《明镜周刊》记者在中关村海淀园走访了一个星期后说，这个世界上如果有一个地方能够超过美国硅谷，那就是中国的中关村。

中关村 40 年创新发展的历程，可以划分为四个阶段，巧合的是，正好每个阶段都是 10 年。

第一个阶段，从中科院物理所研究员陈春先于 1978 年访问美国旧金山硅谷后，提出在中关村建立"中国硅谷"的构想，并于 1980 年 10 月 23 日创办了中关村第一家民营科技公司，由此衍生了"中关村电子一条街"。

第二个阶段，1987 年 12 月到 1988 年 12 月，中共中央、国务院在对中关村电子一条街联合调查的基础上，1988 年 3 月 12 日，《人民日报》在一版头条位置以《希望的火光》为标题，全文刊登了《中关村电子一条街的调查报告》。1988 年 5 月 10 日，经国务院正式批准，中国第一个高新技术产业开发试验区——北京市新技术产业开发试验区成立。这是中国第一个以电子信息产业为主导，集科研、开发、生产、经营、培训和服务为一体的综合性基地。

第三个阶段，1999 年 6 月 5 日，国务院批复同意北京市政府和科技部关于加快建设中关村科技园区的意见。北京市新技术产业开发试验区更名为中关村科技园区。调整后的中关村科技园区总面积为 23252.29 公顷，包括海淀园、丰台园、昌平园、德胜园（含雍和园）、电子城（含健翔园）、亦庄园（包括通州光机电一体化园区和通州环保园区）、石景山园、大兴生物医药产业基地等，形成了"一区十园"的空间格局。

第四个阶段，2009 年 3 月，国务院批复同意建设中关村国家自主创新示范区，要求把中关村建设成为具有全球影响力的科技创新中心，成为创新型国家建设的重要载体，掀开了中关村发展新的篇章。中关村科技园区也发展为全市性的"一区十六园"，即北京市有一个中关村科技园区，16 个城区各有一个分园。所以，今天你走在北京市的每个角落，都能看见中关村的身影。甚至天津、上海、保定、秦皇岛、沈阳、长春、青岛、无锡、昆明、徐州、贵阳、西宁等大江南北的许多地方，都飘舞着中关村的飞彩流红。就连美国、英国、法国、加拿大、日本、芬兰等域外国度，也建立起了中关村科技园的办事处，怒放着中关村的花瓣。

翻开新世纪的画册，看看中关村近十几年的闪光脚印吧！

2002 年 1 月，中关村被美国《新闻周刊》评选为全球八大新兴文化圣地之一。

2006 年初，胡锦涛、温家宝等党和国家领导人多次召集柳传志、王小兰、李彦宏、邓中翰等中关村企业家座谈，听取他们自主创新的呼声。不久，《瞭望》《半月谈》杂志封面上刊出醒目的标题《中南海听取中关村呼声，确立了建设创新型国家战略决策》。

2013 年 9 月 30 日，习近平总书记带领政治局全体成员，来到中关村集体学习，明确提出中关村要充当好全国创新驱动的示范。

2015 年和 2016 年，李克强总理在全国大力倡导的"大众创业、万众创新"热潮中，频频提到中关村，并两次走进中关村创业大街和中关村展示中心。

2017 年，中关村高新技术企业已经达到了两万多家，总收入 5.3 万亿元人民币，这还仅是贡献给北京的收入。以上市公司为例，中关村企业贡献给外地收入占到 80%。

2017 年，中关村的独角兽企业达到了 70 家，占据了全国一半，全球的近 1/4。独角兽企业即近 5 年左右发展起来的创新型企业，企业估值达到 10 亿美元以上。2017 年全球独角兽排行榜，中关村的滴滴出行、小米、美团 + 大众点评和今日头条，分别跻身于第二、第三、第四和第十三名。

2017 年 11 月 2 日，美国《福布斯》双周刊网站公布了 2017 年度全球最大科技城市排名，北京位列第一，柏林和旧金山分列第二、三名，并将北京的中关村科技园列为全球第一。

40 年来，中关村诞生了联想、四通、方正、用友、同方、紫光、新东方、新浪、百度、搜狐、汉王、爱国者、科兴、中星微、京东、360、小米、美团、滴滴、今日头条等数万家高新技术企业，它们都是中国改革开放大花园里争奇斗艳的花朵。

40 年来，中关村走出了陈春先、王洪德、柳传志、段永基、王选、王文京、俞敏洪、李彦宏、杨元庆、刘迎建、张朝阳、雷军、邓中翰、周鸿祎、尹卫东、俞孔坚、王兴、程维等一大批创新英雄，他们成为中华民族奔向未来的先行者。

40 年来，中关村哺育出四通打字机、联想电脑、方正照排、用友软件、新东方英语培训、汉王电纸书、金山软件、小灵通、文曲星、新浪网、搜狐网、百度搜索、神舟飞船、京东商城、美团点评、小米手机、摩拜、小黄车、滴滴出行等自主创新产品，成为拉近与世界先进科技的距离不可或缺的动力源，为共和国的腰杆增添了血和钙！

为什么是中关村？中关村是怎么走来的？这是一个让全世界都惊奇和感兴趣的话题。

从中关村 40 年发展历程中的一些代表性人物身上，或许可以找到答案。

中关村第一人陈春先

40 年前的 1978 年，注定是这个星球上值得纪念的一年。这一年，中国共产党召开了十一届三中全会，确立了党的基本路线，由此拉开了中国经济和中华民族持续 40 年高歌猛进的帷幕。

这一年，一位叫陈春先的年轻科学家，也悄悄地、艰难地播下了中关村的第一粒种子。

中关村的春天，是从陈春先开始的。

陈春先的故事，需要从共和国的一个春天说起。

1978 年的早春三月，正是万物复苏的时节，全国科学大会在北京隆重召开，标志着科学春天的到来。

在此之前，1978 年 1 月号《人民文学》发表了轰动全国的《哥德巴赫猜想》报告文学。著名作家徐迟生动地描绘了中国科学院一位"臭老九"、数学家陈景润的传奇经历，展现了"文革"给知识分子带来的心灵创伤，呼唤对科学和科学家的尊重。

2月17日《人民日报》加以转载，迅速在科学界和广大读者中引起强烈反响。

于是，在选拔对科学有突出贡献的人出席这次科学大会时，中国科学院推荐了10人，年仅44岁的陈景润在万众瞩目中走进了人民大会堂。坐在陈景润身边的，是一位比他还要年轻几个月、来自中科院物理所的研究员陈春先。

陈春先何许人也？

陈春先1934年生于四川成都，1952年在四川大学加入中国共产党，同年被选派赴苏联留学。他开始在乌拉尔矿业学院学地质，1956年经严格考试被选入莫斯科大学物理系，师从著名世界级大师玻哥留博夫（Bogolubov）院士，完成了理论物理方面最严格的训练，参加了当时世界理论物理界最前沿的课题和院士组织的讨论组，在超导理论、多体问题等领域做出了成果，在苏联科学院著名学术刊物发表了6篇署名文章。尽管没在莫斯科大学物理系上过课，导师玻哥留博夫的特别批准让他获得优秀毕业证书。这在当时留苏学生中绝无仅有。

1959年，陈春先学成归国，被分配到国防科委搞原子弹试验。后来，科学院领导通过多番交涉，把他挖过来，到中科院物理所搞研究。

1971年底，陈春先结束三年干校"改造"返回中国科学院。从一个国外资料中，了解到苏联核聚变研究取得重大突破——苏联原子能研究所搞成功了一种超高温核试验装置，叫"托卡马克"，其实验已达到几千万度的高温。开始英国人和美国人不信，陆续来到苏联试验，这才心服口服。这是一项很了不起的高端技术科研成果，在国际上引起了很大轰动。

20世纪60年代起，随着世界人口爆炸增长、工业的急剧发展，人类对能源的需求非常迫切，科学家们开始研究发掘潜力最大、取之不尽的核能源。

利用核能源有两种方法，一种是搞核裂变。我们现在办的核电站就是核裂变，裂变和聚变的能量都是一样的，都是和平利用原子能，但裂变所产生的核废料比较难处理。另一种核聚变就没有这个问题，它是在超高温条件下，使氢元素聚合起来慢慢燃烧，使核能缓慢地释放，没有什么废料，所以它是一种含有巨大能量而又最清洁最安全的能源。

但问题是，全世界还没有理想的办法达到近亿度的超高温。显然，"托卡马克"的问世和升级，将会为核聚变铺平道路。

陈春先主动请缨领衔"托卡马克"项目。

当时中国还处于"文化大革命"混乱中，有关部门对立项迟迟不给答复。

陈春先性格执着，认定的事必须干到底。在有关负责人家中游说立项时，他情绪失控地说："苏联都作出不同型号的托卡马克，中国什么都没有，你为什么不着急？"

在"三无"（无资金、无设备场地、无人员）情况下，陈春先边"挨整"、边被贴大字报，坚持搞起了托卡马克项目。1974 年 7 月 1 日，在物理所建成中国第一个托卡马克装置（简称 CT-6 号），填补了我国空白。

六号项目的成功，是以陈春先为首的团队实行深入理论研究、多学科精尖实验、多种高新技术的综合体现。在当时历史背景和科研条件下，是极其不容易的。

今天在中科院网站的《中科院大事记》中，仍然可以看到这样的文字："1974 年，物理所研制出我国首台托卡马克 CT-6。"

陈春先在北京拼搏六号同时，向时任中科院领导武衡打报告，由武衡向周总理请示，获得周总理批准"核聚变可以二机部和中科院两家搞，两条腿走路"这一重大指示。陈春先自 1971 年开始，经常去合肥董普岛，为筹建合肥核聚变基地，呕心沥血。开始是挂在中科院安徽光机所，直到改革开放 1978 年才成立了等离子体物理研究所，陈春先任首届业务副所长，主管合肥基地全面业务。

1978 年全国科学大会前夕，陈春先、陈景润、何祚庥等被中国科学院破格提拔为正研究员。他们也是中国最年轻的正研究员。

坐在庄严的人民大会堂，陈春先心潮翻滚，激情难抑。

1977 年 8 月 6 日科学座谈会上，他已经听到小平同志温暖人心的"我愿意给你们当总勤部长"。

这次，面对全国科学大会 6000 位听众，小平同志又用陈春先熟悉的乡音宣布："知识分子是工人阶级的一部分"，"科学技术是第一生产力"，一举打开了长期禁锢知识分子的桎梏。

陈春先当时听了特别激动，默默下定决心，一定要为中国的科技发展做出贡献。

在这次科学大会上，陈春先主导的"北京托卡马克6号"，被评为全国科技一等奖。

"竹外桃花三两枝，春江水暖鸭先知。"这是宋代诗人苏轼脍炙人口的著名诗句。"春先"的名字，应该就是从此而来的吧？它很符合陈春先一生追求新生事物的性格。

全国科学大会后3个多月，陈春先随着中国首个科学家访美团，来到了大洋彼岸的美国。

陈春先考察的是美国的核聚变项目。在考察过程中，他对美国硅谷和波士顿128公路区的新技术扩散区产生了浓厚兴趣。

美国旧金山的硅谷和波士顿的128公路区，坐落着斯坦福、哈佛、麻省理工等多所著名学府。在这些学府周边，诞生并云集了苹果、英特尔等上千家高新技术企业，科技成果迅速转化为产品，每天都在创造着巨大的财富。走在这片高科技产业的发源地，陈春先心头的思绪无法平静，"我们已经落后了一个时代！"

1978年12月底，中国共产党十一届三中全会在北京召开，会议提出今后中国将实行"改革开放"，由"以阶级斗争为中心"转移到"以经济建设为中心"，从而拉开了一个注定进入世界历史的时代大幕。

会议结束没几天，1979年的初春，中国改革开放的总设计师邓小平打开封闭已久的国门，大步来到大洋彼岸的美国，签订了多项经济、科技、教育、文化合作协议。其中，有一项是加强中美科学家的互访交流。

就在这年，陈春先又一次踏上了赴美深入考察的旅程。美国硅谷、128号公路技术扩散区许多产学研结合创造科技奇迹的生动例证，给他留下了深刻印象，"技术扩散"的思路逐渐在陈春先的头脑中形成。中关村聚集了中国科学院几十个研究所和北京大学、清华大学等几十所著名学府，为什么不能像美国硅谷和波士顿128公路区一样，成为中国的一个高科技扩散的辐射源呢？

在中国科学院的座谈会上，在北京市科协的交流会上，这位中国科学院物理所一室主任、等离子体研究所副所长大声疾呼："经济要发展，就要搞技术扩散。应该把科学技术和人才从高密度区域向低密度区域扩散，像把墨水滴入水杯一样，扩散开，把水染蓝！""要把中关村建成'中国硅谷'！"

陈春先的呼声，在中国科学院内外激起了层层波澜。

陈春先在大小场合算起了账："60年代初，我国第一台激光器研制成功，与美国仅相差半年，20年过去了，美国已经形成了强大的激光工业，而我们呢？科研成果还只是停留在纸上、实验室里，被禁锢在科研单位的深墙大院里，远离生产实践。一年365天，每天物理所的大门一开，国家就要投入几万元，可是却没有人计算一下，1000多人的物理所每天的产出又是多少？"

陈春先三次访美，更坚定了他移植硅谷经验、搞技术扩散的想法。

春雷之后就是播种。

1980 年 10 月 23 日，陈春先带着纪世瀛、崔文栋、曹永仙、汪诗金、吴德顺、刘春城、罗承沐、耿秀敏、潘英、李兵等同人，来到中国科学院物理所一间十几平方米、俗称"鸡窝"的后平房仓库。打开门一看，里面结满了蜘蛛网，尘土有几厘米厚。他们打扫了半天卫生，把杂物堆到里边，拉上一道塑料布隔开，占用了大约 5 平方米小半间房子。然后摆上一张抽屉桌子，找来四把破椅子，没有放一粒鞭炮，更没有剪彩，悄无声响地成立了"北京等离子体学会先进技术发展服务部"。市科协咨询部部长赵绮秋还代表田夫书记前来讲话，表示充分支持，并借给 200 元启动费。经过大家热烈讨论，决定今后服务部经营项目包括搞技术咨询、办技术培训、为企业与科研机构牵线搭桥……

一些具有历史意义的事件，往往是在不经意间诞生的。我们无法揣测当时陈春先是否意识到，他带头创办的这个民办自发性质的科技开发机构，是北京甚至全国第一个民营科技公司的雏形，更是日后引领中国、影响世界的中关村的第一粒种子！

第一个吃螃蟹的人是有风险的。陈春先此后的创业道路充满了坎坷：议论、责难、诽谤、告状、查账、亏损、立案、被拘、绑架、破产，一个个接踵而至。

几十年来，科研机构的人都是铁饭碗，大锅饭，人人平等。现在陈春先搞什么科技服务，收取中介费、服务费、挣外快，这不是搞乱了科技秩序，搞乱了人的思想吗？有人公开批评陈春先是"买空卖空，科学上的二道贩子"，有人举报陈春先"不务正业，歪门邪道"。陈春先的儿子陈新宇清楚地记得，父亲经常夜里与一位"所长叔叔"在电话里争吵，有时吵得很凶，哽咽着说不出话。后来，科学院还立案查账，结果发现，服务部账务不但没有经济问题，就连两年来每月 15 元津贴，陈春先都分文未取。但存心责难陈春先的领导仍不做结论，四处调查他的问题。

服务部面临着巨大的压力。一些业余参加过咨询、研制、开发、服务的科研人员像染了瘟疫一样远远地躲着他们。有人将几个月来拿到的几十元、上百元津贴，原封不动地归还给陈春先、纪世瀛，还忐忑不安地问："这种非法所得，算不算贪污，会不会治罪？"

查账整整查了半年多，服务部基本上陷入了瘫痪。"文革"刚结束，阶级斗争的凛冽寒气人们记忆犹新。陈春先已经做好了被斗被关的思想准备。

在这最困难的时候，陈春先的遭遇得到了北京市科协赵绮秋和丈夫、时任新华社北京分社副社长周鸿书的同情支持。赵绮秋还亲自跑到中科院纪委替陈春先鸣冤喊屈，由于激动，晕倒在了现场。这件事很快传遍了科学院。

1982 年底，新华社记者潘善棠了解到情况后，写了一份题为《研究员陈春先搞"新技术扩散"实验初见成效》的内参。1983 年 1 月 7 日和 8 日，方毅、胡启立和胡耀邦先后在这份内参上作了批示，对陈春先的做法给予了充分肯定。中共中央政治局常委胡启立批示："陈春先同志带头开创新局面，可能走出一条新路子。一方面较快地把科研成果转化为直接生产力，另一方面多了一条渠道，使科技人员为四化做贡献。一些确有贡献的科技人员可先富起来，打破铁饭碗、大锅饭。"中共中央总书记胡耀邦批示："可请科技领导小组研究出方针政策来。"

1983 年 1 月 25 日早晨，陈春先像往常一样正在洗漱，突然停了下来。刚才打开的收音机里，中央人民广播电台的播音员声音高亢，新闻和报纸摘要节目头条就是关于潘善棠的文章和中央领导的批示。

陈春先颤抖着手拿起电话，打给纪世瀛："老纪，你听到广播没有？中央有批示了，肯定了我们的做法。"

老纪的嗓门大得吓人："这是真的吗？怎么事前一点不知道，赶快通知大家听广播，这真是一场及时雨呀！"

大家很快跑到服务部，相互抱在一起，泪水扑簌簌流满脸。有的呼喊："共产党万岁！""服务部万岁！"服务部沸腾了！物理所沸腾了！整个中科院沸腾了！

1983 年 1 月 29 日，《经济日报》以"研究员陈春先扩散新技术竟遭到阻挠"为题，在一版显要位置报道了陈春先和服务部的事迹。

到 2 月 16 日，《经济日报》又连续采访发表了 5 篇系列文章，充分肯定了陈春先和服务部的探索道路。

中央领导人对陈春先的批示和《经济日报》系列报道，在中关村各大研究所引起很大震动，科技人员争相传阅。许多人称："这些报道搅动了科学城的一潭死水。"

20 多年后，中国民营科技企业领军者、联想老总柳传志坦言，就是那时受陈春先的鼓舞，萌生了从中科院计算机所下海创业的念头。他说："憋得太久了，机会来了，特别想干事！"

自从中央批示传达后，到服务部来咨询、联系的络绎不绝，陈春先的家里几乎从早到晚排队来人找。陈春先想，看来必须把服务部扩大为公司，才能让新技术在更大范围里扩散。

1983 年，中关村还没有办自营公司的先例，也没有注册办这类公司的机构，当然更无处去领经营执照，陈春先只好采取"瓜李代"的办法，搞个民办研究所。

研究所和服务部一样，还是民办民营，自由组合，自主经营，自负盈亏，自担风险。

不久，北京市和海淀区政府出台了中关村办公司的政策。在这种背景下，陈春先和他的团队租下了中关村大街上的大雅餐厅，成立了技工贸三位一体的民营科技公司，"华夏新技术开发研究所"下设华夏电器公司和华夏电器厂。

随后，一大批中科院、北大、清华的知识分子纷纷"下海"创业，京海、四通、信通、科海、联想等民营科技公司如雨后春笋般破土而出，陆续在北起燕园、南到白石桥这条几公里长的大街上安营扎寨。

1985 年，闻名中外的中关村电子一条街初具雏形。

1988 年，国务院在中关村电子一条街的基础上，建立了北京新技术产业开发试验区。

遗憾的是，陈春先领导的华夏新技术开发研究所和他 1986 年彻底辞职下海创办的华夏硅谷创业集团，并没有顺风借势，获得长足发展，仍然屡战屡败，屡败屡战，终于在 1996 年偃旗息鼓。

与此同时，中关村却以震惊世界的步伐前进！

2002 年 1 月，中关村被评选为全球八大新兴文化圣地之一。

是年，68 岁的陈春先又成立了自己的新公司"陈春先工作室"，一家服务于中关村创业者的中介机构。

2004 年 8 月 9 日，陈春先在贫困中因病逝世，告别了他恋恋难舍的中关村。他还临终嘱托，向社会贡献出自己的眼角膜。

陈春先逝世前几个月，笔者曾到其家中拜访。这还是中科院 1981 年分配给他的老式居民楼房子，4 间小房子，没有客厅，80 多平方米。为了解决生活的困窘，租出去了一间。陈老身患糖尿病后期综合征等多种疾病，身体看上去非常虚弱。由于下海失去了科学院员工的福利待遇，他看病的医药费用都成问题。

我鼻子酸酸地说："陈老，中关村和国家发展得这么好了，没想到您生活得这么困苦。"

陈春先笑着说："挺好的！挺好的！能看到中关村和国家发展到今天这样子，是我这辈子最高兴的事。"

他看着窗外说："创建中国硅谷模式，与核聚变'海水变石油'有实质的内在含意。中国硅谷模式，即'知识与金钱聚变'。科研创新工作，我不搞会有很多人搞，可以搞得很好。但探索在中国条件下的硅谷模式，只有我这样的人敢于挑头搞。"

话题一转，又神采飞扬地聊到了他的创业服务。

谈话中了解到，市、区领导知悉陈春先的生活困境，特别解决了陈春先的医保问题。

陈春先创业以来共创办过 20 多个公司，包括最后一个工作室，都没做大。他也常自嘲说："我的公司全都没做大。经历了企业家的各种磨难，但是没有聚集起财富。"

没人深入研究过陈春先这位大勇气、浓激情、高智商的创业家，何以总是做不大、做不强、做不长的深层次原因。

科学家向企业家转型之痛始终伴随着陈春先，他承载了改革的历史重担，也必然直面中国早期市场体制的种种缺陷，并为此付出沉重代价。

陈春先出身于书香门第，父亲是民国时期中央大学的教授。陈春先本人几十年一直在科研机构工作，他的书生气太浓了。在创业气氛、市场环境都缺乏的年代，这种书生气在市场竞争的刀光剑影中，肯定是不对称的厮杀。

陈春先的创业历程中，曾经推出许多超前科技项目，有过多次做大做强的机会，都因自身、外部和其他难以道明的因素中途折戟。

比如 1983 年，陈春先就做出了"华夏 IPS8888 桌面出版系统"，这个系统类似于后来走红的方正出版系统，但最后在激烈的市场角逐中败北。

纪世瀛深知陈春先的创业坎坷历程。他说："老陈性子太急，又太善良。不断开发科技项目，与外地企业合作，没赚多少钱，倒惹了不少麻烦。"

项目成了，陈春先只收点技术转让费。项目失败了，有的合作方怪罪于陈春先。因公司间经济纠纷，陈春先曾一次被非法拘留，一次被非法绑架，均被有关领导和相关部门解救。这两次非法拘留和绑架事件，对陈春先的健康造成很大影响。

显然，陈春先在商战中不能算是胜利者。可是，谁能说、谁敢说陈春先不是英雄呢？他是冲破中国传统科技体制的闯将，他是中国民营科技创业的先行者，他是中国知识经济的战略家，他是中关村第一人！

2009 年 3 月 22 日，英国著名 IT 网站 Vnunet 评选出全球 10 大 IT 中心，将中关村列入其中，评奖词是这样写的："上世纪 70 年代后期，中美关系开始升温，一个名叫陈春先的中国人在一次文化交流时应邀访问了美国。在访问期间，他参观了硅谷并为之折服，决定在中国做类似的事情。于是，一个虽然不足半个世纪历史却已成为中国 IT 中心的地方出现了，那就是——北京中关村。"

"两通两海"兴衰记

一花引来百花开。中共中央关于科技体制改革和教育体制改革等一系列的改革精神，鼓舞中关村地区的科研院所和高等院校纷纷创办科技企业。陈春先创办民办科技机构得到中央领导同志的肯定，使越来越多的科技人员"下海"创业。海淀区委、区政府热情支持科技企业的创办和发展，区委领导亲自为科技企业牵线搭桥。沿中关村大街一带，很快出现了以"两通"（四通、信通）、"两海"（京海、科海）为代表的科技企业群体。到 1985 年，中关村地区的科技企业已有 90 多家，电子一条街初步形成。

到 1987 年，沿白石桥到北大的中关村大街上，已经有 300 家科技公司在这里安营扎寨。这年底，我曾经与丁玲、黄宗英、陈祖芬等作家，在这条大街上采访，后来合写出版了《一代天骄》报告文学上下集。

当时这些从科学院和清华等高校走出来的知识分子，一无资金，二无场地，三无社会关系，所以多与海淀区政府或下属部门、乡合作，得到了他们的资金和场地支持，推动了早期的科技企业。如"两海两通"，和"海华""华海"等公司，都是科学院和清华大学的科研人员、教师，或与海淀区，或与海淀区科委、联社和四季青乡等联合，所以从名字上都能体现出来"血缘关系"。大家都把从象牙塔中走出来，下到海淀区创业称之为"下海"，一些老中关村讲"下海"一词就是这么来的。

京海公司是"两通""两海"中最早问世的。

1956 年，20 岁的王洪德从哈尔滨电工学院毕业，进入中国科学院计算所。走进这座象征着中国科学的殿堂，充满才情的王洪德还未来得及实现自己报效祖国的愿望，就遭遇了反右的急风暴雨。原因是他写了两首小诗，其中一首是"鸣！鸣！鸣！你鸣我两耳听；放！放！放！你放我两眼睁。以防后患事，闭目苦修行。"被内定为右派。

"我的家庭出身不好，进入科学院一年不到，就被划成了右派，然后被打成'反革命''走白专道路'，一直被批斗到 1978 年。漫长时间里，我一直有种强烈的压抑感和屈辱感，是说不出来的痛苦和窝囊。我是爱党爱国的，内心深处想干事业的那种冲劲无时不在，就是一直施展不开。"时隔几十年，王洪德回忆起那段往事，仍是感慨不已。

梅花香自苦寒来。即使一直被迫害、在痛苦和屈辱中挣扎，王洪德仍旧没有放弃对自身业务的钻研。

70 年代末，作为计算所第四研究室供电空调系统组长的王洪德，在当时仍是一片空白的国内机房装备技术研究领域，享有盛名。全国各地请他协助搞计算机抗干扰系统、供电系统、空调系统设计研制和开发的人络绎不绝。"十一届三中全会以后，我感觉到国家要改革开放了，要将重点转到经济建设上去，我的技术就有用了。当时天津计算机公司、天津电工设备厂、天津无线电五厂、七厂、十一厂都请我去做顾问，谁找我，我都去。虽然不赚钱，但是人家尊重我，向我请教，我的技术也能应用到生产中去，可以为人民服务，心里就特别高兴和踏实。"

然而，本来可以在科学院等待施展抱负的王洪德，却迎来了他生命中最为重要的转折点——知青社事件。当时知青返城后的就业是一大社会问题。在成果堆积、知识密集的中科院，那些教授、专家的孩子们——返城的知青只能靠搬砖、运砂石、做清洁这样笨重的工作赚取微薄的收入。

"我的初衷其实很简单，就是心疼这些孩子。而且当时大型机都涌进了中国，很多计算机辅助设备都靠进口，那时候的机器非常娇气，要温度、要湿度、要抗干扰、要净化，还有接地系统等等。我是搞机房系统设备设计的，计算机所的科研工作又不多，我就办了个培训班，由我做设计让计算所工厂生产，再指导知青社的孩子们组装。这样既推广了技术，验证了大型机房技术的应用前景，又为国家节省了外汇、改善了孩子们的生活条件。"当时正值全国计算机热潮，作为知青社的顾问，王洪德在短短一年的时间里，就帮助知青社挣了 60 万元，知青们的月工资从二十几元涨到了 90 元，但王洪德本人一直分文未取。

支持知青社从事技术服务，成了轰动一时的大新闻。对王洪德个人来说，他的命运轨迹却由此改变。

有人把王洪德的情况举报到中国科学院纪委，纪委提出要作为经济大案来查处，找王洪德谈话，通知他"停止工作、接受检查"。同时，海淀区工商局也以"非法经营、投机倒把"为名对他进行调查。这一调查就是一年半。虽然最后王洪德的做法得到了当时计算机所纪委书记孙浩的支持，停止了对他没完没了的调查，但长期以来的屈辱、不公平待遇，以及无法实现人生价值和抱负的苦闷，让王洪德萌生了去意。

"科学院是什么地方？那是全国最高的学府和科学殿堂，从事科学研究的人，如果没有一个震撼性的刺激，谁会选择离开呢？"王洪德经历了一个痛苦和挣扎的思考过程。那时候社会对他的技术有需求，很多企业和单位天天找他，王洪德也觉得自己能为国家办点事、是有用的，但就是欲干不能，同时欲罢不忍。

面对无名罪状的悲愤，还有一种奋发图强的劲头，王洪德最终下决心离开科学院。王洪德正式向计算所领导提出了"五走"，要求批准他离开计算所。如果所领导能考虑他在计算所26年的工作贡献，首先要求保留计算所的职务，允许把他借调到海淀区联社工作；借调不行，希望能被聘请；聘请不行，希望能调离计算所；调走不批，他就辞职；如果领导对他辞职都不准……他就只有被开除而离开计算所了。

一周之后，所长批准了王洪德的调离，但同时向他提出了一个要求，"借走"八名工程师，支付每人每月260元的工资。"那时候，我每月工资是78元，260元是绝对的高薪了。"王洪德听完同意了，并给所长深深地鞠了一大躬，满脸都是眼泪。

"五走"，也因此成为京海甚至是中关村创业初期最具代表性的一幕。

"净身出户，断绝后路"，风萧萧兮易水寒，壮士一去不复返——那就是王洪德当时的心境。1982年12月22日，46岁的王洪德"带"走八名工程师，创办了北京市京海计算机开发公司。没有官方支持、没有大院大所作后盾，京海无疑是中关村第一家正式工商注册、真正意义上的民营科技企业。

京海公司成立后承接的第一个项目是北京大学豪尼维尔计算机系统改造工程。当时公司刚刚成立，没有资金，王洪德向知青社借了1万元。随后他用这项工程的设计预付款还清了知青社的借款。京海在这一项目上赚了19万元，王洪德坦荡地说："我的第一桶金，清清爽爽，干干净净。"而这也是他磊落一生的一个小小注解。

京海公司创办一年，就实现产值800万元。1986年，京海成立了实业总公司，当年实现销售收入5000余万元。1987年京海集团成立，一次创业初步完成。

在那个新旧体制交错的年代，最大的困难还是来自于体制的冲突和政策的不断变动，这是那个时代创业者所遭遇的共性问题。许多事情，谁也不知道是合法还是非法，正确还是错误。因此，当时有一句很流行的话：遇到绿灯快快走，遇到红灯绕着走。

在取得显著成绩后，京海迎来了中纪委和审计部门的大检查。相比其他创业企业，除了遭遇那个时代的共性问题外，没有任何背景的京海，创业之路更为艰难。"这种检查京海经历了6次，并且一次比一次规模大。最紧张的一次，有7个检查组26个人同时进驻京海。"王洪德回忆说。

对于第一代中关村企业来说，更为重要的是内部产权问题。当时的中关村企业大体可以分为两类，一类是国家没有出一分钱的所谓"民有民营"的企业，比如京海和四通；另一类是原来国有单位出资但是按照民营方式管理的所谓"国有民营"企业，比如信通和科海。创始初期内部产权的不清致使后来很多企业发生了裂变，分道扬镳甚至衰败。1988 年和 1997 年，王洪德也因这个问题遭遇了两次大"地震"。

多年后，王洪德说，"那时并不允许注册私有制，一注册就是集体所有制。集体所有制就意味着集体财产不可分割，所以因企业产权不清晰而产生的各种内部矛盾和纷争，就是必然的了。"1999 年，京海年产值达到 9.2 亿元。这一年的 9 月 9 日，凝结着王洪德创业 20 年心血的京海广源大厦建成。

第二年，京海成立了北京第一家民营科技企业孵化器有限公司，时任国务委员的宋健为其题词："做发展高科技产业的先驱。"

王洪德提出"9+1=1"的孵化理念：即使 10 个项目中有 9 个失败，仅有 1 个项目孵化成功，而成功的这个孵化项目所产生的经济效益和社会影响也许会大于 9 的集合。

在这一理念指导下，王洪德将孵化器作为一项新的产业来做。3 个月后，孵化企业就达到 49 家，广源大厦也被北京市政府正式命名为北京市高新技术产业孵化基地。新的探索又一次体现了王洪德作为一个企业家与国家脉搏的紧密相连及其强烈的社会责任感。

两年后，王洪德宣布退居二线，将京海集团总裁的位置交给了年轻人。在平均寿命 3.7 年的中关村民营企业中，屹立 20 年的京海无疑是改革的成功先驱。

2018 年 5 月 18 日，在以"致敬！中关村创新发展 40 年"为主题的中关村创新论坛上，四通控股有限公司主席兼 CEO 段永基，做了"勇为改革添动力，矢志创新求发展"的演讲。段永基回顾了四通 35 年的创业创新之路，也谈到了其中的艰辛。他说："创新一定是超前的，一定要切记超前不能过多，超前半步是先锋，超前一步以上很可能成为先烈。"

1984 年 5 月 16 日，在物理所陈春先的创业精神鼓舞下，中科院的万润南、印甫盛、沈国钧、刘海平、石政民、段永基、王辑志等，借了四季青乡两万元、一间房和一部电话，一起创办了四通。

那是一个如火如荼的历史新时期，是创业者的黄金时代。他们成立公司后仅用一个多月的时间，在日本三井公司产品的基础上，把计算机通用键盘、液晶显示屏、汉字输入软件和打印装置融合成一个十分方便实用的现代产品——四通打字机，成为第一个推出自主知识产权、年产值数亿元的电子信息产品，成为世界高新技术的结晶，为中国办公自动化革命做出了历史性贡献。

尔后，四通公司马不停蹄地创造了无数个小"第一"：第一个建立了真正民有民营的高科技企业，创造了"自由组合、自筹资金、自主经营、自负盈亏"的"四自"原则，是社会主义市场经济的彻底实践者；第一个尝试以经理人回购方式实现产权创新，完成了中国首例 MBO；第一个投资互联网产业；第一个接受了国际风险资金的投入；第一个把当今全球最大的中文网站新浪网推上 NASDAQ 舞台……

在上世纪 80 年代至 90 年代初期，四通公司是中关村最著名的公司。1988 年，他们的营业额已经达到了 10 亿元，成为无可置疑的中国头号民营科技企业，占据了当时北京新技术产业开发区整个产值的一半。他们一家公司的纳税额达到三四亿元，一度占到中关村所有公司纳税总和的 60% 以上。旗下曾有 20 多家子公司，员工近万人，遍及国内外。

从 1989 年到现在，段永基一直担任四通公司的掌门人角色。有人说他是"一个创造型的人办了一个企业，办了一大堆公司。做了一系列别人几乎都看不懂的'创业'"。从四通总经理到新浪董事长，从媒体到科技，从营养品经营到去美国倒建材，从中关村村长到后来的"副手"，从新疆贩物资到南非买矿山。中关村许多人说，不知道段永基到底在干什么？下一步又要干什么？

在此期间，四通公司曾有过投资失误和被骗的经历，受过数亿元的损失。有时候，则是段永基成人之美。上世纪末，巨人集团倒塌之时，段永基帮了史玉柱一把，支持他从脑白金重振雄风。2004年 1 月，四通控股更是花 12 亿元买下脑白金，并给了史玉柱 20%多的四通控股的股权。

虽然四通错过了很多次可能闯出一片新天地的机会，但是有两件事情让段永基一生引以为豪。一件事是成为第一个在香港上市的民营企业。1993 年 8 月，段永基率四通在香港联交所挂牌上市，创造了内地民营企业与境外资本市场成功对接的一例，影响巨大。四通开先河，一年后有了联想上市，两年多后有了方正上市……

从起航到登陆，四通的上市之途千曲百折。而最终征服急流险滩胜利抵岸，舵手段永基一路斗智斗勇，显示了过人的策略技巧。

那时，企业上市必须经过北京市政府、国家外汇管理局、国家证监委的审批，甚至要有国务院总理朱镕基拍板。为了得到国家证监会的批准，段永基精心安排，请时任北京市市长的李其炎出面与国家证监会负责人商谈，会议地点在北京饭店贵宾楼十楼。当天，段永基不便出面，就在二楼等待消息。待国家证监会负责人点头后，李其炎市长通知他上来参会。国家证监会的负责人看到段永基兴冲冲地跑上来后，恍然大悟，指着他说，今天的事，原来是你老段主谋的啊！就这样，终于打通了极其重要的一关。

当各项审批都拿到，上市进入倒计时之际，突然有人搞了一个实名举报指责四通倒卖外汇，偷税漏税，有违法乱纪的重大问题。面对形势陡然逆转，段永基镇定如常。他连夜飞到香港，接受联交易所众多官员的"调查审问"，在一间屋子里连续关了两个小时，对举报问题一一进行详细说明。当时，段永基在屋里，你问我答，沉着应对，而同行者在屋外，则惊出了几身冷汗。最后，相关部门终于相信了段永基的解释，四通因此闯过所有的关隘，胜利走向 IPO。

另一件就是投资新浪，创办了中国第一个门户网站。对于新浪搞互联网门户，段永基直言是"无心插柳柳成荫"。因为他当时投资王志东的时候，还是想做软件。之前王志东先后在北大方正和新天地工作，工作内容一直围绕视窗中文环境。1995 年针对微软推Windows95 操作系统，四通利方推出 Rich Win，即中文外挂平台系列软件业务开始进入轨道。但是 1996 年的一个约见，却让四通利方有了一个新的尝试，成为中国最早接触互联网的软件公司。

那个约见的主角一个是段永基，另一个是当时还在法国留学的汪延。段永基对于汪延的印象是：年轻、帅、敢想、表达能力好，是个难得的人才。

汪延对段永基的印象是：没想到国内还有在晚上 12 点约见别人的老总，不简单！见面的结果是段永基想把汪延留下来。而当时还在法国的汪延提了个要求：如果四通利方设立一个互联网部门，他就会留下来。因为汪延在留学期间接触了互联网，他认为这是一个大有前途的领域。为了留住这个人才，段永基决定给汪延 5 万块钱，让他自己成立一个部门去做互联网，"当时四通利方 90% 的资源都给王志东去开发一个跨系统的平台。"

后来，一个偶然的机会，段永基从一个跳槽到微软的老四通员工那儿听说了微软的操作系统里正在组织外文内码，Windowsnt 里边已经有中文的内码了，因此，当时四通利方的跨系统平台工作失去了任何意义。

回国后，段永基立即召开董事会，决定改变四通利方的发展方向，把互联网作为公司的发展重点，"1998 年法国世界杯，汪延带着新浪网大出风头，于是新浪的发展方向就这样定下来了。"在他看来，新浪的成功不仅仅是确定了以新闻内容为主的发展方向，更多的是在上市融资上，走出了一条属于中国互联网门户网站发展的"新浪小道"。"它创造了新浪神话，因为在当时中国的互联网企业还没有明确地展现自己的盈利能力的时候，只有在美国的资本市场，才有可能找到让这些摇篮中的互联网企业生存下去的营养补充。"在当时，中国的互联网政策尚不清晰，对境内互联网公司海外上市，更是政策空白。这令许多计划在美国纳斯达克上市的网络公司，都不能越雷池一步。新浪的上市是一个一波三折的故事，其中包括了两次上市过程。

第一次是强行上市。契机来源于某天段永基突然接到国家领导人要来新浪视察工作的通知。这个消息让他精神一振，他当即想到的是，苦于政策限制，在上市路上左冲右突都突破无门的新浪是不是可以借用这个事件，冲出一道口子？虽然有点冒险，但也是一个不得已的法子。在布置好一切事情之后，段永基到香港出差去了。没想到的是，一到香港，他就接到一个电话，被通知视察取消，原因是新浪网的论坛上发现了一个攻击这位领导人的帖子。虽然新浪很快就删除了这个帖子，但是此事依然被海外媒体报道出去了。

强行上市之路行不通。段永基只能采取第二条路。从 1999 年 9 月开始，新浪开始和信息产业部沟通，段永基和汪延、王志东开始了对政府主管部门领导的"攻关"工作。当年 9 月底，时任信息产业部部长的吴基传在一次讲话中认定，互联网内容服务（ICP）为电信增值服务，根据中国的政策法规，这块不许外资进入。当时的新浪股东中已经拥有外资股东。和信息产业部沟通的结果，认为新浪当前的股权结构是违规的，需要重组剥离，希望新浪能配合进行一些重组工作，这终于算是给新浪上市开了一道缝。

当时，汪、王二人动用关系，撰写出了一份有关新浪网上市的重组方案，这便是后来大名鼎鼎的"协议控制"模式（也称"新浪模式"）。

新浪的上市报告最终顺利地过了信息产业部这一关，上市开始进入倒计时阶段。

但是在中国证监会那儿，段永基遇上了个槛儿：当时中国证监会拦住了新浪的上市申请。段永基听到这个消息后，急火冲天地跑到证监会，他想不出来哪个环节会出问题。后来才知道，原来中国证监会想的是，能不能通过拦住新浪的方式，让信息产业部多批几家后再一起上。"但我们等不起啊，资本市场的情况瞬息万变。"段永基急归急，但头脑依然保持着清醒，他换了个角度游说证监会："为什么要用拦我们来换取更多的互联网公司上市呢，你放我过去，把新浪当榜样，不也是有利于其他网站照样行事吗？"

段永基的话最后起了作用，证监会一想有理，于是就挥手放行了。于是，新浪迈入了资本市场，开始了它成长为国内第一门户网站的发展历程。新浪的上市方案得到信息产业部的认可，也彻底打通了互联网企业境外上市的政策障碍。

段永基说："如果没有新浪在中国互联网产业诞生和发展壮大的初级阶段，开辟了一条'新浪小道'，中国的互联网产业发展之路没有这么快。如果说四通的上市，是在实业资本和产业资本的结合上开了一个头的话，那么新浪的上市是让人们看到了金融资本对产业资本发展壮大的巨大助推作用。"

信息产业的"岁寒三友"

电脑、软件、互联网等为代表的信息产业，作为近几十年引领潮流的前沿性产业，也是中关村的核心产业。搂数这个产业的弄潮儿，非柳传志、王文京、雷军莫属。

中关村流传着一句"剩者为王"，也谐"胜者为王"。上世纪80年代和90年代初的许多创业者，如今多已不见踪影。能够在信息产业日新月异的市场竞争中生存下来，实在不容易。然而这三位起步于上世纪80年代和90年代的"中关村大佬"，至今仍然笑傲业界，可称为"岁寒三友"！

柳传志是世人心目中的当代英雄，是中关村精神一面迎风飘扬的大旗。

1984年，柳传志等11名科研人员用科学院计算所的20万元创办了联想，当时所领导或许是希望"体外"办公司赚点"小钱"，来贴补日益拮据的日常开支。连柳传志自己也不会想到，今天的联想已经成为一间横跨"投资与实业"的大型投资控股公司，早年的PC业务不但登上世界舞台，还成为全球PC之王。

当年，柳传志他们的办公室就是计算所一间20平方米的传达室，他们为新公司取了一个有些冗长的名字"中国科学院计算技术研究所新技术发展公司"。那一年的冬天，这11个人就在这个狭小的空间里热火朝天地干了起来。

虽然柳传志在时任中科院副院长周光召面前立下了"成为年销

售收入 200 万元公司"的"宏伟目标"，但是对于这些丝毫没有经商经验的科研人员来说，如何获得"第一桶金"，谁的心里都没底。创业伊始，这些创业者们卖过电子表、旱冰鞋、运动裤衩，甚至因为想要倒卖彩色电视机，被一自称是某省妇联的女人，将 20 万元创业资金一下子骗走了 14 万元。

在经历了一连串碰壁之后，"中科院计算所"的金字招牌还是帮助他们打开了局面。计算所将所承担的 KT8920 大型计算机的部分项目转交给了这家公司，获得利润 60 万元；为中科院购买的 500 台 IBM 计算机提供验收、维修和培训服务，公司获得了 70 万元的收入；为 IBM 北京中心代理若干项目，获毛利 7 万美元。

1985 年初，当柳传志知道计算所的同事倪光南研发出了名为"联想式汉卡"的成果时，当即预感到这是一个改变中国的机会，同时也隐约看到了公司未来的发展方向。此后，倪光南应邀带着这一成果加盟联想，"联想式汉卡"也成为联想第一个"产蛋的金鸡"。

联想汉卡的初战告捷，让这家公司与越来越多的客户建立起联系，也让柳传志他们看到了另外一个机会，那就是计算机在中国的发展空间。

出身于科研人员的他们既不懂市场，也不懂销售，没有足够的资金积累，没有相关的书籍、培训供他们学习，于是柳传志走了另一条路，就是通过给别人做代理，一方面积累资金，一方面学习经验。

IBM 微机的代理权是一个机会。但是受制于没有"进口许可证"，柳传志飞赴香港，经过艰苦的谈判间接拿下了 IBM 微机在中国大陆的代理。

一手汉卡，一手 IBM 微机代理的柳传志，带领公司开始步入良性轨道。

就在 1987 年，IBM 在微机产品上更加垄断和封闭的改变，也给了柳传志一个新的机会。1987 年末，柳传志决定放弃 IBM，转而与 AST 签订了代理协议，同时公司出资 30 万港元与一家名为导远公司的香港代理商以及中国技术转让有限公司一起成立了合资公司，柳传志将其命名为"香港联想"，至此，"联想"作为一家具有划时代意义的公司名称，正式出现在了历史舞台上。

虽然帮助 AST 从一家二线厂商迅速成为国内市场第一，但"用自己的品牌取代 AST"一直是柳传志心里的方向。公司一方面通过代理销售扩大收入，另一方面联想 286 微机的研发也在紧锣密鼓地进行中。

1990 年 3 月，联想 286 微机通过检验，还获得了第一年生产 5000 台的生产许可证。柳传志一直追求的自己研制生产的机器能和外国机器一比高低的愿望开始实现了。就在这一年，联想做出了一个关键决定——把主力队伍全部转向联想微机，包括生产、采购和销售。

如今，在联想控股公司的展厅中，就陈列着一台联想 286 微机，正是以这一款产品为起点，"联想"从国内到国际，逐步发展成一个夺目的品牌，一步一步登顶全球 PC 王者的宝座。

到 1996 年，联想跻身中国电脑市场销售前三名，第二年跃居该销售榜单第一的位置。

2004 年 12 月 8 日，联想集团正式宣布以 17.5 亿美元收购 IBM 个人电脑业务，创造了"蛇吞象"的壮举，一举占据了全球 PC 业务排名仅次于戴尔和惠普的第三位置。在 IBM 工作了 26 年的职业经理人 Stephen M.Ward.Jr 出任新联想的 CEO，柳传志自己则卸任董事长，将其交由杨元庆担任。

2008 年，全球金融危机的爆发对联想集团构成一次重大的生命之考，同时也可以看成是柳传志亲临现场指挥的又一场战役。资料显示，2009 年，联想巨亏 2.26 亿美元，成为 11 年来首个亏损年。冰冷的数据使得外界发出这样一个声音——"联想已到了悬崖边上"。2009 年 2 月 5 日，联想集团宣布，公司创始人柳传志重新出任联想集团董事局主席，现任董事局主席杨元庆代替阿梅里奥执掌首席执行官一职。在复出的记者见面会上，柳传志沉着地出现在镁光灯下，他说"联想就是我的命"，"联想要做一家伟大的公司"。

随后，联想集团打出一系列漂亮的"组合拳"：确定"保卫和进攻"战略，即保卫中国市场及全球商用业务等核心业务，稳定市场份额，追求利润；同时进军增长迅速的新兴市场全球交易型业务，全力追求市场份额的增长；公司打破了沿袭其他跨国公司的区域设置模式，将原先的大亚太区、美洲区、EMEA（欧洲、中东和非洲）和中国区调整为中国区、成熟市场与新兴市场三大业务单元。柳传志还亲自执掌了联想集团的文化重塑，让处于危机中的联想人迸发出更强大的凝聚力与生命力。

自柳传志复出后，仅仅 2 个季度，"柳杨组合"力挽狂澜，联想集团成功扭亏，不仅 PC 业务发展势头强劲，还全面进入了移动互联网领域。

不断增色的市场业绩凸显了柳传志"复出"后的魔力。三年后，联想获得了高达 215.9 亿美元的年营业收入，净利进账 2.73 亿美元，联想在新兴市场的份额跃至全球第一位。与此同时，联想在全球的出货量超越戴尔成为全球第二大 PC 厂商，这也是联想首次成为位居第二的 PC 厂商。

更让柳传志欣慰的是，在当年《财富》世界 500 强排行榜上，联想集团以第 449 位再度上榜。

同年 11 月，柳传志宣布卸任联想集团董事局主席，将未来无限的宽广舞台，再次交给了以杨元庆为核心的年轻领导集体。

2003 年 7 月号的《中关村》杂志，做了一期柳传志的"封面故事"报道。我在刊首语中写道："联想有句广告：人类失去联想，世界将会怎样？我们也可联想：如有更多'联想'，中国将会怎样？"

用友的王文京也是中关村的一棵常青松。

在中国软件业，用友绝对是一个家喻户晓的大品牌。在过去30 多年里，无论是财务软件，还是 ERP，用友都做得相当出色。和用友一样出色的还有王文京，这位曾经的少年天才，15 岁考上大学，24 岁下海创业。2001 年用友上市的时候，王文京年仅 37 岁，成为当时中国最年轻的民营上市企业总裁。但王文京年轻气不盛，他经常表现出惊人的理性与稳健。外界冠之以"中国软件之父"，王文京则更愿意将自己的成功归结为运气。了解王文京的人清楚，这运气源于他的远见和卓识。

从两个人起家的软件服务社到如今 1.5 万人、为企业"赋能"、全球知名的云服务企业，王文京用了 30 年。回首过往，他依旧难忘创业之初的激情岁月。30 年前，他和一大批年轻人乘着改革开放的大潮下海进"村"创业。这个"村"，就是改革开放在科技领域的最前沿中关村。

"大学毕业我被分配到国务院工作，那可是地地道道的金饭碗。说来想象不到，那时候国家机关的财务管理还要依靠打算盘来完成。我是学财务的，就想改变那个状态。"王文京说。

1988 年 8 月 6 日，北京市新技术产业开发试验区成立大会在北京展览馆大剧场召开，3000 人到场听相关领导宣讲《北京市新技术产业开发试验区暂行条例》（共计 18 条）。听到这个消息，王文京"溜出办公室"前往。当得知试验区促进科学技术和生产直接结合、税费三免三减、鼓励科研单位与学校的科技人员在试验区内的企业中兼职等 18 条政策，王文京和现场的人们热血沸腾，决定干点事情。

他第二天到单位，就递交了辞职报告。

"我爸爸听说我要辞职创业时都惊呆了。放着国家机关干部不当，你却要去做个体户，这是从米缸进了米糠啊。"为了说服父亲，王文京专门带他到中关村。"当时四通、联想等公司都已经发展到了一定的规模，是创业者的榜样。"看到大街两旁欣欣向荣的情景，老人最终尊重了儿子的决定。

1988 年 12 月 6 日，王文京和搭档苏启强带着东拼西凑的 5 万元启动资金，买了一台长城 0520DH 微机，租下海淀南路一个 9 平方米的小房间，创建了软件服务社。"我们想来想去，觉得做软件是为用户服务，所以起名叫作用友。"

和大多数的中关村创业者一样，他们白天骑车外出推销、上门服务，晚上回到小屋里编程序。每天忙到半夜，两个沙发一拼就睡一宿。经过两年的努力，财务软件打开了销路。

问题又来了，如果不是高新技术企业，无法享受全部优惠政策。1993 年上半年，中央统战部领导来中关村调研。

座谈会上，王文京反映了情况。有关方面都很重视，积极推动。过了两个多月，组织进行评审，用友被认定为私营高新技术企业。"我清楚地记得证书编号 SY0001，我们是中关村同时也是北京市第一家私营的高新技术企业。"在此之后，中关村的私营高科技企业越来越多。

创业的路并不是一帆风顺。30 年中一次次创新、一次次技术革命如大浪淘沙般考验着中关村的创业企业。"我们面临的第一次危机就是技术方面的。当时 DOS 版本的软件销路非常好，但电脑的操作系统已经进入了 Windows 时代。当我们发现这个技术变革的时候，有的同行已经研发出新的软件。"

在不利的局面下，王文京带领团队采用跳跃式的方法研发出基于 32 位计算的 Windows95 版财务软件，才算稳住阵脚。"有了这次警示，我渐渐总结出立足长远，持续创新，坚实发展的企业发展理念。公司也在中关村的政策扶植下不断发展。"

2018 年 5 月 18 日，在中关村创新论坛上，王文京深情地讲："用友是中关村一家民营科技企业，与中关村科技园区 30 年同岁，我们的发展伴随着中关村的发展也在不断进化和发展，我们称之为用友的 1.0、2.0、3.0。用友 1.0 核心产品就是财务软件。财务软件从 1991 年开始做到中国市场第一，今天仍然保持市场的领先的位置。2.0 核心的产品和业务就是用友企业管理软件，就是 ERP 系统，2002 年用友在 ERP 市场领域做到中国市场的第一，一直保持到现在。用友最近这些年也在转型发展，新的阶段，核心产品业务已经转为 3.0 企业云服务。"

我们有理由期待王文京和他的用友公司的 4.0、5.0、6.0！

再来看"岁寒三友"的另一位，雷军。雷军可谓是当今中关村和中国最"火"的创新人物之一。

雷军 1991 年迈进中关村。几年后，我们就在海淀区的政协会上结识。看着他 20 多年来一步步走过的创业路，充分诠释和集中体现了勇于创新、百折不挠、敢为天下先的中关村精神。

雷军最初的梦想是做一名优秀的程序员，这一点与他大学所学的专业密切相关。

1987 年，雷军考入武汉大学计算机系。第一天，雷军就去上自习，不久又改掉睡午觉的习惯，始终保持着奋进的精神状态。他只花了两年时间，就修完了大学四年的课程。大一时编写的 PAS-CAL 程序，在他上大二的时候被编进大一教材里。雷军在大学期间编撰的《深入 DOS 编程》和《深入 Windows 编程》，也颇受程序员的推崇。

"中关村劳模"雷军，看来在学校就植入了基因种子。

1990 年大三暑假，雷军的朋友王全国和另一个朋友想办家公司，拉他入伙，让他负责技术和服务，股份平分。雷军对自己的技术相当自信，几乎没有犹豫就答应了。

公司取名 Sunsir（三色），希望红黄蓝三原色创造七彩的新世界。团队看似强大，公司人最多的时候有 14 个，业务范畴也挺宽，卖电脑，做仿制汉卡，甚至接过打字印刷的活。实际上，公司账上基本没什么钱，连吃饭都是个问题。没过多久，公司仿制汉卡的技术被人盗用，对方一次做的量更多，卖的价钱也比他们便宜，这个产品几乎没挣到什么钱。

"现在想来很荒唐，像过家家一样。"雷军说，这段创业经历，让自己看清楚了现实——没有哪家国内大企业是大学生创业做成的。

1991 年，雷军大学毕业。就在那一年的 11 月，他见到了求伯君："求伯君那天穿了一件质地很好的黑色呢子大衣，很有风度，让我大感震撼，觉得自己就好像是个站在成功人士面前的乡下孩子。"求伯君是因为写程序大获成功，在雷军眼里，求伯君是中国最优秀的程序员，是个偶像。他心想，金山既然能够造就一个求伯君，就会造就出第二个、第三个。这一想法激励着他。

1992 年 1 月，雷军正式加盟金山软件，雷军花三年时间开发丰富 WPS 功能的组件"盘古"。四年后，雷军名列"国内十大 IT 杰出青年"，而彼时的李彦宏还在美国求学，马化腾四处筹钱想创办自己的第一家公司。

雷军喜欢读书，他说 18 岁时读过一本书《硅谷之火》，这是他梦想的源泉，那本书讲述了乔布斯和沃兹尼亚克等一群人创办苹果电脑公司并改变世界的故事。"乔布斯说活着是为了改变世界，因为美国人认为他们就是世界的中心，我说我创业是为了科技报国，你信吗？"而这也成为雷军毕生追逐的梦想，"科技报国"的种子萌芽。直到后来遇到求伯君，让他意识到弃政经商也可以实现科技报国，对此他开始深信不疑。

然而，1995 年的市场给了雷军当头一棒。夹在微软与盗版的缝隙里，前有堵截后有追兵，"盘古"失利了，雷军第一次品味失败的苦酒。后来，雷军带领着金山做游戏软件、开发金山词霸，力挽狂澜，让金山走出颓势。金山推出了中国第一个游戏软件《中关村启示录》，售价 96 元。由此，他放弃了一生最热爱的角色——程序员，开始向一个市场人员转变。他成了公司里最拼命的促销员、公关人员、销售员……在这个过程中，雷军使金山从上到下形成了一个共识：程序员必须懂得市场，能够流利地表达自己的思想，如果没有市场意识，没有把客户读懂的能力，从哪种角度来看也办不好公司。

1998 年，联想注资，金山重组，求伯君提名，董事会通过雷军担任总经理。同时，腾讯、阿里巴巴、百度等公司相继成立，后来发展成为中国互联网领域的"大佬"，而雷军却一直坚守金山，直到 2007 年 10 月，金山终于在香港上市，但市值只是一家主流互联网上市公司的零头。两个月后，雷军选择离开。

许多年后，雷军说曾以为金山可以承载他的梦想，于是在一件事情上争取了 16 年。"当你发现不对，你不敢说，不愿意承认，很纠结。你也大可逆天，破釜沉舟，但是却会失去人和。"

离开金山后的雷军，开始进入另一个领域：天使投资。当时雷军的想法是，自己如果做不好 CEO，那就用自己的资金和经验，创造出几家伟大的企业。

2011 年，一家媒体用当时盛行的"凡客体"如此描绘雷军："爱手机，爱互联网，爱喝碳酸饮料，爱穿棉质 T 恤，爱秀他投资公司的产品。爱骑车，爱整洁，顾惜形象。不到 42 岁，中国 IT 圈最年轻的老革命。曾淡出江湖，张开'天使'双翼，现又转身飞回。金山软件董事长，小米科技创始人、董事长兼 CEO，多玩网执行董事长，17 家初创型公司天使投资人。"

文章中说道："雷军一定不会反对用'凡客体'作为这篇文章的开场白，凡客诚品是他所投资公司的出众者之一。"的确，彼时的雷军在天使投资领域已经颇有建树，所投公司的数量截至今天已经超过 30 家，这其中不乏凡客诚品、UCweb、乐淘等在各自领域绽放光彩，比如 YY 多玩，2012 年在纳斯达克上市，雷军这一笔

100 万美元的投资，获得 100 多倍的回报。

"谈到天使投资，说实在的，我自己是怎么入行的呢？是在 2004 年年底，我有个好朋友去融资，跟联想投资融资，我去帮忙背书，我说这个很牛，很厉害，他一定能做得成，我讲了两个小时以后，人家问了我一个问题，说你能够一起投资吗？我就是这样投资的，第一次就投了 415 万人民币，投了孙陶然，第二个投给我另外一个朋友，当时是网易的总编辑李学凌，我投了他 100 万美金，总共 800 多万元人民币，这就是第二笔投资。"

他投的第一个项目是孙陶然的拉卡拉。孙陶然和雷军相识，是在中关村组织的一次会议上，雷军记得那一年是 1996 年："我进去时台上有一个年轻人，讲得慷慨激昂。"孙陶然回忆，"后来散会我们没走，聊了很久。"二人算是一见如故。2004 年，孙陶然创业，联想投资找到雷军做尽职调查，雷军对孙称赞不绝，"陶然做什么都能成。"这是雷军对孙陶然的判断，也是他一贯对他认准的人放出的话，"无论做什么我都投。"这话，2004 年他对孙陶然说过，2005 年对陈年说过，2006 年对俞永福说过。

陈年与雷军 1998 年就认识，后来共同创立卓越网，2005 年陈年开始做我有网，雷军投资。后因错误地估计行业环境，我有网陷入困境，陈年放纵自己干脆先去写了本小说《归去来》。2007 年联想投资总裁朱立南认为 PPG 模式适合再创业，雷军认为陈年一定会再成功，于是又投钱给陈年，并全力帮助他重新创业。

2006 年，联想投资否决了当时的副总裁俞永福投资优视科技

（UCweb）的提议，俞沮丧之余，与他相识一年多的雷军对他说：
"如果你从联想辞职来做 UCweb，我就投。"

"人靠谱比什么都重要。"雷军说倘若总结自己成功的经验就是
三条："第一条不熟不投，第二条只投人，第三条就是帮忙不添乱。"

雷军的投资逻辑是一看趋势，二看人。他是国内最早看到移动
互联网潜力，并在该领域布局的人。2005 年，他找到一家小公司
问人家能不能接受他对移动互联网的想法，遭到拒绝，又去找第二
家，对方答应了，直接投了 200 万元。这家公司就是乐讯网。当时
京东商城成立不到一年，人们刚刚开始认识到电子商务的魅力，对
移动端全无概念。

两年后，国内投资机构才开始关注移动互联网，2007 年，国
内移动互联网投资总额达到 2 亿美元，两年前，投资总额仅是千万
美元。

成功的投资生涯令雷军找回了自信，重燃当年梦想。"我喜欢
做那种有预见性的尝试，能够实现好多梦想，也挺幸福的。"他说。

"2010 年的 4 月 6 日，我们几个人，在北四环的银谷大厦静悄
悄地创办了小米公司，一起喝了碗小米粥，就开始了艰难的创业之
旅。""银谷"孕育小米，雷军的小米系列产品繁衍不断，偶然中有
必然。

雷军所说的几个人，其实堪称超豪华的联合创始人团队：雷军
自不赘言，金山软件的董事长、著名天使投资人，林斌是谷歌研究
院的副院长，洪锋是 Google 高级工程师，黄江吉是微软工程院首

席工程师，黎万强是金山软件人机交互设计总监、金山词霸总经理，周光平是摩托罗拉北京研发中心总工程师，而刘德是一位毕业自世界上顶级设计院校 ArtCenter 的工业设计师。

那时的雷军已经超过 40 岁，在互联网领域堪称老兵。"柳传志是 40 岁创业的，任正非是 43 岁，我觉得我 40 岁重新开始，也没有什么大不了的。"

人因梦想而伟大，他说，18 岁时自己想办世界一流的企业，到 40 岁发现目标渐行渐远，再试一把，输了也认了。不至于害怕得连试都不敢，老了后悔。

创业初期雷军很低调——先是悄悄成立了公司，然后以第三方名义开发 MIUI 系统，甚至在招聘时都不说他是真正的老板。在小米创办初期的一年多，任何人不允许讲小米是雷军创办的，也不发新闻稿，拒绝接受任何采访。雷军的想法是，应该把所有的精力都集中在把产品做好。

"高度认同'大道至简'，越简单的东西越难做。我们只做了一款手机，也只有一个名字，就叫'小米手机'。"

雷军说："小米手机为发烧而生，但是未来的硬件升级空间正在逐步减少，小米要回到原点，回到性能本身，之后才是价格。"

创业一年后的夏天，雷军以一种类似苹果发布会的形式，一个人站在舞台中央，完成了两个小时的演讲，正式推出小米手机。

彼时台下一众"米粉"喊出的"雷布斯"，似乎也彰示这位推崇"乔布斯"的中国创业者身上沉甸甸的创新使命。

　　小米被认为是中国互联网产业最具创新性的产品，它的意义在于这是一个纯互联网思维的产物，从商业模式、软硬件、营销方式、渠道创新和社区建设，是彻底的颠覆和创新。

　　小米先树立品牌，把手机变成渠道，装入移动游戏、社交、电商等，通过服务和软件盈利；系统上，小米最早使用互联网研发模式，每周在线更新系统，而苹果是半年更新一次。

　　此时的雷军将自己定位成"创业者"，创业如同在悬崖跳舞，而这次，他孤注一掷。

　　小米时代的雷军完全沉浸在一个产品经理的快乐中，不再是西装革履，而是和互联网大多数老总一样，穿着T恤、牛仔裤上班，随意但充满活力。黎万强说，小米是雷军产品精神的完美体现，挑选小米的开机画面，团队就看了100万张照片。"极致就是要做到：别人看不到的东西，也做得非常好。"雷军经常拿"海底捞"讲故事，说做的产品要超出预期。

　　自2011年10月20日发货以来，不到3个月的时间，小米就创下了100万台的销售业绩。更令人惊奇的是，发货当天，在短短3个小时内10万部手机抢订一空。

　　8年之后，小米手机已跃升至全球第四，销售突破1000亿元。同时，小米生态链聚合了超过400家企业，这些产品在小米之家、小米小店和米家有品上获得了200亿元的销售额。

　　2018年7月9日，当年喝小米粥开始"干革命"的雷军迎来了人生的巅峰时刻。在中美贸易战大环境不利的情况下，雷军仍然笑容满面地敲响了港交所的上市钟声。当天开盘价报收 16.6 港元，小米的市值达到 3795 亿港元，雷军持股小米 29.4%，约合人民币 1000 亿元，在全球福布斯富豪排行榜上排名 115 位。

互联网集聚中关村

1986 年，中国科学院计算机所向欧洲物理高能所发出了第一封电子邮件 "Across the Great Wall we can reach every corner in the world"（越过长城，走向世界），中国的互联网从此拉开了序幕，上演了 30 年来牵动中国社会与经济脉动的最壮丽的史剧。

中关村作为中国科技的制高点和民营经济的大本营，理所当然地成为中国互联网的福地，集中了新浪、搜狐、百度、腾讯、网易、360、优酷、赛迪、慧聪、卓越当当、猫扑、博客中国、中关村在线、美团、36 氪、拉勾、滴滴、今日头条等著名网站。以中关村为代表的中国互联网的兴起，无论对于中国 IT 产业的繁荣、民营经济的振兴、自主创新的崛起，还是政治文明的推进，都做出了不可磨灭的贡献。对于中国互联网的作用和意义，可能我们今天还无法评价，需要再过若干年才能真正认识它。

先看看百度的故事。

李彦宏的百度，是中关村也是今天中国最著名的网站。遇到什么问题，"百度一下"，已经成为人们的寻常习惯。曾经流传过一个段子，有病人到医院找大夫看痔疮，大夫正在上网，说："你去挂号吧！"病人走了几步又折回来，想问问大夫挂号区在哪，一看电脑屏上，大夫正在百度搜寻"怎么治痔疮？"段子当然未必真实，但它的确反映了百度已经成为当今人们生活中的不可或缺。

1968年出生于阳泉的李彦宏，1991年北京大学毕业后，在美国布法罗纽约州立大学完成了计算机科学硕士学位。

1993年4月，李彦宏想在5月至8月的暑期去打工，于是发了些简历出去，一家叫Matsushita的公司给他来了通知。Matsushita是日本松下的一个研究所，每年都会选取10位全美计算机系最顶尖的博士生来高薪实习，李彦宏这次也被选中，对方看中了他做的研究项目和取得的成绩。

5月，李彦宏开始到位于普林斯顿的松下信息技术研究所实习。这是他第一次接触工业界，让他发现了自己的真正兴趣所在，他的一生也因此改变。

普林斯顿是一个宁静美丽的小城，也是工业界尤其是IT界的研究基地。李彦宏从事的是"光学字符识别"研究。在此期间，他提出一种提高识别效率的算法，发表在国际权威学术期刊《模式识别与机器智能》上，很快，他发现自己喜欢上了工业界这个能做出很实用的东西的领域，于是全身心地投入了工业界。他后来说："这让我至少早进入工业界两年，这是任何东西都换不来的。"

1994年春天，李彦宏来到了华尔街一家金融信息公司。他负责把所有实时发生的金融新闻收集起来并让人检索得到。此间，李彦宏发现了互联网搜索引擎中的一个致命缺陷——排序有问题。因为输入一个关键词要求检索查看网页，很多网页都会有这个词，那么哪个排在前，哪个排在后？现有的手段运用词频来排名显然有很大问题。

李彦宏找到了一个解决办法，就是日后被广泛应用的、具有革命性的"超链分析"：主要看有多少其他网页跟这个网页相链接。实际上这是用别人对这个网页的评价来决定此网页的排名。

1997年夏天，李彦宏来到硅谷加入了Infoseek。他暗下决心，只要在Infoseek待一天，就保证它的技术是世界第一。可以说，威廉·张创造了Infoseek第一代搜索引擎，而罗宾·李（李彦宏的英文名）创造了第二代。但1998年以后，Infoseek的方向变了，想做成跟传统媒体结合、内容无所不包的一个门户网站，到1999年，被迪斯尼收购。搜索引擎越来越不重要了。

1999年10月，我国政府邀请留学生代表回国参加50周年国庆观礼，李彦宏在受邀之列。他看到当时国内互联网业已经形成了某种气候，但背后的技术却很弱，尤其是中文搜索，基本是依靠国外的技术，而且做得也并不好。他开始思谋回国创业，要先找一个好合作伙伴；他想自己做技术，再找一个能卖技术的人。这个最佳人选莫过于刚到硅谷时结识的北大校友徐勇，已经是生物学博士后的徐勇正是个擅长做市场、搞营销的人。11月的一天，徐勇如约而来，李彦宏拿出一份"保密协议"，等徐勇签了字，李彦宏才说："我们回国干一家互联网公司吧。"

创业伊始，融资为先。他们计划是100万美元。1999年互联网泡沫很厉害，中国概念股也很热，因此有三四家投资公司抢着来谈。在谈判中，一个 VC 出去打了个电话，是打给业界翘楚威廉·张的，他想知道李彦宏的技术是不是真的那么好。威廉·张说："在引擎技术方面，李在全世界排前三。"这样，几乎没费什么事，李彦宏和徐勇就拿到了 120 万美金投资。第一步成功了！

在这次融资事件中，这两位投资者的融资策略也给业界留下了深刻的印象。1999 年正是互联网泡沫最盛的时期，他们本来可以制订金额更高的融资计划，但是只制订了 100 万美元的融资计划，这样他们凭借自身的技术股就可以成为大股东，以保证对公司的控制权。在后来的融资过程中，他们再次制订了成功的融资计划，让新的投资者无法获取占据优势的股份，这样，他们能够始终保持着对百度的控制权。

1999 年圣诞，李彦宏登上了飞往祖国的飞机。就在著名搜索引擎 Google、Infoseek、Yahoo 在网络世界如日中天的时候，他回到中国来做中国人自己的搜索引擎。公司的名字被李彦宏定为"百度"，取自辛弃疾的《青玉案·元夕》："众里寻他千百度，蓦然回首，那人却在灯火阑珊处。"既有中国意味，又不落俗套，还能注册不走调的英文网址。

2000 年初，百度公司选址在北大资源楼，李彦宏开始了创业。半年内，"百度"中文搜索技术正式诞生。这一年的 4 月，IT 业大变脸，纳斯达克高科技股崩盘，"网络经济泡沫"仿佛一夜间破裂。就在这个融资非常困难的时候，李彦宏推动"百度"攀向公司的第二个发展高峰。2000 年 9 月，李彦宏成功融资 1000 万美元。他很骄傲，"不许诺、多兑现"的原则让投资商如此相信他，也如此相信他的"百度"。

2001 年伊始，市场形势更加严峻。当时百度已经基本垄断了绝大多数门户网站的搜索引擎，但是，仅靠收取一点技术提供费，百度是没有大发展的。在 8 月的董事会上，李彦宏提出：把百度做成直接面对终端网民的搜索引擎网站。反对意见很大："那不是要跟门户网站竞争吗？可那正是我们最大的客户啊。"李彦宏说，就因为对别人的依赖太大了，所以必须尽快向健康、有稳固盈利点的方向发展，不然，作为一个还在亏钱的创业型公司，没有高速成长的潜力和机会，公司是不会有希望的。经过激烈的辩论，李彦宏说服了董事会。

9 月 20 日，百度作为网站推出。这正是很多网络公司都不愿意承认自己是 .com 公司的时候，没有人再看好网站，百度变成了一个地道的 .com 公司。李彦宏说："挺多人不理解也是正常的，但就像我在董事会上强调的，要创业，不能只看当时，必须要起码往前看两年，才会占尽先机，才有前途。"

2002 年初，百度公司搬到了更加宽敞的海泰大厦。3 月，面对国际上最主流的搜索引擎 Google 的进攻，李彦宏成立了以"小天才"雷鸣为首的技术突击队，要在 9 个月内"让百度引擎在技术上全面与 Google 抗衡"，这就是日后使百度真正成名的"闪电计划"。不久李彦宏就亲自上阵，使进度大幅提高。到 12 月，终于大功告成。

同年底，李彦宏夺得"2002中国十大IT风云人物"的桂冠。

李彦宏永远记得那个日子、那个下午、那个时刻。2003年6月4日16点30分，由第三方"赛迪集团"下属《中国电脑教育报》举办的"万人公开评测"公布了评测结果：59.06%的人选择了"Baidu比Google好"。Baidu.com首次超越Google，成为中国网民首选的搜索引擎。

2004年4月，百度公司迁入了北四环边的理想国际大厦，占用了12层整整一层。透过落地玻璃的大开间，徐志摩赞叹的"北京的灵性全在西山那一抹晚霞"尽收眼底。

美国东部时间2005年8月5日上午10点，百度在纳斯达克上市。发行价刚开始定的是21美元，开盘后一路上涨。当交易员喊出35、36美元的时候，会议室响起了第一次掌声，所有人都知道成功了。没想到过没多久，交易员又喊出了42、45美元。大家都惊呆了，周围的人都围了上来。

李彦宏和马东敏夫妇当场流下眼泪，百度的另一位创始人徐勇也是泪流满面。

报价还在不断上涨，交易员也吓坏了，整个人都在发抖，声音在颤抖，手也在发抖，这时候他已经报出了72美元。所有的人都拥抱在一起。百度首日挂牌就以破天荒的高达354%的涨幅创造了美国股市213年以来外国公司首日涨幅的最高纪录。"百度"成功上市，堪称中国拥有自主知识产权的民族品牌在国际市场的精彩亮相，在海外投资者中引起了对中国市场的关注，为以后阿里巴巴、京东等中国的互联网开辟了近途。

2009 年 11 月，百度升迁到上地宏伟的百度大厦，迈向了通向"上帝"的又一个高阶。

20 年来，百度始终占据着全球最大的中文搜索引擎位置。资料显示，百度搜索在搜索引擎用户中的渗透率达到了 93%，其中移动搜索活跃用户达到 6.67%。

再来看看滴滴的故事。

2011 年秋，28 岁的阿里巴巴支付宝 B2C 事业部副总经理程维在北京出差。晚上 6 点半，程维约好一个重要的集团客户在王府井附近吃饭。不料赶上晚高峰，他在蓟门桥打车，从 4 点半开始打车一直到 5 点也还没有打到，好不容易碰到一辆空车还因为要交接班而拒载。最后直到 7 点，程维才赶到王府井与客户商谈。

晚上到家，程维就想："有没有解决上班族早晚高峰打到车的办法呢？"这让他立即着手搜寻相关信息，发现美国有一个叫特拉维斯的人创建了 Uber 手机打车公司。这激发了他的兴趣，越琢磨越觉得智能打车里面有门道，"美国有的，中国以后一定会有"。于是，他决定辞职创业。

2012 年 6 月，程维以 10 万元为注册资本，在中关村大街的 E 世界成立了小桔科技。

作为阿里前员工，程维具有非常丰富的市场经验，但在互联网技术上却是一个门外汉。创业之初，为了打造一个先进的打车软件，程维可以说是绞尽了脑汁儿。他最初的思路是，把线下行业线上化，这需要很强的线下团队去引导司机。

但在 6 年以前，互联网思维与产业应用并没有迅速进入大众领域。很多具有创新想法的年轻人虽然跃跃欲试，却是鲜有人能够得其要领，只能慢慢摸索前行。这些年轻人中就有程维。

程维最初的创业想法是想解决两个问题，开发平台打车软件，线下找司机入驻平台。当程维通过外包的方式做出一款打车软件，最后发现不能用时，他放弃了外包的想法，开始招兵买马潜心研究平台软件的性能。3 个月后，"滴滴打车"上线。

"创业没有侥幸。等到你真的痛的时候，你就会去补短板"。程维说的是实话。

软件问题解决了，但使用问题又随之而来。程维在开发完软件后，想找每个司机收 3 块钱的软件使用费。没想到的是，在实际推广中，倒给人家补贴还没人用。接连的打击让这个团队一筹莫展，但这并没有让程维退缩，坚持了几个月后，昌平一家出租车公司伸出了橄榄枝，愿意与滴滴开展合作，虽然只有 70 辆出租车。但有了零的突破后，程维团队在接下来一个星期内，又签了 4 家出租公司。慢慢有了司机，程维开始去做培训。

有媒体报道，那个年代，智能手机并不普及，买流量也非常贵。当时 100 个司机大概仅有 20 个左右有智能手机，每天装滴滴软件的只有七八个，程维无奈地想，什么时候才能装够 1000 个？

直到 2012 年底，一场可怕的暴雪席卷京城。由于在街上打不到车，许多居民开始通过滴滴应用约车，滴滴的单日订单量首次突破 1000 单。这引起了北京一家风投公司的注意，该公司向滴滴投了 200 万美元，对其估值也达到了 1000 万美元。

"如果不是 2012 年的那场大雪，也许就没有滴滴的今天。"程维说。

互联网经济与创业金融是相伴相生的。如果没有之后的融资，或许就没有今天的滴滴。

2012 年 11 月，程维的小桔科技公司获得来自金沙江创投的 300 万美元的 A 轮融资。2013 年 4 月，获腾讯集团 1500 万美金投资。当有了资本为羽翼，滴滴开始驶上了发展的快车道。

2014 年 3 月，滴滴用户数超过 1 亿，司机数超过 100 万，日均单达到 521.83 万单，成为移动互联网最大日均订单交易平台。2015 年 2 月 14 日，滴滴打车与快的打车宣布战略合并。2015 年 9 月，"滴滴打车"正式更名为"滴滴出行"。2016 年 6 月，滴滴出行完成新一轮实际总额高达 73 亿美元的股权融资。2016 年 8 月 1 日，滴滴全面收购 Uber 中国。

有人做过统计，从程维 2012 年创业，王刚作为天使投资人出资 80 万元人民币，到 2017 年 4 月完成 G 轮融资 55 亿美元。先后融资 7 轮，合计金额超过 150 亿美元，换算成人民币 990 亿元。这个数字按照去年中国人均 GDP5.4 万元来算，相当于 183.3 万人口的城市一年所有劳动力生产值的总和。而我国百万人口以上的城市截至 2016 年仅有 49 座。

最早，滴滴是打车软件，2012年9月上线。2014年，滴滴推出了网约车，专车和快车开始在中国高速发展。2016年，滴滴发展成为一站式出行平台，出租车连上了互联网，私家车连上了互联网，中国有了全世界很多地方都没有的"互联网＋出行"的创新。

迄今为止，滴滴仅用了6年时间，不仅改变了人们的出行方式，也成为市场份额最高（90%以上）的出行服务提供商。

作为一站式综合出行平台，滴滴联结了超2100万司机和车主、4.5亿乘客、汽车租赁公司、汽车经销商等生态圈，每天完成超2500万订单，并通过调动各类车辆资源，解决城市交通压力提升所带来的出行痛点。

与此同时，滴滴"太极战略"的大幕也由此拉开。程维希望，从围绕乘客的一站式出行平台，提供多元化的出行服务，到围绕车主和汽车生命周期的一站式服务平台，从专车、快车、出租车、顺风车、代驾，到加油、维保、充电、金融等，滴滴的所有业务都会像太极球的中心一样互相联动，真正服务好所有的车主和乘客。

2018年1月，滴滴正式发布智慧交通战略产品"交通大脑"，携手交通管理部门，运用AI的决策能力解决交通工具与承载系统之间的协调问题。

滴滴CTO张博表示，滴滴交通大脑是兼备云计算、AI技术、交通大数据和交通工程的智能系统，也是智慧城市面向未来的标配，一方面，它在空间上打破了城市内区域的"数字"壁垒，实现高效、全面的交通管理和协同；另一方面，在时间上，交通大脑突破了人类的决策能力极限。

交通大脑并不只是城市交通数据中心，有智慧、能进化的交通大脑平台下包含3个关键的中枢：数据中枢、分析中枢、控制中枢。其中，数据中枢整合出行地图、全路网扫描、移动电子眼等多方数据为控制中枢和分析中枢提供决策依据；分析中枢承担计算能力、AI分析能力，基于云计算技术让所有数据可以最高效地运转，最智能地分析决策；所有的联网设备则通过控制中枢智能化完成，包括信号灯、诱导屏、视频卡口、停车场等，甚至标识标牌、路灯、警力调度也能联网控制。

如今，滴滴交通大脑已在全国20多座城市扎根生长，从智慧诱导屏、智慧信号灯等智慧交通项目着手，优化城市交通管理，缓解道路拥堵。

程维和他的滴滴，总想着减少城市道路的"嘀嘀"，减少人们心头的"蒂蒂"。

2018年1月26日，滴滴成立AI Labs（人工智能实验室），以加大人工智能前瞻性基础研究，吸引顶尖科研人才，加快推进全球智能交通前沿技术发展。柳传志的女儿、滴滴出行总裁柳青表示，AI Labs将帮助定义出行领域的技术边界。

2016年滴滴以500亿美元的估值，一举跃上全球独角兽企业排行榜的第二名。2017年仍然高居全球独角兽第四名、中关村第一名。

2015年2月，滴滴出行迁入中关村软件园尚东·数字谷，两座建筑面积 22000 平方米、漂亮的滴滴大厦，正在越来越引起全世界的关注。

两个老俞的"大视野"

上世纪末，随着国务院批复建设中关村科技园区，国内外许多人士提出"80 年代看深圳，90 年代看浦东，21 世纪看中关村"。因为，他们从这几百平方公里土地上似乎看到了中国的未来。

的确，这是一块绿油油、金灿灿、生长着梦想与希望的土地：十多年间，先后有 50 多项国家科技进步一等奖在此开花结果，1/3 左右的国家"863"项目、"973"项目及近千项国家科技重大专项在此突破登顶。20 年间，中关村的经济总量增长了 900 倍；2017 年，中关村实现总收入 5.3 万亿元；从互联网到物联网、下一代网络，从移动通信到清洁技术、生物医药、新能源，中关村成为"中国离世界最近的地方"。截至 2017 年，中关村示范区企业和产业联盟创制 6600 多项产业标准，其中国际标准或国外先进标准 229 项，国家标准 3670 项，行业标准 2484 项，中关村已经成为名副其实的国家技术标准创新基地。

说中关村是"中国离世界最近的地方"，是因为有一大批站在前列的人。这里说说"两个老俞"的故事。

一个是新东方教育科技集团的董事长俞敏洪。

2005 年，我主持的《中关村》杂志和新浪网等联合举办过一次"2005 最佳风云榜"活动。其中一项"最值得尊敬的教育人物"，颁授给了初绽风采的新东方学校校长俞敏洪，当时的颁奖词是："中国有一所没有围墙的最大的大学，世界上几乎所有的中国海外留学生都应该叫他校长，这个人为中国与世界发达国家交流搭起了一座宽阔的桥梁。"

时隔不久，海淀区和中关村管委会联合召开创新大会，要求我们《中关村》杂志推荐几十位创新人物。我们推荐了人选，介绍了推荐理由。后来，在创新大会上，几十位创新人物登台亮相，柳传志、倪光南、俞敏洪三位人物特别获颁"杰出贡献奖"。

与老俞相识 20 多年了，前些年我有次问过他："你到底培训过多少学生啊？"俞敏洪随口答："有 1000 多万吧！"有资料显示，新东方培训的学生实际已经达到了 2000 多万。近几年遇到一些海归创业者，一聊起来，好多都是俞敏洪麾下的学生。

2013 年 5 月，《中国合伙人》横空出世。这部投入仅仅 4000 万元的电影，最终收获 5.2 亿元的票房，成为当年小成本电影的"逆袭王者"。《中国合伙人》不仅赢得了票房，市场反响更是好评如潮，观影完毕，多地出现观众集体起立鼓掌的盛况。

电影讲述的是三位主人公成东青、孟晓俊、王阳为改变自身命运，合伙创办了英语培训学校"新梦想"，历经一系列风波之后，最终引领"新梦想"在美国纽约交易所上市的故事。

大家都知道，这部电影的原型就是"新东方"的三驾马车：俞敏洪、徐小平和王强。"新东方"成功背后的故事也因为这部电影而被大众津津乐道。

"我不是成东青，我是俞敏洪。成东青所展示的个性和现实中的我大大不同，我没有他那么窝囊，也不是一个'把演讲当作自己性生活'的人。"俞敏洪笑着说。

"我的故事是这样的。在两次高考失利后，我于1980年考入北京大学西方语言文学系，患病休学一年，毕业后留校担任北京大学英语老师。1991年9月，我从北京大学辞职，进入民办教育领域，先后在北京市一些民办学校从事教学与管理工作。1993年11月16日，担任校长。从最初的几十个学生开始了新东方的创业过程。2001年成立新东方教育科技集团，2006年9月7日新东方教育科技集团在美国纽约证券交易所成功上市。这些经历我与成东青是相似的，但是这期间我所经历的屈辱、孤独、失败以及创业的艰辛等等各种残酷的现实与复杂的心境，是电影艺术人物无法全然表现出来的。"

这些话是俞敏洪在《中国合伙人》之后，向我们记者所坦诚的内心世界。

创办"新东方"源自一次偶然，俞敏洪定位为是一次"卑微的起因"："当时并没有想把新东方英语培训做成一家上市公司，更谈不上做教育帝国。起因特别简单，当时生活拮据，希望通过英语培训能赚到一些钱，攒够去美国读书的学费。"

20世纪80年代末90年代初，正是出国潮高涨的时候。有那么一段时间，俞敏洪发现周围的朋友们都失踪了。最后接到他们从海外发来的明信片，才知道他们已经登上了北美大陆。

俞敏洪习惯用那种嘲贬自己的口吻说："看到他们都出国了，我依然没有生出太多的羡慕。但不幸的是，我这时候已经结了婚，我不和别人攀比，我老婆会把我和别人比。突然有一天我听到一声大吼：如果你不走出国门，就永远别进家门！老婆的一声吼远远超过一切的力量，从1988年开始我就被迫为了出国而努力学习。终于考过了TOEFL，又战胜了GRE，尽管分数不算很高，但毕竟可以联系美国的大学了。但美国的那些教授们一个个鹰眼犀利，一下就看出来我是个滥竽充数的草包，连在太平洋一个小小岛屿上的夏威夷大学都对我不屑一顾。"

没有愿意给他提供奖学金或者助学金的学校，俞敏洪只能自己准备这一大笔学费了。"去美国至少需要人民币十几万，在那个时候这可是一笔天文数字了。我为了积攒求学费用，约了几个同学一块儿出去代课。代课方式很有效，一节课30元，十节课就是300元，我的个人收入很快就增长了起来。"

等攒够了去美国读书的钱，俞敏洪却临阵退缩了，因为他发现这事他已经放不下了："当然比较庸俗的理由就是可以赚更多的钱，但不庸俗的理由就是我内心里面觉得这件事很有意义，尽管我没有出国读过书，但是新东方培训过的学生却一批又一批被美国名牌大学录取，拿到全额奖学金，这就帮了很多人的忙。当时有很多家境贫寒的学生，他们希望通过培训能拿到全额奖学金，而这是一件功德无量的事。"

就这样，俞敏洪放弃了出国留学的机会。"电影很精彩，现实更残酷。不管我和电影中的成东青有多少异同，我们身上有一些共同的特质：自强不息、积极上进、拥有梦想，不管生活多么艰难都一如既往充满希望。"

塞翁失马，焉知非福。正是因为这次"错过"，才成就了现在的新东方。

"我的生活很简单，18 岁以前在农村生活，18 岁到 30 岁在北大生活，30 岁以后就是新东方的生活，一直到今天。我是挺单调的一个人，人生没有太多的浪漫，没有意想不到的事情发生。我没有太多真正的、偶然的运气，所以大部分情况下，每一步都是依靠自己的努力，才能够达到今天的状态，所以我一直比较相信努力。电影中成东青曾经说过一句话：梦想是让你一直坚持、觉得特别幸福的事儿。我觉得梦想是将来回忆时让你热泪盈眶的事儿。"

"我是与中关村一同成长起来的。中关村的第一个农贸市场建起，第一个小商贩在中关村开张，我都是见证者。1986 年到北京大学读书，没事就会到北大周围去转。我发现经过 30 年的发展，中关村从一个简单的、小规模的公司集散地，到变成倒卖电子产品的聚集地，直到现在成为中国硅谷。中关村从一开始就有着创新元素，柳传志做联想，万润南做四通，他们都是原来中关村有着稳定工作的科技工作者，敢于在 80 年代下海，已经奠定了中关村的创新基础。所以不管千变万化，我觉着来到中关村的人们，都有着创业家、创新家以及企业家的精神，中关村变得越来越大气了。"

在俞敏洪看来，新东方也是中国改革开发的见证者。"社会大势的发展带动了新东方的成长，尤其是邓小平南方谈话以后，中国继续加大力度进行改革开放，进一步鼓励学生出国留学，留学生越来越多，这就需要各种各样的培训，新东方就顺应了这个社会潮流。中国的改革开放，既促进了国家的繁荣昌盛和世界的融合，也使得国内大量企业，包括新东方这样的培训机构蓬勃发展。越开放，中国人就会越懂得世界。"

"留学对中国人的作用，首先是把世界带回中国。孙中山、邓小平这些伟人有着不凡的成就，这与他们早年在国外留学不无关系。中国很多的科技发展文化和思想，中国的现代化的建设，甚至是中国整个的社会主义革命，其实都是来自跟世界融合。马列主义本来不是中国的，但是在中国的实践做得最好。所以，我觉着中国和世界的融合是很正确的。新东方在创办伊始就有这么一个口号：出国留学的桥梁，归国创业的彩虹。"

俞敏洪的"桥梁"和"彩虹"梦，显然已经圆满实现了。

1993 年，俞敏洪因经常晚上偷偷出去搞英语培训，遭到学校的处分，不得不辞离心爱的北大。2018 年 4 月 23 日，北京大学新东方教育基金捐赠仪式在北大之友报告厅举行。俞敏洪宣布捐资 5000 万元，设立"北京大学新东方教育基金"，为北大 120 周年校庆献礼。林建华校长致辞中表示，俞敏洪多年来对北大的支持和贡献非常重要，是北大学子的骄傲。他代表学校向俞敏洪颁授了一面亮闪闪的"北京大学名誉校董"铜牌。

俞敏洪之前还有数次捐赠北大上亿元之举。不过，比起他为2000万中国学子走向世界搭建的"桥梁"和"彩虹"，似乎多少金钱也显得太少、太轻。

另一位是北京土人景观与建筑规划设计研究院院长俞孔坚。

作为中国首位获得美国哈佛大学设计学的"洋博士"、近20年获得多项"洋人"颁发的景观设计大奖殊荣，俞孔坚却用"土人"作为名片和符号，给人一种怪怪的感觉。

1963年出生于浙江金华的俞孔坚，1987年获北京林业大学园林系硕士学位，并留校任教5年。1995年获美国哈佛大学设计学博士学位。毕业后任职于美国SWA集团。1998年，俞孔坚告别了美国优渥舒适的工作生活环境，回到北京，在海淀区上地的留学生创业园开始了自己的创业之路。

中国近现代知识界，常尊称有学问有德行的知识分子为"先生"，不论男女。这不是指一般意义上的"先生"，没有真学问的建树，没有社会责任的担当，没有对世道人心的影响，往往当不得"先生"二字。

在欧美同学会副会长、前中关村管委会副主任夏颖奇眼里，北京大学建筑与景观设计学院院长、北京土人景观与建筑规划设计研究院创始人、北京大学教授俞孔坚可以担当"先生"二字。夏颖奇曾提出中关村有四"宝"：柳传志、俞敏洪、俞孔坚和研发出"非典"、禽流感疫苗的科兴公司董事长尹卫东，这四"宝"谁也比不了。而其中，俞孔坚是唯一兼有学院派背景的"宝"。

2016 年 4 月，俞孔坚被美国艺术与科学院评为院士，更肯定了俞孔坚作为一个学者、一个知识分子的价值存在。这一院士头衔，曾先后被胡适、钱学森、李政道、丁肇中等获得。

五四时期，不管是胡适的改良、鲁迅的"革命"、蔡元培的兼容并包，都彰显了北大独立人格、自由思想的魅力，知识分子和社会变革的联系也得到极大的印证。

求学哈佛、回归北大、立足北大的俞孔坚仿佛续写了五四新文化运动的传奇。

他从哈佛学成回国之后，就热衷于中国生态环境和景观设计领域的"造反"。在"发展就是硬道理"，快速工业化的中国，像他这样忧心忡忡、痛心疾首、四方奔走的人并不占多数。多年以后，当中国的环境污染愈发不可收拾，雾霾、PM2.5 现象威胁生存，国人才渐渐从生态危机中猛醒。俞孔坚和他的"战友"们的价值也越来越得到体现。

城市美化运动，肇始于 1893 年美国芝加哥城市博览会，此后"以城市中心地带的几何设计和唯美主义为特征的城市美化运动席卷全美"，继而扩展到全球。

中国的城市美化运动大概是从 20 世纪 90 年代开始的。1996年回国时看到中国城市美化运动进行得如火如荼，他却陷入了深深的忧虑之中——俞孔坚意识到中国城市的化妆之风与国际城市美化运动虽年代相隔久远，却有着惊人的相似。

"我们好多地方搞错了，大马路、大广场、大街区、大尺度这些东西，还有巨大的管道、钢筋水泥硬化的河道、拦河筑坝工程等破坏生态的做法，实际上现在是应该反思的。"俞孔坚说。

他乘火车从香港、深圳经上海北上，到达北京，一路的景象令他震撼：在深圳，带他参观的人们以超尺度的宽广大道为豪，无视城市中心大面积的良田撂荒，野草丛生；上海浦东正在开发，怪异的钢筋水泥丛林吃力生长，湿地则成了建筑垃圾堆填场，村庄剩下断墙残垣；北京的大街小巷也进行着轰轰烈烈的街道拓宽运动，一排排高大的白杨树被悉数砍去，一片片低矮的四合院被推为瓦砾。这就是中国的"城镇化"——俞孔坚看在眼里，痛在心里。

伴随着中国经济的起飞，在地方政府政绩驱动和房地产商利益驱动下，整个中国就像一个大工地，到处都是推土机的声音。这场运动进行得如此快速，以至于很多人来不及思考：我们应该有什么样的景观、什么样的建筑？

俞孔坚对大广场、大马路以及混乱的城市建筑景观进行了批判。

当时的城市景观（也延伸至今），除了贪大求炫，还有各种风格各异、意识相悖的建筑风格，它们杂处于同一片城市空间里，它们中，有不少可归类于以下几种建筑和景观模式：暴发户式的、封建主义或帝皇式的、帝国主义式的、追求奇异的，等等。

俞孔坚显然不认同它们中的任何一种风格，也不认同用这些风格来"装扮"城市。

他认为，要克服这一系列病症的良药是"续唱新文化运动之歌"，回到"德先生"和"赛先生"（民主和科学）、生态学的原则上来。

伴随着城镇化的热潮，城市规划受欢迎是题中应有之义。

而在 2002 年，俞孔坚横刀立马，提出了一个特别的概念："反规划"。

据说这是一剂开给规划设计人员（包括城市规划师、景观设计师和建筑师等）的猛药。

俞孔坚认为，导致系统性的中国城市生态与环境危机的主要根源之一，是现行规划方法论和规划体制。必须对以"人口—规模—性质"为导向的、计划经济体制下形成的物质空间规划方法论进行全面的反思。

原来的城乡规划建设片面以人口规模和发展速度为依据和目标，忽视生态底线，过分依赖单一目标工程措施来解决问题，已造成了中国城市洪涝、地下水下降、水土污染、栖息地丧失、文化遗产消失等问题并发，人地关系矛盾尖锐。

他和同事合写了一本书《反规划》，强调城市建设中必须要先做"不建设"规划。即划定禁止建设区，特别是生态红线，来阻止病态城市的蔓延。在具体方法和技术上提出了通过"判别和规划生态安全格局和生态基础设施"来确定生态基底，并通过生态基础设施来建设诸如"海绵城市"等生态而宜居的可持续性城市。

当时的北京还在搞街道拓宽，拆文化遗产，拆大量的房子。俞孔坚即时提出文化遗产保护，包括一些工业遗产的保护。

在 2004 年，俞孔坚起草了工业遗产保护的建议。后来这一建议变成文物局的一个宣言《无锡建议》，把工业遗产纳入到文物保护的范围之内。

而从实践上，俞孔坚等人也早已身体力行，开始了工业遗产的研究和保护实践。他们完成了广东中山粤中造船厂的改造利用工作（岐江公园），此后，又主持了沈阳冶炼厂旧址设计、苏州太和面粉厂改造设计、上海 2010 年世博园中心绿地设计前期研究，以及首都钢铁厂搬迁的前期研究工作等。

"反规划"刚发表的时候，曾引起规划界一些权威强烈抵制和封杀。而另一方面，"反规划"也得到许多地方和部门领导的欢迎，从大量媒体报道中可以看到：新版的北京市总体规划始于"反规划"，深圳大张旗鼓进行"反规划"，台州、东营、菏泽等城市的领导则都在"反规划"中找到了走出传统规划死胡同的路径。

近几年来从住建部的《城市规划编制方法修编》到《城乡规划法》的修改，到最近海绵城市建设的创新思维，都或多或少受到了"反规划"思想的影响。

在稍后的几年里，俞孔坚也对中国的新农村建设之路提出质疑——一些地区的新农村建设基本上用城市的建设模式来建设乡村。而他心目中，中国城镇化的高级形态恰恰是乡村化。新农村建设不应该是单纯去建大马路、大广场。城市化主要体现在"文明化"，比如有更好的教育、更好的医疗、更好的保障。

随着新农村建设高潮的来临，俞孔坚预感到大规模的乡土景观破坏即将发生，于是，当 2006 年中央一号文件一出台，他便向国

务院领导提出了关于保护和谐社会根基的两项建议，即《尽快开展
"国土生态安全格局与乡土遗产景观网络"建设的建议》和《关于
建立"大运河国家遗产与生态廊道"的建议》，获得国务院领导的
高度重视，并分别为国家有关部门所采纳。

他也推动了国家文物局开展第三次文物普查并注重乡土文化遗
产，推动了大运河申遗工作，以及国家环保部进行国土生态安全格
局研究和规划工作。

2015 年 12 月，笔者曾和俞孔坚教授一起赴保定，听他为几百
位领导干部做了一场题目为"大脚的革命"的生态环境报告。他讲
道，中国过去 30 年走了一个"小脚化"的城市化道路，追求的所
谓高雅，所谓品位，都是建立在小脚美学基础上的。比如城市的街
道边种的花花绿绿的草往往不能自我生长，而是要浇灌、施肥、除
草的；夏天办公室都要开空调，因为楼宇被设计成耗能的，城市里
的河岸全搞成水泥块铺筑，没有了芦苇野花的芳香。"小脚化的城
市不能自我呼吸，不能自我调节，这是畸形的美。"他呼吁，中国
城市需要一场"大脚革命"，中国人需要一场"大脚革命"，整个国
土需要"大脚革命"。他竭力呼唤"足下文化与野草之美"，呼唤健
康的国土、健康的城市、健康的人。

那天，记得北京和保定正笼罩着一场严重的雾霾，我们一行几
人都戴着口罩。回来的路上笔者对俞孔坚说："你看，没有合作项
目，也没有讲课费，冒着雾霾搭上你一整天的工夫。"俞孔坚说：
"如果我们的工作做得早，做到位，今天的口罩可能就用不着了。"

看看俞孔坚的"土人"团队 20 年间获得的荣誉：9 度获得美国景观设计师协会荣誉设计和规划奖，5 次获得中国人居环境范例奖，两次获得全球最佳景观奖，两次获得国际青年建筑师优秀奖，3 次获得世界滨水设计杰出奖，并获 2008 年世界建筑奖、2009 年 ULI 全球杰出奖、中国第 10 届美展金奖等国内外重要奖项。这些沉甸甸的奖牌，可以看作是对这位具有深情怀、大视野的"先生"的敬礼。

中关村创业街和众创空间

2011 年后，中关村出了一条很有名的街——中关村创业街。

这条街不是一条普通的街，它的渊源很长，故事很多。

100 年前，或者说 200 年前、300 年前，这条街就有了，它的名字叫海淀镇西大街。因为海淀镇毗邻圆明园、颐和园，清室几代在这两个园子里驻园听政，六部司员公事毕，吃喝拉撒睡，几乎都在海淀镇，给西大街带来了繁荣。就连康熙皇帝，也曾微服私访，跑到这条大街的茶馆喝了一顿 5 两白银的茶，后来茶馆易名金龙馆。西大街北头的一个老虎洞胡同，更成为清代军机处所在地。西大街仁和酒店的莲花白酒，据考始创于金代，明清两代皇帝把它作为宫廷御酒。英法联军和八国联军的两把大火，点燃圆明园的同时，也没有放过这条大街，相传街上的砖都烧红了。

这条大街有几座书店，因为新中国成立后北大、清华等高等学府和中科院离此不远，时有科学家、教授和学子们来此购书看书。上世纪 90 年代初，笔者主持《海淀报》工作，曾约 70 年代末在北大中文系就读的著名作家陈建功撰稿，他很快给我寄来一篇《我与海淀西大街的一家书店》。

后来，应该是 80 年代末，就在这条大街基础上逐步形成了由国家主席李先念题名的"中国海淀图书城"。近百家书店书市的蜂拥而至，吸引了京内外众多的"啃书虫"。

21 世纪姗姗而至。这条大街的周边也发生了许多事情，与此平行的中关村电子一条街的问世，相距一箭之地的海龙、鼎好、太平洋、硅谷等电子商城的兴旺，紧邻这条街的百度、新浪、搜狐、优酷等互联网群体的崛起，举目可望的联想、方正、紫光、小米等科技公司的成长，少不了这条大街的滋润，也给这条大街带来了冲击。尤其是互联网的兴起，改变了人们的阅读习惯，图书城的衰落已是无法逆转的事情。

这条大街开始了脱胎换骨，出现了车库咖啡、3W 咖啡、BINGO 咖啡、联想之星、36 氪等创新咖啡馆和创业孵化器。创业者们围着电脑，一起切磋创业、创新的种种事儿，许多项目伴着咖啡和茶就在肚子里萌芽长瓣了。当然，这是 2011 年后的事情。

提到得名于 2011 年的中关村创业街的来龙去脉，需要从 2009 年说起。

2009 年 9 月，中关村西区的鼎好大厦 10 层，诞生了一家"创新工场"。大小不一的开放式空间里，三五成群的创业者和投资人围着电脑窃窃私语。这就是由前微软、谷歌高管李开复创办的一个全方位的创业平台，通过针对早期创业者需求的资金、商业、技术、市场、人力、法律、培训等提供服务，旨在培训创新人才和新一代高科技企业。所以，许多人曾称李开复是科技创新企业的教父。

一年多后的 2011 年 4 月，相邻不远的海淀图书城大街上，又诞生了一家名为"车库咖啡"的创业、创新平台。相较于创新工场，更加开放，占地 800 平方米，以创业和投资为主题的咖啡厅，50 张桌子，经常是座无虚席地聚满了年轻的创业者和天使人。

为什么叫"车库咖啡"？创始人苏菂说与美国硅谷有关。早期硅谷的青年创业者，许多是在车库、咖啡馆等场所探讨创业。如乔布斯和好友沃兹尼亚克，就是在自家的车库内成立了苹果电脑公司。1938 年创办的惠普公司和 60 年后诞生的谷歌公司，都与车库有缘。

在美国的另一间车库里，美籍华人陈士骏创办了世界最大的视频分享网站 YouTube，仅仅 20 个月后以 16.5 亿美元卖给了谷歌。2011 年 11 月初，当他到访北京中关村时，对中国的这家"车库"感到了震惊："有那么多人在那里创业，即使在硅谷都没有这样的情景。"

后来，这条图书城大街又陆续诞生了 3W 咖啡、BINGO 咖啡、飞马旅、黑马会、36 氪、联想之星、天使汇等。很快，人们都知道了中关村有这么一条创业街。美国前国务卿诺韦利特意来到这条大街，到"车库咖啡"喝了一杯咖啡，回到美国还回味无穷，对中国的年轻创业者大加赞叹。

2013 年 9 月 30 日，习近平总书记带领政治局全体成员，来到"车库咖啡"北头的中关村展示中心，对中关村的创业创新带头作用给予充分肯定。2015 年 5 月，李克强总理来到这条已被命名为"中关村创业大街"的几家创业咖啡馆，一边品尝着这里的咖啡，一边与青年们共话创业创新。在此前后，李克强总理在多个场所提到要以中关村、深圳等创新热土为榜样，号召大众创业、万众创新。

回顾这几个历史片断不难看出，以创业大街为代表的众创空间是源于民间、自发形成的创业创新平台。正是在以中关村为代表的创业创新热潮的基础上，政府顺势而为，力推众创空间的发展，希望能够不断产生新技术、新产品、新业态，寻找新的经济增长点，为实体经济发展提供新动能。

此后几年中关村创业大街领衔的众创空间的发展，可以用一句唐诗"忽如一夜春风来，千树万树梨花开"来形容。中关村核心区就不说了，曾经在北京的许多城区、郊区，甚至一些偏僻的角落，都能看到创业咖啡和众创空间的身影。许多年轻人怀揣着梦想，聚在一起共同切磋创业创新的事情，景象十分动人。

中国究竟有多少众创空间呢？腾讯研究院公布了《2016 创新创业白皮书》，预测 2016 年底中国众创空间数量有 4000 多家。我和中关村一些朋友估计远远不止，至少有 1 万家。全国的天使投资人到底有多少？有数据说是 3000 多人，中关村活跃的天使投资人有数百人。包括柳传志、俞敏洪、徐小平、雷军、王石等大佬，经常走进这些众创空间。就连影视娱乐圈的众多明星也投入这股浪潮中。2013 年 5 月，任泉看完《中国合伙人》，触动很大，和李冰冰、黄晓明合作，三人成立了"StarVC"创业基金。第一个项目是投资了热辣壹号麻辣火锅，这已经成为京城最热门的餐厅之一。随后，章子怡、黄渤也加入了"StarVC"。2015 年 5 月，央视著名主持人张泉灵辞职，加盟傅盛的"紫牛基金"，当起了天使投资人；影视演员葛优第一笔天使投资投给了新兴跨境电商平台"欧萌海淘"；姚明、邓超、曾志伟、巫启贤、胡海泉等明星也都华丽转身天使投资人。

这么多有钱阶层争做天使投资人，的确是一个可喜的现象。但比起西方发达国家，还有很大的发展空间。美国的天使投资人有 30 万人，中国的天使投资人仅占美国的 1%。在专业能力、胆量和眼光等方面，中国的天使投资人差距更大。中关村的投资大佬柳传志坦言："当时确实没有美国 VC（风险投资）那种眼光，没有看那么远。"因为不敢投，而错失了后来成为中国互联网大鳄的百度和阿里巴巴。这成为柳传志常常提及的一件憾事。阿里巴巴马云曾在国内四处碰壁的情况下，攀缘到孙正义的 2000 万美元。2014 年 9 月 16 日，随着阿里巴巴登陆美国市场，孙正义的财富净值涨至 166 亿美元，跻身日本首富，更让国内的投资人愧疚万分。

目前，众创空间大约有 7 种类型：一是车库咖啡、3W 咖啡等为代表的创业者咖啡馆类型。车库咖啡每年走出的创业者有 6 万人次，1000 多个创业团队。这其中包括拿到阿里巴巴千万美金投资的、全球第一款将真人拍成幽默漫画的魔漫相机。近几年挺火爆的"西少爷肉夹馍"，就是在中关村创业大街的 BINGO 咖啡馆诞生的。短短两年时间，开了 15 家分店，卖出 885 万个肉夹馍，被誉为中国互联网餐饮第一品牌。2016 年 11 月，西少爷又获得弘毅投资和今日资本的 1150 万美元的 B 轮投资。二是腾讯、微软等为代表的企业众创空间类型。位于北京回龙观地区的腾讯众创空间，占地面积达 5 万平方米，能够容纳 500 个创业团队。为互联网、机器人、智能设备等高科技和国际化企业提供线上线下全要素、立体式的扶持与服务，可谓众创空间的"辽宁舰"。三是科技园区众创空间类型。如清华科技园的盛景网络创新大奖活动，一个接一个，美国硅谷设分会场。北京科技园建设集团的几个下属园区，都建立了特色鲜明的众创空间。滴滴、摩拜、小黄车等都是在园区的众创空间里成长起来的。四是地产类的众创空间类型。地产商潘石屹、毛大庆都有众创空间的大手笔。滴滴出行所在的尚东数字谷，就是一家广东的地产商，专门辟出一块类似车库咖啡的青年创业者俱乐部。五是媒体延伸的众创空间类型。黑马会、36 氪就是知名媒体人牛文文和刘成诚创建的创业服务平台，创业大赛和创投服务活动搞得风生水起。六是金融界的众创空间类型。2015 年底和 2016 年底，北京银行在中关村和南京分别建立了"小巨人创客中心"，搭建"创业孵化＋股权投资＋债券融资"一体化服务平台，颇为引人关注。许泽玮和吴文雄创建的 91 金融，为创业者和中小企业普惠金融服务，2016 年 7 月收购了众筹平台"点名时间"。中关村管委会原主任郭洪担任董事长的中关村银行，无疑也是以"双创"服务为重心。七是政府参与的众创空间类型。如海淀区、昌平区等与企业合作，在一些社区和园区建立了各种众创空间。

从 2017 年起，中关村创业大街似乎稍显萧条，许多创业咖啡馆"门前冷落车马稀"，一些众创空间陷入"倒闭"或"被并"风潮。苏菂也告别了他的"车库咖啡"和 2014 年与雷军、刘洋等共同创办的"You+ 国际青年公寓"，又投入了一个暂定名为"创业体验馆"的筹备工作。

其实，中关村本身就是一个"鼓励创业、鼓励创新、包容失败"的创业创新生态大"众创空间"。当前，中国正处于从传统经济向知识经济转型，从粗放型、耗费能源型产业向集约型、绿色型产业的转型时代，经济转型、产业升级、科技发展、改革深化、人民生活幸福指数不断提高的愿景，这些都是众创空间未来发展的巨大空间。众创空间集中了中国知识经济最前沿、思想最活跃、知识最高端的年青一代，以及具备一定财富积累、前瞻眼光和社会责任的天使投资人。可以说，这一新生事物是中国迈向创新型大国的一个基石，假以时日，一定还会迈上更新、更宽、更高、更坚实的台阶。

中关村，一定还会创造更多、更新、更美的故事！

理论篇
THEORY

第五章

人民群众是社会发展的"力量的源泉"

——学习马克思、恩格斯、列宁的人民群众观

一、历史观上两种根本对立的观点

是广大人民群众还是个别英雄人物是历史的创造者，即推动历史发展的决定力量，历史唯物主义和历史唯心主义对这个问题的看法，存在着根本分歧。

在马克思主义产生以前，历史唯心主义关于英雄创造历史的观点一直占据统治地位。历史唯心主义从社会意识决定社会存在的前提出发，片面夸大极少数英雄人物及其思想、意志、动机在社会发展中的作用，认为历史是由英雄豪杰、帝王将相、立法者、思想家创造的，否认广大人民群众是推动历史发展的决定力量。这种观点是根本错误的。列宁指出：以往的历史理论在历史的创

造者问题上有两个主要缺陷："第一，以往的历史理论至多只是考察了人们历史活动的思想动机，而没有研究产生这些动机的原因，没有探索社会关系体系发展的客观规律性，没有把物质生产的发展程度看做这些关系的根源；第二，以往的历史理论从来忽视居民群众的活动，只有历史唯物主义才第一次使我们能够以自然科学的精确性去研究群众生活的社会条件以及这些条件的变更。"①列宁这段话不仅揭示了历史唯心主义在历史创造者问题上的根本缺陷，而且指出了它长期存在的根源。与历史唯心主义相反，历史唯物主义从社会存在决定社会意识和物质资料的生产方式是人类社会存在和发展的基础的基本原理出发，认为人类历史首先是生产发展的历史，是物质生产的承担者劳动群众的历史，于是得出了人民群众是历史的创造者和推动历史发展的决定力量的结论。马克思、恩格斯、列宁对英雄创造历史的历史唯心主义观点进行了深刻的批判。

首先，历史唯心主义把"精神"和"群众"对立起来，极力夸大"精神"的作用，否认人民群众的作用。如青年黑格尔派著名的代表布鲁诺·鲍威尔认为，"精神"和"群众"是对立的，在历史的范围内，在人类本身的范围内，这种对立表现为：代表积极精神的少数杰出人物与代表精神空虚的群众、代表物质利益的人类其余部分相对立。在他看来，一方面是"群众"，他们是消极

---

① 《列宁选集》第 2 卷，人民出版社 2012 年版，第 425 页。

的、精神空虚的、非历史的、物质的历史因素；另一方面是"精神"、批判、布鲁诺先生及其伙伴，他们是积极的因素，一切历史行动都是由这种因素产生的。改造社会的事业被归结为批判的大脑活动。他认为，到现在为止，历史上的一切伟大的活动之所以一开始就是不成功的和没有实际成效的，正是因为他们引起了群众的关怀和唤起了群众的热情。换句话说，这些活动之所以必然得到悲惨的结局，是因为作为他们的基础的思想是这样一种观念：它必须满足于对自己的表面了解，因而也就是指望博得群众的喝彩。马克思对鲍威尔极力夸大精神、思想和杰出人物在历史上的作用，贬低、否定、诬蔑人民群众在历史上的作用的错误观点，予以严厉的批判。马克思认为："历史上的活动和思想都是'群众'的思想和活动。"人的思想、目的和根据这种思想和目的所从事的历史活动，能否取得成功，决定于群众对这样或那样的目的究竟关怀到什么程度，这些目的唤起了群众的多少热情、满足了群众的多大利益。思想一旦离开利益，就一定会使自己出丑。我们知道，法国1789年的资产阶级大革命之所以取得成功，就是因为它满足了当时的资产阶级的利益，唤起了包括资产阶级在内的广大人民群众的热情。马克思指出："资产阶级在1789年革命中的利益决不是'不成功的'，它'压倒了'一切，并且获得了'实际成效'，尽管'激情'已经消失，尽管这种利益用来装饰自己的摇篮的'热情'之花已经枯萎。这种利益是如此强大有力，以致顺利地征服了马拉的笔、恐怖党的断头台、拿破仑的剑，以及教会的十字架和波旁王朝的纯血统。"①马克思认为，如果说当时的资产阶级革命是不成功的，那么，其所以不成功，是因为这种革命在本质上只代表没有超出资产阶级生活条件的范围的那部分群众，是并不包括全体居民在内的特殊的、有限的群众，即只是资产阶级的群众。如果说这种革命是不成功的，那并不是因为革命唤起了群众的热情，并不是因为它引起了群众的关怀，而是因为对于不同于资产阶级的绝大多数群众来说，革命的原则并不代表他们的实际利益，不是他们自己的革命原则，而仅仅是一种观念，因而也仅仅是暂时的热情和表面的热潮之类的东西。马克思指出："历史活动是群众的事业，随着历史活动的深入，必将是群众队伍的扩大。"②列宁也曾指出："随着人们历史创造活动的扩大和深入，作为自觉的历史活动家的人民群众在数量上也必定增多起来。"③这就是说，只有最广大的人民群众以满腔的热情投身于革命的实际活动，才能取得革命的胜利。列宁严厉地批判了俄国民粹派否定人民群众具有独立、自觉创造历史作用的错误观点。他指出："民粹派分子在议论一般居民、特别是议论劳动居民时，总是把他们看做是采取某些比较合理的措施的对象，看做是应当听命走这一条或那一条道路的材料，而从来没有把各个居民阶级看做是在既定道路上独立的历史活动家，从来也没有提出过在既定道路上可以发展（或者

---

① 《马克思恩格斯全集》第 2 卷，人民出版社 1957 年版，第 103 页。
② 《马克思恩格斯全集》第 2 卷，人民出版社 1957 年版，第 104 页。
③ 《列宁选集》第 1 卷，人民出版社 2012 年版，第 127 页。

相反，可以削弱）这些历史创造者独立和自觉活动条件这样一个问题。"①

其次，历史唯心主义认为，杰出人物的观念、目的和思想动机是历史发展的最后动力，看不到或否认广大人民群众的革命实践活动才是推动历史发展的真正动力。马克思认为，杰出人物和普通群众之间的差别，主要不是先天的，而是后天的实践和社会分工造成的。他指出："亚当·斯密比蒲鲁东先生所想象的要看得远些。他很清楚地看到：'个人之间天赋才能的差异，实际上也没有我们所设想的那么大；这些十分不同的、看来是使从事各种职业的成年人彼此有所区别的才赋，与其说是分工的原因，不如说是分工的结果。'搬运夫和哲学家之间的原始差别要比家犬和猎犬之间的差别小得多，他们之间的鸿沟是分工掘成的。"② 马克思认为，人们的观念、目的和思想动机虽然对历史的发展起着影响作用，但它们本身并不能直接改变历史的现实，只有把这些观念、目的和思想动机变成人民群众的实践活动，才能发挥其改变历史的作用。布鲁诺·鲍威尔等人认为，只要工人们在思想中消除了雇佣劳动的想法，只要他们在思想上不再认为自己是雇佣工人，并且按照这种过于丰富的想象，不再设想自己是作为单个的人来支取工钱的，那么他们就会真的不再是雇佣工人了；只要他们在思想上铲除了资本这个范畴，他们就消除了真正的资本。针对这种荒

---

① 《列宁全集》第 1 卷，人民出版社 2012 年版，第 127—128 页。
② 《马克思恩格斯全集》第 4 卷，人民出版社 1958 年版，第 160 页。

谬观点，马克思指出："要想站起来，仅仅在思想中站起来，而现实的、感性的、用任何观念都不能解脱的那种枷锁依然套在现实的、感性的头上，那是不行的。可是绝对的批判（指布鲁诺·鲍威尔——引者注）从黑格尔的'现象学'中至少学会了一种技艺，这就是把现实的、客观的、在我身外存在着的链条变成只是观念的、只是主观的、只是在我身内存在着的链条，因而也就把一切外部的感性的斗争都变成了纯粹观念的斗争。"①列宁在批判认为历史的变化依靠少数杰出人物的信念、忠诚和其他优秀的精神品质的错误观点时指出："历史上有过各种各样的变化；依靠信念、忠诚和其他优秀的精神品质，这在政治上是完全不严肃的。具有优秀精神品质的是少数人，而决定历史结局的却是广大群众，如果这些少数人不中群众的意，群众有时就会对他们不太客气。"②马克思还讲过："思想从来也不能超出旧世界秩序的范围：在任何情况下它都只能超出旧世界秩序的思想范围。思想根本不能实现什么东西。为了实现思想，就要有使用实践力量的人。"③布鲁诺·鲍威尔等历史唯心主义者，极力宣扬人们只要在思想中站起来了，在思想中得到了解放，就在实际中站起来了，在实际中得到了解放，否认人们参加实际的革命运动的必要性。

---

① 《马克思恩格斯全集》第 2 卷，人民出版社 1957 年版，第 105 页。
② 《列宁选集》第 4 卷，人民出版社 2012 年版，第 679 页。
③ 《马克思恩格斯全集》第 2 卷，人民出版社 1957 年版，第 152 页。

二、人民群众范畴的历史性及其构成

人民群众是指推动历史发展的大多数社会成员的总和。这一范畴既有量的规定性，又有质的规定性。从量的规定性来看，人民群众是社会成员的大多数，它是相对于个人而言的；从质的规定性来看，人民群众是指一切推动社会进步和发展的社会力量。人民群众是一个历史范畴，在不同的国家和各个国家的不同历史时期有不同的内容。但是，不论在任何国家和任何历史时期，劳动群众始终是人民群众的主体。恩格斯指出："自从阶级产生以来，从来没有过一个时期社会上可以没有劳动阶级而存在的。这个阶级的名称、社会地位改变了，农奴代替了奴隶，而他自己又被自由工人所代替，所谓自由，是摆脱了奴隶地位的自由，但也是除了他自己的劳动力以外一无所有的自由。但是有一件事是很明显的，无论不从事生产的社会上层发生什么变化，没有一个生产者阶级，社会就不能生存。因此，这个阶级在任何情况下都是必要的。"①马克思、恩格斯、列宁具体考察了各个社会形态和各个历史时期人民群众的构成。

（1）马克思、恩格斯、列宁认为，在奴隶社会和封建社会，人民群众主要指广大受剥削受压迫的奴隶和农奴（或农民），以及从事手工业生产的手工业者。在资本主义社会，工农劳动者是人民群

---

① 《马克思恩格斯全集》第19卷，人民出版社1965年版，第315页。

众的主体，是决定国家命运的根本力量。马克思、恩格斯在《共产党宣言》中指出："在当前同资产阶级对立的一切阶级中，只有无产阶级是真正革命的阶级。"① 恩格斯在《论住宅问题》中指出："只有现代大工业造成的、摆脱了一切历来的枷锁、也摆脱了将其束缚在土地上的枷锁并且被一起赶进大城市的无产阶级，才能实现消灭一切阶级剥削和一切阶级统治的伟大社会变革。"② 列宁指出："世界上只有无产阶级每天都在进行反对资本的一贯的斗争，无产阶级才是社会主义政党的群众支柱。"③

（2）马克思、恩格斯、列宁认为，在资本主义社会，农民也是人民群众的重要组成部分，它是无产阶级的可靠的同盟军，无产阶级应该与农民结成联盟。马克思在总结欧洲 1848 年革命的经验教训时指出，无产阶级革命只有得到农民的支持才能取得胜利。他说："法国农民一旦对拿破仑帝制复辟感到失望时，就会把对于自己小块土地的信念抛弃，那时建立在这种小块土地上的全部国家建筑物，都将倒塌下来；于是无产阶级革命就会得到一种合唱，若没有这种合唱，它在一切农民国度中的独唱是不免要变成孤鸿哀鸣的。"④ 恩格斯在 1848 年革命以后谈到法国的革命形势时，提出了与马克思相同的思想。他指出："社会民主派一旦把农村争取

---

① 《马克思恩格斯选集》第 1 卷，人民出版社 2012 年版，第 410—411 页。
② 《马克思恩格斯选集》第 3 卷，人民出版社 2012 年版，第 199 页。
③ 《列宁全集》第 22 卷，人民出版社 1990 年版，第 421 页。
④ 《马克思恩格斯全集》第 8 卷，人民出版社 1961 年版，第 665 页。

到自己这方面来，不出几个月，甚至不出几个星期，红旗将会在土伊勒里宫和爱丽舍宫的上空飘扬。"这里的"社会民主派"指的就是无产阶级革命派。又说：法国农民阶级终于开始懂得"只有为城镇工人谋福利的政府，才能把它们从那种虽有小块份地却越来越受痛苦和饥饿的煎熬的境地中解放出来。这个阶级在相当大的程度上推动了 1789 年的革命，并且是拿破仑的庞大帝国产生的基础。就是这个阶级现在有绝大多数的人已经站到了巴黎、里昂、鲁昂以及其他法国大城市的革命党派和工人的一边。"①马克思在总结巴黎公社的经验时进一步发展了工农联盟的思想。他认为，巴黎公社的经验说明，无产阶级专政的国家必须以工农联盟为基础，取代旧的资产阶级国家政权中城市对农村的剥削和压迫。他指出：在当时的法国，巴黎公社不仅"代表着工人阶级和小资产阶级的利益"，实际上也代表着"全体中等阶级的利益"，"首先它代表的是法国农民的利益"。巴黎公社"是唯一在目前经济条件下就能立即给农民带来莫大好处的政权"，"他们既然能立即受惠于公社共和国，必将很快地对它产生信任"，"农民很快就会欣然接受城市无产阶级为他们自己的领导者和老大哥！"②在十月革命胜利以后，列宁反复强调工人和农民是俄国政治力量的主体，要团结包括中农在内的全体农民，绝对不容许侵犯中农的利益。他指出："在俄国小农占居民的绝大多数，他们现在尽心竭力地投身于生产，并且获

---

① 《马克思恩格斯全集》第 10 卷，人民出版社 1998 年版，第 127—128、247 页。

② 《马克思恩格斯文集》第 3 卷，人民出版社 2009 年版，第 199—201 页。

得了几乎难以想象的巨大成就"，"工人和农民是俄国政治力量的主体。在一切资本主义国家里农民既受地主的掠夺，又受资本家的掠夺。农民愈觉悟，对这一点就理解得愈深刻。"①在由战时共产主义政策转变为实行新经济政策的过程中，列宁认为必须团结中农，对中农绝对不能使用暴力。他指出："中农与富农不同之处在于，他们不剥削他人的劳动。富农掠夺他人的钱财和劳动。贫苦农民，即半无产者是受剥削的人；中农不剥削他人，靠自己的经营过活，粮食大致够吃，没有富农化"，"我们反对对中农使用任何暴力"，对中农使用暴力，"这是违法乱纪，必须把负责人员撤职，交付法庭审判"。他强调指出："用暴力对待中农是极有害的"，"在这里采用暴力，就是葬送全部事业"，"再愚蠢不过的是想在处理中农的经济关系方面采用暴力"。②

（3）马克思、恩格斯、列宁认为，在资本主义社会，不仅工人和农民是人民群众的主体，而且从事生产劳动的脑力劳动者也是人民群众的重要组成部分。资本主义社会以前只在全社会范围内有体力劳动和脑力劳动、体力劳动者和脑力劳动者的分工。在资本主义机器大生产中，企业内部也出现了体力劳动和脑力劳动、体力劳动者和脑力劳动者的分工，而且脑力劳动者人数的比重日益增加。在资本主义机器大生产中，企业内部的科学技术人员和工程技术人员，也是工人阶级的重要组成部分。马克思在《资本论》第1卷

① 《列宁全集》第43卷，人民出版社1987年版，第263、264页。
② 《列宁全集》第38卷，人民出版社1986年版，第13、14、189、190页。

中指出，在机器大生产中，除去直接操纵机器的工人以外，"还有为数不多的负责检查和经常修理全部机器的人员，如工程师、机械师、细木工等等。这一类是高级的工人，其中一部分人有科学知识，一部分人有手艺，他们不属于工厂工人的范围，而只是同工厂工人聚集在一起的。这种分工是纯技术性的。"①恩格斯在1893年12月《致国际社会主义者大学生代表大会》的贺信中提出了培养"脑力劳动无产阶级"的思想。他对参加大会的大学生代表说："希望你们的努力获得成功，能使大学生们意识到，从他们的行列中应该产生出脑力劳动无产阶级，它的使命是在即将来临的革命中同自己从事体力劳动的工人兄弟在一个队伍里肩并肩地发挥重要作用。""过去的资产阶级革命向大学要求的仅仅是律师，作为培养政治家的最好的原料；而工人阶级的解放，除此之外还需要有医生、工程师、化学家、农艺师以及其他专门人才，因为问题在于不仅要掌管政治机器，而且要掌管全部社会生产，而在这里需要的决不是响亮的词句，而是扎实的知识。"②

（4）马克思、恩格斯、列宁认为，在阶级斗争极其尖锐，社会变化极其迅速的时期，统治阶级中的一小部分人可能脱离统治阶级而归附于革命的阶级，成为人民群众的一个组成部分。在资产阶级革命时期，就有少数封建贵族转到资产阶级方面去。马克思在《道德化的批评和批评化的道德》一文中指出："单独的个人并不'总

---

① 《马克思恩格斯文集》第5卷，人民出版社2009年版，第484页。
② 《马克思恩格斯选集》第4卷，人民出版社2012年版，第301页。

是'以他们所从属的阶级为转移，这是很'可能的'；但是这个事实不足以影响阶级斗争，正如少数贵族转到第三等级方面去不足以影响法国革命一样。而且就在这时，这些贵族至少也参加了一定的阶级，即革命阶级——资产阶级。"①在无产阶级革命中，资产阶级中也有一部分人转到无产阶级方面来。马克思、恩格斯在《共产党宣言》中指出："在阶级斗争接近决战的时期，统治阶级内部的、整个旧社会内部的瓦解过程，就达到非常强烈，非常尖锐的程度，甚至使得统治阶级中的一小部分人脱离统治阶级而归附于革命的阶级，即掌握着未来的阶级。所以，正像过去贵族中有一部分人转到资产阶级方面一样，现在资产阶级中也有一部分人，特别是已经提高到能从理论上认识整个历史运动的一部分资产阶级思想家，转到无产阶级方面来了。"②

（5）马克思、恩格斯、列宁认为，不仅工人、农民和从事生产劳动的脑力劳动者是人民群众的组成部分，而且上升时期的剥削阶级及其知识分子也属于人民群众的范围。例如，在奴隶社会后期和封建社会前期，新兴封建主阶级曾经是革命的阶级，属于人民群众的组成部分；在封建社会后期和资本主义社会前期，资产阶级曾经是革命的阶级，属于人民群众的组成部分。马克思、恩格斯在《共产党宣言》中指出："资产阶级在历史上起过非常革命的作用"。"资产阶级在不到一百年的时间里所创造的生产力，比

① 《马克思恩格斯全集》第4卷，人民出版社1958年版，第344页。
② 《马克思恩格斯选集》第1卷，人民出版社2012年版，第410页。

过去一切世代创造的全部生产力还要多，还要大。自然力的征服，机器的采用，化学在工业和农业中的应用，轮船的行驶，铁路的通行，电报的使用，整个整个大陆的开垦，河川的通航，彷佛用法术从地下呼唤出来的大量人口——过去哪一个世纪料想到在社会劳动里蕴藏有这样的生产力呢？"①恩格斯在《法学家的社会主义》一文中，十分恰当地肯定了古代奴隶主阶级、中世纪封建主阶级在历史发展中的进步作用。他指出："马克思了解古代奴隶主，中世纪封建主等等的历史必然性，因而了解他们的历史正当性，承认他们在一定限度的历史时期内是人类发展的杠杆；因而马克思也承认剥削，即占有他人劳动产品的暂时的历史正当性；但他同时也证明，这种历史的正当性现在不仅消失了，而且剥削不论以什么形式继续保存下去，已经日益愈来愈妨碍而不是促进社会的发展，并使之卷入愈来愈激烈的冲突中。"②恩格斯在《自然辩证法》中谈到文艺复兴以来伟大的思想家、艺术家、科学家、哲学家、革命家以及他们从事的各种变革现实的活动时说："这是人类以往从来没有经历过的一次最伟大的、进步的变革，是一个需要巨人并且产生了巨人的时代，那是一些在思维能力、激情和性格方面，在多才多艺和学识渊博方面的巨人。给资产阶级的现代统治打下基础的人物，绝没有市民局限性。相反，这些人物都不同程度地体现了那种勇于冒险的时代特征。""那个时代的英雄们还没有成为

①　《马克思恩格斯选集》第1卷，人民出版社2012年版，第402、405页。
②　《马克思恩格斯全集》第21卷，人民出版社1965年版，第557—558页。

分工的奴隶，而分工所产生的限制人的、使人片面化的影响，在他们的后继者那里我们是常常看到的。而尤其突出的是，他们几乎全都置身于时代运动中，在实际斗争中意气风发，站在这一方面或那一方面进行斗争，有人用舌和笔，有人用剑，有些人则两者并用。因此他们具有成为全面的人的那种性格上的丰富和力量。""自然科学在这场革命中也生机勃勃，它是彻底革命的，它和意大利的伟大人物的觉醒的现代哲学携手并进，并使自己的殉道者被送到火刑场和牢狱。"① 列宁在《我们究竟拒绝什么遗产?》一文中，也肯定了资产阶级的思想家在西欧和俄国所起的进步作用。他指出："在 18 世纪启蒙者（他们被公认为资产阶级的先驱）写作的时候，在我们的 40 年代至 60 年代的启蒙者写作的时候，一切社会问题都归结到与农奴制度及其残余作斗争。新的社会经济关系及其矛盾，当时还处于萌芽状态。因此，资产阶级的思想家在当时并没有表现出任何自私的观念；相反地，不论在西欧或俄国，他们完全真诚地相信共同的幸福生活，而且真诚也期望共同的幸福生活，他们确实没有看出（从某种程度上说还不可能看出）从农奴制度所产生出来的那个制度中的各种矛盾。"② 列宁在《第二国际的破产》一文中对资产阶级革命家所进行的反对封建制度的斗争表示了崇高的敬意。他说："如果不对伟大的资产阶级革命家抱至深的敬意，就不能算是一个马克思主义者，因为这些革命家具有世界

---

① 《马克思恩格斯文集》第 9 卷，人民出版社 2009 年版，第 409—410、405 页。
② 《列宁选集》第 1 卷，人民出版社 2012 年版，第 110 页。

历史所赋予的权利，来代表曾经通过反对封建制度的斗争使新兴民族的千百万人民走向文明生活的资产阶级'祖国'讲话。"①

三、人民群众是物质财富的创造者

生产劳动是人类社会存在和发展的基础。人类社会赖以生存的物质生活资料是由劳动者创造的，离开了劳动群众所从事的物质财富的生产活动，人类社会就无法存在，人类就会灭亡。马克思、恩格斯在《德意志意识形态》中指出："我们首先应当确定一切人类生存的第一个前提，也就是一切历史的第一个前提，这个前提就是：人们为了能够'创造历史'，必须能够生活。但是为了生活，首先就需要吃喝住穿以及其他一些东西。因此第一个历史活动就是生产满足这些需要的资料，即生产物质生活本身，而且，这是人们几千年前直到今天单是为了维持生活就必须每日每时从事的历史活动，是一切历史的基本条件。""因此任何历史观的第一件事情就是必须注意上述基本事实的全部意义和全部范围，并给以应有的重视。"②马克思、恩格斯正是由于十分重视物质生活资料的生产活动在历史发展中的重要作用，才创立了历史唯物主义。马克思在1868年7月11日致路德维希·库格曼的信中指出："任何一个民族，如果停止劳动，不用说一年，就是几个星期，也要灭亡，这是每一

---

① 《列宁选集》第 2 卷，人民出版社 2012 年版，第 468 页。
② 《马克思恩格斯选集》第 1 卷，人民出版社 2012 年版，第 158、159 页。

个小孩子都知道的。"①

马克思、恩格斯、列宁认为，社会发展史同时也是生产社会生存所必需的物质资料的劳动群众的历史，社会财富是工人、农民和劳动知识分子创造的；工人、农民创造一切生活资料，供给全世界以衣食住穿，他们是真正的英雄和新生活的创造者，是首要的生产力。马克思在《哲学的贫困》一书中指出："要使被压迫阶级能够解放自己，就必须使既得的生产力和现存的社会关系不再继续并存。在一切生产工具中，最强大的一种生产力是革命阶级本身。革命因素之组成为阶级，是以旧社会的怀抱中所产生的全部生产力的存在为前提的。"②列宁在十月革命胜利以后继承并发展了马克思的这个观点。他指出："在一个经济遭到破坏的国家里，第一个任务就是拯救劳动者。全人类的首要的生产力就是工人，劳动者。如果他们能活下去，我们就能拯救一切，修复一切。""如果我们能够拯救劳动者，拯救人类的主要生产力——工人，我们就能挽救一切，如果我们不能拯救工人，我们就会灭亡。"③

法国的社会主义者认为，工人制造一切，生产一切，但是他们既没有权利，又没有财产，简单地说，就是一无所有。青年黑格尔主义者埃德加尔极力反对这种观点。他说："为了创造一切，就需要某种比工人的意识更强有力的意识。上述论点只有像下面

---

① 《马克思恩格斯选集》第 4 卷，人民出版社 2012 年版，第 473 页。

② 《马克思恩格斯全集》第 4 卷，人民出版社 1958 年版，第 197 页。

③ 《列宁选集》第 3 卷，人民出版社 2012 年版，第 821 页。

这样倒过来讲才是正确的：工人什么东西也没有制造，所以他们也就一无所有；他们之所以什么都没有制造，是因为他们的工作始终是为了满足他们自己的需要的某种单一的东西，是平凡的工作。"在埃德加尔看来，工人之所以什么都没有创造，是因为他们所创造的仅仅是"单一的东西"，即可以感触到的、非精神的和非批判的对象，这些对象中的任何一种都会使纯批判深恶痛绝。凡是现实的、活生生的东西都是非批判的、群众的，因此，它是"无"，只有批判的批判的理想的、虚构的创造才是一切。马克思、恩格斯在《神圣家族》一书中严厉地谴责了这种思想。他们指出："批判的批判什么都没有创造，工人才创造一切，甚至就以他们的精神创造来说，也会使得整个批判感到羞愧。英国和法国的工人就很好地说明了这一点。"① 马克思在 1854 年 3 月 9 日《给英国工人议会的信》中指出："大不列颠的千百万工人第一个奠定了新社会的真实基础——把自然界的破坏力变成了人类的生产力的现代工业。英国工人阶级不懈的毅力、流血流汗、绞尽脑汁，为使劳动变成高尚的事业并把劳动生产率提高到能够创造产品普遍丰富的水平创造了物质前提。"②"把劳动生产率提高到能够创造产品普遍丰富的水平"的社会，就是马克思所设想的未来共产主义社会。这就是说，马克思认为英国工人阶级为共产主义社会的实现"创造了物质前提"。

① 《马克思恩格斯全集》第 2 卷，人民出版社 1957 年版，第 21、22 页。
② 《马克思恩格斯全集》第 10 卷，人民出版社 1962 年版，第 134 页。

四、人民群众是精神财富的创造者

人民群众不仅是物质财富的创造者，而且也是精神财富的创造者。

首先，工人和农民的劳动是人类文化的基石，劳动群众是全部国家生活的基础，是革命文化无限丰富的源泉。恩格斯在《卡尔·马克思》一文中论述历史唯物主义的基本观点时指出："历史破天荒第一次被置于它的真正基础上；一个很明显的而以前完全被忽略的事实，即人们首先必须吃、喝、住、穿，就是说首先必须劳动，然后才能争取统治，从事政治、宗教和哲学等等，——这一很明显的事实在历史上的应有之义此时终于获得了承认。"[1]恩格斯《在马克思墓前的讲话》中又说："正像达尔文发现有机界的发展规律一样，马克思发现了人类历史的发展规律，即历来为繁芜丛杂的意识形态所掩盖着的一个简单事实：人们首先必须吃、喝、住、穿，然后才能从事政治、科学、艺术、宗教等等；所以，直接的物质的生活资料的生产，从而一个民族或一个时代的一定的经济发展阶段，便成为基础，人们的国家设施、法的观点、艺术以至宗教观念，就是从这个基础上发展起来的，因而，也必须由这个基础来解释，而不是像过去那样做得相反。"[2]列宁在领导俄国革命的过程中也反复强调这个思想。他指出："无产阶级用事实表明，它是而且

---

[1] 《马克思恩格斯选集》第3卷，人民出版社2012年版，第723页。

[2] 《马克思恩格斯选集》第3卷，人民出版社2012年版，第1002页。

只有它才是现代文明的支柱，它的劳动创造了财富和豪华，它的劳动是我们全部'文化'的基石。"① 列宁在十月革命胜利以后还说过："世界各国的工人群众遭受着压迫。他们不能享用资本主义的文化财富，其实正是劳动群众才应该是全部国家生活的基础。同志们，在我们这里，劳动群众是苏维埃共和国的根本和基础。"②

其次，劳动群众不仅为精神财富的创造奠定了基础和提供了源泉，而且是科学技术的革新者，近代许多机器的发明之所以能够实现，只是因为这些发明家找到了相当数量的熟练的机械工人。马克思在《资本论》第 1 卷中说："如果有一部考证性的工业史，就会证明，18 世纪的任何发明，很少是属于某一个人的。"例如，"在专门制造蒸汽机、走锭纺纱机等等的工人出现以前，走锭纺纱机、蒸汽机等等就已经出现了，这正像在裁缝出现以前人就已经穿上了衣服一样。但是，沃康松、阿克莱、瓦特等人的发明之所以能够实现，只是因为这些发明家找到了相当数量的、在工场手工业时期就已经准备好了的熟练的机械工人。"③ 恩格斯在《自然辩证法》中讲到热能转化为机械能时，说明了蒸汽机是第一个真正国际性的发明，这项发明是由法国、德国、英国的科学家、工程技术人员和熟练的机械工人持续多年完成的，绝非一人所能为。他说："蒸汽机是第一个真正国际性的发明，而这一事实又昭示了一个巨大的历史

---

① 《列宁全集》第 9 卷，人民出版社 1987 年版，第 204 页。
② 《列宁全集》第 37 卷，人民出版社 1986 年版，第 166 页。
③ 《马克思恩格斯全集》第 44 卷，人民出版社 2001 年版，第 428—429、438—439 页。

性的进步。法国人帕潘发明了蒸汽机，而且是在德国发明的。现在
我们从帕潘的书信集（由盖兰德出版）中得知，汽缸和活塞的应用
这一基本思路是德国人莱布尼茨提示给他的；莱布尼茨经常把自己
的天才思想向周围传布，而毫不理会功绩应归于他自己还是归于别
人。不久，英国人萨弗里和纽可门也发明了类似的机械；最后，他
们的同胞瓦特给加上了分离的冷凝器，使蒸汽机从原理上达到了现
今的水平。发明的循环在这个领域内完成了：从热到机械运动的转
化实现了。以后的一切都不过是细节方面的改进而已。"[1]

再次，工人处处表现了自己在智慧和道德上的优越，证明他们
是有教养的人，而资本家则是愚昧无知的人，是各种偏见的奴隶。
恩格斯在《英国工人阶级状况》一书中指出："我常常看到一些穿
着褴褛不堪的粗布夹克的工人，他们显示出自己对地质学、天文学
及其他学科的知识比某些有教养的德国资产者还要多。阅读最新的
哲学、政治和诗歌方面最杰出的著作的几乎完全是工人，这一事实
特别表明了英国无产阶级在取得独立的教育方面已经有了多么大的
成就。资产者是现存的社会制度以及和这个制度联系在一起的各种
偏见的奴隶；他胆怯地避开和千方百计地排斥真正标志着进步的一
切；无产者却眼睛雪亮地正视这一切，高高兴兴地而且很有成效地
研究它们。"[2] 恩格斯在《路德维希·费尔巴哈和德国古典哲学的终
结》一书中又说："德国人的理论兴趣，只是在工人阶级中还没有

[1]　《马克思恩格斯全集》第 26 卷，人民出版社 2014 年版，第 672 页。
[2]　《马克思恩格斯全集》第 2 卷，人民出版社 1957 年版，第 528 页。

衰退，继续存在着。在这里，它是根除不了的。在这里，对职位、牟利，对上司的恩典，没有任何考虑。相反，科学越是毫无顾忌和大公无私，它就越符合工人的利益和愿望。在劳动发展史中找到了理解全部社会史的锁钥的新派别，一开始就主要是面向工人阶级的，并且从工人阶级那里得到了同情，这种同情是它在官方科学那里既没有寻找也没有期望过的。德国的工人运动是德国古典哲学的继承者。"①

五、人民群众是实现社会变革的决定力量

人民群众不仅是物质财富和精神财富的创造者，而且是实现社会变革的决定力量。

首先，没有千百万觉悟群众的革命行动，是不可能推翻旧制度的。人民，只有人民，特别是工农大众，才是创造世界历史的动力。恩格斯在《普鲁士"危机"》一文中指出："在十七世纪的英国和十八世纪的法国，甚至资产阶级的最光辉灿烂的成就都不是自己争得的，而是平民大众，即工人和农民为它争得的。"②德国的宗教改革中，路德提出的反对教会的战斗号召，唤起了两次政治性的起义：首先是弗兰茨·冯·济金根于 1523 年领导的下层贵族的起义，然后是 1525 年伟大的农民战争。这两次起义都失败了。资产

---

① 《马克思恩格斯选集》第 4 卷，人民出版社 2012 年版，第 265 页。
② 《马克思恩格斯全集》第 18 卷，人民出版社 1965 年版，第 325 页。

阶级的第三次大起义，在加尔文教派中给自己找到了现成的战斗理论。这次起义是在英国发生的，发动者是城市中等阶级，完成者是农村地区的自耕农。恩格斯在《社会主义从空想到科学的发展〈1892年英文版导言〉》中评价这三次资产阶级起义时指出："很奇怪的是：在资产阶级的这三次大起义中，农民提供了战斗大军，而农民恰恰成为在胜利后由于胜利带来的经济后果而必然破产的阶级。克伦威尔之后100年，英国的自耕农几乎绝迹了。如果没有这些自耕农和城市平民，资产阶级决不会单独把斗争进行到底，决不会把查理一世送上断头台。"①列宁在领导俄国民主革命和社会主义革命的过程中，反复强调没有工农大众的积极参与就不能推翻俄国的封建专制制度和资本主义制度。他指出："我国革命之所以是伟大的俄国革命，正是因为它发动了极广大的人民群众投身于历史的创造。"②"没有千百万觉悟群众的革命行动，没有群众汹涌澎湃的英勇气概，没有马克思在谈到巴黎工人在公社时期的表现时所说的那种'冲天'的决心和本领，是不可能消灭专制制度的。"③"胜利是属于被剥削者的，因为生活是属于他们的，数量的优势、群众的力量是属于他们的，一切奋不顾身的、有思想的、真诚的、勇往直前的、正在觉醒过来建设新事物的、蕴藏着无穷的精力和才能的所谓'老百姓'，即工人和农民的那种取之不尽的力量是属于他们的。

---

① 《马克思恩格斯选集》第3卷，人民出版社2012年版，第762—763页。
② 《列宁全集》第13卷，人民出版社1987年版，第196页。
③ 《列宁全集》第17卷，人民出版社1988年版，第151页。

胜利一定是他们的。"①列宁认为，人民群众在革命时期能发挥出创造历史的巨大的主动性和积极性。革命是被剥削者和被压迫者的盛大节日，人民群众在任何时候都不能像在革命时期那样以新社会秩序的积极创造者的身份出现。他指出："人民的、特别是无产阶级的以及农民的组织者和创造性，在革命旋风时期比在所谓安定宁静的（牛车似的）历史进步时期强烈、丰富、有效千百万倍。"②

其次，革命是被剥削者的盛大节日，革命群众在革命中焕发出来的巨大毅力和自我牺牲精神决定整个运动的结局，他们只有在革命运动中才能锻炼自己，抛掉自己身上的一切消极因素，学会建设新社会的本领。马克思、恩格斯在《德意志意识形态》一书中指出："无论为了使这种共产主义意识普遍的产生还是为了实现事业本身，使人们普遍地发生变化是必须的，这种变化只有在实际运动中，在革命中才有可能实现；因此，革命之所以必需，不仅是因为没有任何其他的办法能够推翻统治阶级，而且还因为推翻统治阶级的那个阶级，只有在革命中才能抛掉自己身上的一切陈旧的肮脏东西，才能胜任重建社会的工作。"③列宁在《社会民主党在民主革命中的两个策略》中指出："革命是历史的火车头，——马克思这样说过。革命是被压迫者和被剥削者的盛大节日。人民群众在任何时候都不能像在革命时期这样以新社会制度的积极创造者的身份出现。这样

---

① 《列宁全集》第 33 卷，人民出版社 1985 年版，第 199 页。
② 《列宁全集》第 12 卷，人民出版社 1987 年版，第 302 页。
③ 《马克思恩格斯选集》第 1 卷，人民出版社 2012 年版，第 171 页。

的时期，人民能够作出从市侩的渐进主义的狭小尺度看来是不可思议的奇迹。"①

再次，无产阶级是唯一彻底革命的阶级，它的历史使命就是推翻资本主义生产方式和最后消灭阶级，完成解放全人类的世界历史使命。马克思在《给工人议会的信》中指出："工人阶级征服了自然，而现在它应当去征服人了。工人阶级有足够的力量来胜利地完成这个事业，但是需要把所有这些力量组织起来，在全国范围内把工人阶级组织起来——我认为这就是摆在工人的议会面前的伟大而光荣的目标。"② 恩格斯在《社会主义从空想到科学的发展》中指出："无产阶级将取得公共权力，并且利用这个权力把脱离资产阶级掌握的社会化生产资料变为公共财产。通过这个行动，无产阶级使生产资料摆脱了它们迄今具有的资本属性，使它们的社会性质有充分的自由得以实现。从此按照预定计划进行的社会生产就成为可能的了。生产的发展使不同社会阶级的继续存在成为时代错乱。随着生产的无政府状态的消失，国家的政治权威也将消失。人终于成为自己的社会结合的主人，从而也成为自然界的主人，成为自身的主人——自由的人。""完成这一解放世界的事业，是现代无产阶级的历史使命。深入考察这一事业的历史条件及这一事业的性质本身，从而使负有使命完成这一事业的今天受压迫的阶级认识到自己的行动的条件和性质，就是无产阶级运

---

① 《列宁选集》第 1 卷，人民出版社 2012 年版，第 616 页。
② 《列宁选集》第 2 卷，人民出版社 1972 年版，第 77 页。

动的理论表现即科学社会主义的任务。"① 列宁在《国家与革命》一
书中指出："只有无产阶级才能推翻资产阶级的统治，因为无产阶
级是一个特殊阶级，它的生存的经济条件为它推翻资产阶级的统
治作了准备，使它有可能、有力量达到这个目的。资产阶级在分
离和分散农民即一切小资产阶级阶层的同时，却使无产阶级团结、
联合和组织起来。只有无产阶级，由于它在大生产中的经济作用，
才能成为一切被剥削劳动群众的领袖，这些被剥削劳动群众受资
产阶级的剥削、压迫和摧残比起无产阶级来往往有过之而无不及，
可是他们不能为自己的解放独立地进行斗争。"②

---

① 《马克思恩格斯选集》第 3 卷，人民出版社 2012 年版，第 817 页。
② 《列宁选集》第 3 卷，人民出版社 2012 年版，第 131 页。

第六章

人民群众有无限的创造力

——学习毛泽东关于群众首创精神的重要论述

2018 年是改革开放 40 周年。回顾这段波澜壮阔的历史，我们可以深刻感受到人民群众是社会历史实践的主体，在创造历史中起决定性的作用，是中国共产党的力量源泉和胜利之本。坚持人民主体地位，发挥群众首创精神，是改革开放取得巨大成就的重要经验，也是中国共产党各个历史时期做好领导工作的传家宝。在中国革命和建设的实践中，毛泽东一贯强调中国共产党人和人民群众犹如鱼和水、种子和土地的关系，必须坚持马克思主义群众观点，尊重群众首创精神，贯彻党的群众路线，紧紧依靠群众推动党的事业发展。1945 年 4 月 24 日，他在中共七大政治报告《论联合政府》中总结党成立 24 年来的历史经验，深刻指出："凡属正确的任务、政策和工作作风，都是和当时当地的群众要求相适合，都是联系群众的；凡属错误的任务、政策和工作作风，都是和当时当地的群众要求不相适合，都是脱离群众的。"①梳理毛泽东关于群众首创精神的重要论述，以下几个问题是我们应该着重把握的。

一、"遍地英雄下夕烟"②：相信群众力量，坚持人民主体地位，依靠群众首创精神推动社会发展进步

人民群众是社会物质财富和精神财富的创造者，是社会变革的决定力量，是真正的英雄。这是历史唯物主义最基本的观点之一。在各个历史时期，毛泽东都要求全党同志掌握这个基本观点，将之运用在党的全部活动中，相信人民群众的力量，充分调动最广大人民的积极性、主动性、创造性，紧紧依靠群众首创精神推动各项事业不断发展。他强调："我们应当相信群众，我们应当相信党，这是两条根本的原理。如果怀疑这两条原理，那就什么事情也做不成了。"③

早在中国共产党成立之前，毛泽东就认识到了民众的力量。1919 年 7 月 14 日，他在《湘江评论》创刊宣言中鲜明地提出："什么力量最强？民众联合的力量最强。"④接着，又在该刊第二至四号

---

① 《毛泽东选集》第 3 卷，人民出版社 1991 年版，第 1095 页。
② 《毛泽东诗词集》，中央文献出版社 2003 年版，第 110 页。
③ 《毛泽东文集》第 6 卷，人民出版社 1999 年版，第 423 页。
④ 《毛泽东早期文稿》，湖南人民出版社 2008 年版，第 271 页。

连载《民众的大联合》一文，阐述民众大联合是改造国家、改造社会的根本方法。他热情称颂俄国十月革命的胜利，说"俄罗斯打倒贵族，驱逐富人，劳农两界合立了委办政府，红旗军东驰西突，扫荡了多少敌人，协约国为之改容，全世界为之震动"，而在中国则"异军特起，更有中华长城渤海之间，发生了五四运动"。强调中华民族有伟大的能力进行改革，"压迫愈深，反动愈大，蓄之既久，其发必速"，工人、农民、学生、教师、警察、车夫各色人等应该联合起来，仿效别国的方法进行革命。①

在探索中国革命道路的过程中，特别是对正反两方面经验的总结，使毛泽东对党和群众关系这一重大问题的认识更加深入。在创建井冈山革命根据地之初，他就明确提出革命军队应当担负起三大任务："第一、打仗消灭敌人；第二、打土豪筹款子；第三、做群众工作。"②自古以来，人们总是认为军队的任务就是打仗，但毛泽东把群众工作摆在同等重要的位置，这是他对群众观点的运用，对人民军队和革命事业发展产生了深远影响。1928年11月28日，中共中央在给共产国际的报告中也讲道："惟朱毛在湘赣边境所影响之赣西数县土地革命确实深入了群众。"③

在毛泽东看来，中国共产党基本的一条，就是直接依靠广大人民群众。"依靠民众则一切困难能够克服，任何强敌能够战胜，

① 《毛泽东早期文稿》，湖南人民出版社2008年版，第312—315、342—346、355—361页。
② 《毛泽东传（1893—1949）》，中央文献出版社2004年版，第174页。
③ 《毛泽东传（1893—1949）》，中央文献出版社2004年版，第196页。

离开民众则将一事无成。"①1934 年 1 月 27 日，他在江西瑞金召开
的第二次全国工农兵代表大会上指出："真正的铜墙铁壁是什么？
是群众，是千百万真心实意地拥护革命的群众。这是真正的铜墙
铁壁，什么力量也打不破的，完全打不破的。反革命打不破我们，
我们却要打破反革命。在革命政府的周围团结起千百万群众来，
发展我们的革命战争，我们就能消灭一切反革命，我们就能夺取
全中国。"②1939 年 5 月 4 日，他在延安青年群众举行的五四运动
20 周年纪念会上又说："革命是什么人去干呢？革命的主体是什么
呢？就是中国的老百姓。革命的动力，有无产阶级，有农民阶级，
还有其他阶级中一切愿意反帝反封建的人，他们都是反帝反封建
的革命力量。但是这许多人中间，什么人是根本的力量，是革命
的骨干呢？就是占全国人口百分之九十的工人农民。"③1943 年 11
月 29 日，他在中共中央招待陕甘宁边区劳动英雄大会上，借用谚
语"三个臭皮匠，合成一个诸葛亮"，再次指出："群众有伟大的创
造力。中国人民中间，实在有成千成万的'诸葛亮'，每个乡村，
每个市镇，都有那里的'诸葛亮'。我们应该走到群众中间去，向
群众学习，把他们的经验综合起来，成为更好的有条理的道理和
办法"。④

---

①　《毛泽东军事文集》第 2 卷，军事科学出版社、中央文献出版社 1993 年版，第 381 页。

②　《毛泽东选集》第 1 卷，人民出版社 1991 年版，第 139 页。

③　《毛泽东选集》第 2 卷，人民出版社 1991 年版，第 562 页。

④　《毛泽东选集》第 3 卷，人民出版社 1991 年版，第 933 页。

　　基于对尊重和发展群众首创精神重要性的深入思考，毛泽东在《论联合政府》中深刻指出："人民，只有人民，才是创造世界历史的动力。"①"应该使每一个同志懂得，只要我们依靠人民，坚决地相信人民群众的创造力是无穷无尽的，因而信任人民，和人民打成一片，那就任何困难也能克服，任何敌人也不能压倒我们，而只会被我们所压倒。"②1945 年 6 月 11 日，他在中共七大闭幕词中，引用《列子·汤问》中愚公移山的故事，说中国共产党一定要像愚公挖掉太行山、王屋山那样，挖掉帝国主义、封建主义这两座压在中国人民头上的大山。而且，中国共产党"也会感动上帝的。这个上帝不是别人，就是全中国的人民大众。全国人民大众一齐起来和我们一道挖这两座山，有什么挖不平呢？"③

　　在中国革命的重要关头，毛泽东反复强调要相信和依靠群众的力量。1946 年 8 月 6 日，在蒋介石发动大规模内战的时候，他和美国记者安娜·路易斯·斯特朗谈话时，提出了"一切反动派都是纸老虎"的著名论断。毛泽东列举俄国沙皇和德国的希特勒、意大利的墨索里尼以及日本帝国主义的例子，来说明这些反动力量从表面上看是强大的，但从本质上看，"真正强大的力量不是属于反动派，而是属于人民"。当斯特朗问到对美国使用原子弹的看法时，毛泽东回答道："原子弹是美国反动派用来吓人的一只纸老虎，看

---

① 《毛泽东选集》第 3 卷，人民出版社 1991 年版，第 1031 页。
② 《毛泽东选集》第 3 卷，人民出版社 1991 年版，第 1096 页。
③ 《毛泽东选集》第 3 卷，人民出版社 1991 年版，第 1102 页。

样子可怕，实际上并不可怕。当然，原子弹是一种大规模屠杀的武器，但是决定战争胜败的是人民，而不是一两件新式武器。"他十分坚定地告诉斯特朗："我们所依靠的不过是小米加步枪，但是历史最后将证明，这小米加步枪比蒋介石的飞机加坦克还要强些。虽然在中国人民面前还存在着许多困难，中国人民在美国帝国主义和中国反动派的联合进攻之下，将要受到长时间的苦难。但是这些反动派总有一天要失败，我们总有一天要胜利。"①1947年12月25日，在中国革命进入夺取全国胜利的前夜，毛泽东在陕北米脂县杨家沟召开的中共中央会议上作报告《目前形势和我们的任务》，向全党同志提出："我们清醒地知道，在我们的前进道路上，还会有种种障碍，种种困难，我们应当准备对付一切内外敌人的最大限度的抵抗和挣扎。但是，只要我们能够掌握马克思列宁主义的科学，信任群众，紧紧地和群众一道，并领导他们前进，我们是完全能够超越任何障碍和战胜任何困难的，我们的力量是无敌的。"②1953年9月12日，他分析敌我力量悬殊的抗美援朝战争为何能够取得胜利时，一针见血地指出："我们的经验是：依靠人民，再加上一个比较正确的领导，就可以用我们劣势装备战胜优势装备的敌人。"③ 可以说，相信群众、依靠人民，是我们党和军队在不同年代战胜敌人的共同法宝。

---

① 《毛泽东选集》第4卷，人民出版社1991年版，第1194—1195页。
② 《毛泽东选集》第4卷，人民出版社1991年版，第1260页。
③ 《毛泽东军事文集》第6卷，军事科学出版社、中央文献出版社1993年版，第355页。

干革命要依靠群众，搞建设也要依靠群众。早在 1945 年 7 月，抗日战争胜利的前夜，褚辅成、黄炎培等六位参政员来延安访问时，黄炎培对毛泽东说："我生六十多年，耳闻的不说，所亲眼看到的，真所谓'其兴也浡焉'，'其亡也忽焉'，一人，一家，一团体，一地方，乃至一国，不少单位没有能跳出这周期率的支配力。""一部历史，'政怠宦成'的也有，'人亡政息'的也有，'求荣取辱'的也有。总之没有能跳出这周期率。中共诸君从过去到现在，我略略了解的了。就是希望找出一条新路，来跳出这周期率的支配。"毛泽东回答说："我们已经找到新路，我们能跳出这周期率。这条新路，就是民主。只有让人民来监督政府，政府才不敢松懈。只有人人起来负责，才不会人亡政息。"①1949 年 6 月 15 日，他在新政治协商会议筹备会上更是郑重地向全世界宣告："中国的命运一经操在人民自己的手里，中国就将如太阳升起在东方那样，以自己的辉煌的光焰普照大地，迅速地荡涤反动政府留下来的污泥浊水，治好战争的创伤，建设起一个崭新的强盛的名副其实的人民共和国。"②1949 年 7 月 9 日，他对全国铁路职工临时代表会议暨全国机务会议全体代表和铁道部、铁道兵团、平津铁路管理局部分工作人员说："过去我们什么也没有，现在都有了，不都是依靠群众才有的吗？我们从去年十一月就从劣势转为优势，这个转变不也是依靠群众的力量吗？依靠群众，就是说你当司令或是当班长必须要有

---

① 黄炎培：《八十年来》，文史资料出版社 1982 年版，第 148、149 页。
② 《毛泽东选集》第 4 卷，人民出版社 1991 年版，第 1467 页。

一个队伍，这个队伍就是群众，没有队伍，你怎么当司令，怎么当班长呢？"①

面对社会主义建设的新任务，毛泽东继续强调要依靠群众首创精神。1955 年 4 月 30 日，《唐山农民报》发表《书记动手，全党办社》一文，介绍王国藩合作社的情况。毛泽东读后十分高兴，将之作为《中国农村的社会主义高潮》的第一篇，并在按语中指出："社会的财富是工人、农民和劳动知识分子自己创造的。只要这些人掌握了自己的命运，又有一条马克思列宁主义的路线，不是回避问题，而是用积极的态度去解决问题，任何人间的困难总是可以解决的。"②1959 年 12 月，他读苏联《政治经济学（教科书）》时，批评教科书把群众的斗争只看作重要条件之一的说法，违背了"人民群众是历史创造者"这个马克思主义的原理。指出："无论如何，不能认为历史是计划工作人员创造的，而不是人民群众创造的。这本书看起来是书生的话，不像革命家的话。"并强调"在劳动生产中人与人的关系，也是一种生产关系"，比如领导人员以普通劳动者姿态出现，以平等态度待人，改进规章制度，干部参加劳动，工人参加管理，做到"领导人员、工人和技术人员三结合"。③他对人民群众创造性的尊重和信任，跃然纸上。

---

① 《毛泽东文集》第 5 卷，人民出版社 1996 年版，第 306—307 页。
② 《建国以来毛泽东文稿》第 5 册，中央文献出版社 1991 年版，第 490 页。
③ 《毛泽东年谱（1949—1976）》第 4 卷，中央文献出版社 2013 年版，第 279、273 页。

二、"六亿神州尽舜尧"①：倾听群众意见，集中群众智慧，切实尊重和发挥群众首创精神

群众路线是中国共产党的生命线和根本工作路线，其核心要义就是一切为了群众，一切依靠群众，从群众中来，到群众中去。只有这样，才能倾听群众呼声，进而将群众的意见集中起来，真正地尊重群众首创精神。也只有这样，才能将升华为方针政策的群众意见转化为实际行动，真正发挥群众首创精神。毛泽东强调："如果我们的党员，一生一世坐在房子里不出去，不经风雨，不见世面，这种党员，对于中国人民究竟有什么好处没有呢？一点好处也没有的，我们不需要这样的人做党员。我们共产党员应该经风雨，见世面；这个风雨，就是群众斗争的大风雨，这个世面，就是群众斗争的大世面。"②

到群众中去，听取群众的意见，是正确领导群众的前提。1933年11月，毛泽东在《长冈乡调查》中指出："我们的任务是提出了，从扩大红军到修桥筑路的许多计划也发布了，问题是怎样动员群众去完全地实际地实行这些任务与计划。异常紧张的革命战争，要求我们迅速地普遍地解决这个问题。而这个问题的解决，不是脑子里头想得出来的，这依靠于从动员群众执行各种任务的过程中去收集各种新鲜的具体的经验，去发扬这些经验，去扩大我们动员群

---

① 《毛泽东诗词集》，中央文献出版社2003年版，第105页。
② 《毛泽东选集》第3卷，人民出版社1991年版，第933页。

众的领域，使之适合于更高的任务与计划。"①1943 年 6 月 1 日，毛泽东为中共中央所写的《关于领导方法的若干问题》，对此进行了精辟概况："在我党的一切实际工作中，凡属正确的领导，必须是从群众中来，到群众中去。这就是说，将群众的意见（分散的无系统的意见）集中起来（经过研究，化为集中的系统的意见），又到群众中去作宣传解释，化为群众的意见，使群众坚持下去，见之于行动，并在群众行动中考验这些意见是否正确。然后再从群众中集中起来，再到群众中坚持下去。如此无限循环，一次比一次地更正确、更生动、更丰富。"②也就是说，从群众中来，到群众中去的过程，同"实践—认识—再实践—再认识"的过程是一致的，是马克思主义认识论在党的工作中的创造性运用。

正因为如此，毛泽东在《论联合政府》中提出，全党要提起警觉，"注意每一个工作环节上的每一个同志，不要让他脱离群众。教育每一个同志热爱人民群众，细心地倾听群众的呼声；每到一地，就和那里的群众打成一片，不是高踞于群众之上，而是深入于群众之中"③。1958 年 1 月，他《工作方法六十条(草案)》中又说："任何英雄豪杰，他的思想、意见、计划、办法，只能是客观世界的反映，其原料或者半成品只能来自人民群众的实践中，或者自己的科学实验中，他的头脑只能作为一个加工工厂而起制成完成品的作

---

① 《毛泽东文集》第 1 卷，人民出版社 1993 年版，第 276 页。
② 《毛泽东选集》第 3 卷，人民出版社 1991 年版，第 899 页。
③ 《毛泽东选集》第 3 卷，人民出版社 1991 年版，第 1095 页。

用，否则是一点用处也没有的。人脑制成的这种完成品，究竟合用不合用，正确不正确，还得交由人民群众去考验。如果我们的同志不懂得这一点，那就一定会到处碰钉子。"①1964 年 9 月 25 日，他在给刘少奇的信中进一步指出，简单地说，马克思主义的认识论就是从群众中来，到群众中去。"下决心长期下去蹲点，就能听到群众的呼声，就能从实践中逐步地认识客观真理，变为主观真理，然后再回到实践中去，看是不是行得通。如果行不通，则必须重新向群众的实践请教。这样就可以解决框框问题，即教条主义问题了，就可以不信迷信了。"②

倾听群众的意见，必须下定决心向群众学习，做群众的学生。毛泽东在 1941 年所写的《〈农村调查〉的序言和跋》中指出："没有满腔的热忱，没有眼睛向下的决心，没有求知的渴望，没有放下臭架子、甘当小学生的精神，是一定不能做，也一定做不好的。""我现在还痛感有周密研究中国事情和国际事情的必要，这是和我自己对于中国事情和国际事情依然还只是一知半解这种事实相关联的，并非说我是什么都懂得了，只是人家不懂得。和全党同志共同一起向群众学习，继续当一个小学生，这就是我的志愿。"③1964 年 8 月 29 日，他同尼泊尔教育代表团谈话时说："力量的来源就是人民群众。不反映人民群众的要求，哪一个人也不

---

① 《毛泽东文集》第 7 卷，人民出版社 1999 年版，第 358—359 页。
② 《毛泽东文集》第 8 卷，人民出版社 1999 年版，第 324 页。
③ 《毛泽东选集》第 3 卷，人民出版社 1991 年版，第 790、791—792 页。

行。要在人民群众那里学得知识，制定政策，然后再去教育人民群众。所以要当先生，就得先当学生，没有一个教师不是先当过学生的。而且就是当了教师之后，也还要向人民群众学习，了解自己学生的情况。"①　四卷本《毛泽东选集》的相继出版，是新中国成立后的一项基本理论建设，在全国各族人民中间产生了广泛而深远的影响。对此，毛泽东明确表示："《毛选》什么是我的！这是血的著作。""《毛选》里的这些东西，是群众教给我们的，是付出了流血牺牲的代价的。"②

　　倾听群众的意见，必须要有诚心诚意的态度。1944 年 7 月 14 日，毛泽东同英国记者斯坦因谈话时说："我们所有的党组织，从上到下都必须遵守我们的一项至关重要的原则，这就是不脱离群众，同群众的需要和愿望息息相通。""如果党的领导者真正是为广大人民群众的利益而工作，如果他们在这方面的努力是诚心诚意的，那末他们听取群众意见的机会是非常多的。我们十分注意倾听人民的意见。我们通过村、乡镇、区、县的群众大会，也就是我们区域内任何地方的群众大会，通过党员同各阶层人士的交谈，通过各种会议、报纸和群众的来电来信等等一切能听到人民呼声的渠道，总是能发现群众的真正的意见。"③　新中国成立后，毛泽东非常重视群众来信，强调各级领导机关认真负责地处理人民

---

① 《毛泽东文集》第 8 卷，人民出版社 1999 年版，第 324 页。
② 《毛泽东传（1949—1976）》，中央文献出版社 2003 年版，第 143 页。
③ 《毛泽东文集》第 3 卷，人民出版社 1996 年版，第 188—189 页。

来信的工作，是党和人民政府倾听群众的意见，体现人民当家做主的一个重要方面。1951 年 5 月 16 日，他向各级党委和各级政府发出指示："必须重视人民的通信，要给人民来信以恰当的处理，满足群众的正当要求，要把这件事看成是共产党和人民政府加强和人民联系的一种方法，不要采取掉以轻心置之不理的官僚主义的态度。"①

　　倾听群众的意见，就要同群众交心，不要怕群众批评。1941 年 6 月 3 日，陕甘宁边区政府召开县长联席会议，讨论征粮问题，延川县代县长李彩云不幸被电击死。一个农民知道后却说：老天爷不睁眼，咋不打死毛泽东？保卫部门要把这件事当作反革命事件来追查，被毛泽东制止了。他反思一个农民为什么会说出这样的话来，党的工作到底出了什么问题？毛泽东后来谈到这件事时说："我调查了一番，其原因只有一个，就是征公粮太多，有些老百姓不高兴。那时确实征公粮太多。要不要反省一下研究研究政策呢？要！"②当时，为了减轻老百姓的负担，毛泽东抓了两件事，一是号召积极开展以农业为中心的大生产运动，二是实行精兵简政，都取得了显著成效。1944 年 9 月 8 日，他在中央警备团追悼张思德的会上指出："因为我们是为人民服务的，所以，我们如果有缺点，就不怕别人批评指出。不管是什么人，谁向我们指出都行。只要你说得对，我们就改正。你说的办法对人民有好处，我们就照你的

① 《毛泽东文集》第 6 卷，人民出版社 1999 年版，第 164 页。
② 《毛泽东文集》第 3 卷，人民出版社 1996 年版，第 338 页。

办。"①1962 年 1 月 30 日，毛泽东在扩大的中央工作会议上说，有些同志做了几十年的共产党员，但是他们怕群众，"怕群众讲话，怕群众批评。哪有马克思列宁主义者怕群众的道理呢？有了错误，自己不讲，又怕群众讲。越怕，就越有鬼。我看不应当怕。有什么可怕的呢？我们的态度是：坚持真理，随时修正错误。"更何况，"如果不向群众和干部说明情况，不向群众和干部交心，不让他们说出自己的意见，他们还对你感到害怕，不敢讲话，就不可能发动他们的积极性。"②敢于面对和接受群众的批评，是我们不断改善和加强工作的强劲动力。

值得一提的是，毛泽东对长子毛岸英的要求，重要一条就是向群众学习。1945 年 12 月，在苏联生活了近十年的毛岸英，来到延安。为了让他了解中国社会情况，尤其是农村情况，毛泽东在 1946 年 2 月春耕之际，把毛岸英送到陕北农村，接受劳动锻炼。毛岸英临走的时候，毛泽东语重心长地对他说："你在苏联大学毕业了，但学到的只是书本上的知织，只是知识的一半，这是不完全的。你还需要上另一个大学，去学另一半知识。这个大学中国过去没有，外国也没有，它就叫'劳动大学'。"毛泽东还嘱咐毛岸英："你要老老实实地锻炼，要和群众打成一片，生活上不要有任何特殊，要多做调查研究工作，通过实际的调查，了解中国农村和中国

---

① 《毛泽东选集》第 3 卷，人民出版社 1991 年版，第 1004 页。
② 《毛泽东文集》第 8 卷，人民出版社 1999 年版，第 291、293 页。

农民的情况，学习书本上学不到的东西。"①1947 年 10 月 8 日，毛泽东在写给毛岸英的信中，进一步强调："一个人无论学什么或作什么，只要有热情，有恒心，不要那种无着落的与人民利益不相符合的个人主义的虚荣心，总是会有进步的。"②正是在他的谆谆教诲下，毛岸英后来成长为人民的儿子，为中国人民和世界人民的事业献出了自己年轻的生命。

三、"唤起工农千百万"③：教育和启发群众，放手发动群众，充分发扬群众首创精神

马克思主义从人民群众创造历史这一基本前提出发，既强调人民群众是历史的创造者，也不否认个人在历史上的作用。对于无产阶级政党来说，在领导者和群众的关系问题上，既要反对官僚主义和命令主义，又要反对冒险主义和尾巴主义。正确的做法，就是放手发动群众，切实把群众组织起来。1945 年 10 月 17 日，他在延安干部会上就重庆谈判指出："中国的事情，要靠共产党办，靠人民办。""只要我们同全体人民更好地团结起来了，中国的事情就好办了。"④

中国共产党既是人民群众的代表者，也是人民群众的领导者，

---

① 《毛泽东传（1893—1949）》，中央文献出版社 2004 年版，第 777 页。
② 《毛泽东文集》第 4 卷，人民出版社 1996 年版，第 306 页。
③ 《毛泽东诗词集》，中央文献出版社 2003 年版，第 33 页。
④ 《毛泽东选集》第 4 卷，人民出版社 1991 年版，第 1162 页。

肩负着教育群众的责任，尤其是要用先进思想去武装群众，启发他们的思想觉悟。1938 年 5 月，毛泽东在《论持久战》中指出："什么是政治动员呢？首先是把战争的政治目的告诉军队和人民。必须使每个士兵每个人民都明白为什么要打仗，打仗和他们有什么关系。抗日战争的政治目的是'驱逐日本帝国主义，建立自由平等的新中国'，必须把这个目的告诉一切军民人等，方能造成抗日的热潮，使几万万人齐心一致，贡献一切给战争。"①1938 年 10 月 14 日，他在扩大的六届六中全会上又说："共产党员在民众运动中，应该是民众的朋友，而不是民众的上司，是诲人不倦的教师，而不是官僚主义的政客。"②他在《论联合政府》中提出，要"根据群众的觉悟程度，去启发和提高群众的觉悟，在群众出于内心自愿的原则之下，帮助群众逐步地组织起来，逐步地展开为当时当地内外环境所许可的一切必要的斗争"③。1948 年 4 月 2 日，他同《晋绥日报》编辑人员谈话时，严肃批评一些地方的领导机关中，有人认为"党的政策只要领导人知道就行，不需要让群众知道"。"他们做一件事情，总不愿意向被领导的人讲清楚，不懂得发挥被领导者的积极性和创造力。"毛泽东指出："这是我们的有些工作不能做好的基本原因之一。"要解决这个问题，就要深刻认识到教育群众的重要性，"善于把党的政策变为群众的行动，善于使我们的每一个运动，每一个斗

---

① 《毛泽东选集》第 2 卷，人民出版社 1991 年版，第 481 页。
② 《毛泽东选集》第 2 卷，人民出版社 1991 年版，第 522 页。
③ 《毛泽东选集》第 3 卷，人民出版社 1991 年版，第 1095 页。

争，不但领导干部懂得，而且广大的群众都能懂得，都能掌握，这是一项马克思列宁主义的领导艺术"。①

毛泽东还认识到，教育群众并不是一件容易的事情，必须注意保护群众的积极性。要讲究方式方法，采取民主的说服的方法，决不允许采取命令主义态度和强制手段。1945 年 8 月 13 日，他在延安干部会议上发表演讲，分析抗日战争胜利后的时局，阐释中国共产党的方针，指出："人民的觉悟不是容易的，要去掉人民脑子中的错误思想，需要我们做很多切切实实的工作。对于中国人民脑子中的落后的东西，我们要去扫除，就像用扫帚打扫房子一样。从来没有不经过打扫而自动去掉的灰尘。我们要在人民群众中间，广泛地进行宣传教育工作，使人民认识到中国的真实情况和动向，对于自己的力量具备信心。"②1946 年 4 月 11 日，毛泽东就纠正群众工作中"左"的错误指出："应当用极大的善意与热忱去说服他们，使他们在自觉与高兴的基础之上纠正他们的错误，想出补救的办法，绝对不可泼冷水，绝对不可使他们感觉受了挫折。"③1948 年 1 月 22 日，他就新解放区土改斗争策略指出："老区是经过多少年、多少月方才把土地分好。其所以如此，是因为群众必须在自己亲身经验中，才能教育自己，提高觉悟，认清敌人，取得胜利。"④新中

① 《毛泽东选集》第 4 卷，人民出版社 1991 年版，第 1318、1319—1320 页。
② 《毛泽东选集》第 4 卷，人民出版社 1991 年版，第 1131 页。
③ 《毛泽东文集》第 4 卷，人民出版社 1996 年版，第 104 页。
④ 《毛泽东文集》第 5 卷，人民出版社 1996 年版，第 37 页。

国成立后，毛泽东创造性地提出人民内部矛盾理论，并指出："所谓正确处理人民内部矛盾问题，就是我党从来经常说的走群众路线的问题。共产党员要善于同群众商量办事，任何时候也不要离开群众。"①"在检查工作的时候，我们对广大干部和积极分子不要泼冷水，而要帮助他们。向广大干部和积极分子泼冷水是不对的。但是发现了错误，一定要改正。"②

　　为了教育群众，毛泽东做过很多细致的思想工作，是全党同志学习的榜样。1930 年 10 月，蒋介石调集十万大军进攻赣西南革命根据地，企图在这里"围剿"红一方面军。在敌强我弱的现实状况下，毛泽东提出了"诱敌深入"的方针，就是让红军先向根据地内退却，避敌锋芒，保存实力，然后依靠根据地内的民众支持和有利地形，找到敌军破绽，集中兵力，待机破敌。但这个正确方针，不少干部群众一开始并不接受。时任红四军团政治委员的刘亚楼回忆说："为了向红军指战员和地方干部、群众讲清这个道理，毛泽东同志做了深入艰苦的教育、说服工作，大会讲、小会说，条分缕析，晓以利害，着重说明'弱军要战胜强军，是不能不讲求阵地这个条件的'。毛泽东同志用许多通俗易懂的比喻，生动地解释了'将欲取之必先与之'的道理。他指出：'只有丧失才能不丧失'；'不在一部分人民家中一时地打烂些坛坛罐罐，就要使全体人民长期地打烂坛坛罐罐'。最后，这个正确的作战方针终于被大家认识和接

①　《建国以来重要文献选编》第 10 册，中央文献出版社 1994 年版，第 488 页。
②　《毛泽东文集》第 7 卷，人民出版社 1999 年版，第 218—219 页。

受了，这就保证我们掌握了反'围剿'战争的胜算。"① 无独有偶。
1947 年 3 月，蒋介石调集重兵向延安发动进攻。毛泽东对局势作
了客观分析，再次决定诱敌深入，必要时主动放弃延安，同国民党
军队在延安以北山区周旋，乘机集中兵力加以歼击，配合其他解放
区作战。时任毛泽东警卫的阎长林回忆说，毛泽东为了向延安老乡
说明这个战略，用通俗的语言解释道："譬如有一个人，背个很重
的包袱，包袱里尽是金银财宝，碰见了个拦路打劫的强盗，要抢他
的财宝。这个人该怎么办呢？如果他舍不得暂时扔下包袱，他的手
脚很不灵便，跟强盗对打起来，就会打不赢，要是被强盗打死，金
银财宝也就丢了。反过来，如果他把包袱一扔，轻装上阵，那就动
作灵活，能使出全身武艺跟强盗对拼，不但能把强盗打退，还可能
把强盗打死，最后也就保住了金银财宝。我们暂时放弃延安，就是
把包袱让给敌人背上，使自己打起仗来更主动，更灵活，这样就能
大量消灭敌人，到了一定的时机，再举行反攻，延安就会重新回到
我们的手里。"② 毛泽东用亲身的实践证明，要想焕发群众的首创精
神，首先就必须教育群众，用先进的思想武装群众，做深入细致的
群众工作。

　　教育群众的目的，是为了放手发动群众，把群众组织起来，这
是中国共产党尊重和发挥群众首创精神的显著特征。毛泽东总结近
代以来中国革命的经验教训，指出根本的一条就孙中山所说的"唤

---

① 　刘亚楼：《伟大的第一步》，载《星火燎原》（二），人民文学出版社 1962 年版，第 3 页。
② 　阎长林：《警卫毛泽东纪事》，吉林人民出版社 1992 年版，第 31 页。

起民众"。不把全国人民充分动员起来，革命的力量就很弱小。更何况，反动派总是反对和摧残这种动员。所以，"要打倒帝国主义和封建主义，只有把占全国人口百分之九十的工农大众动员起来，组织起来，才有可能"①。1943 年 11 月 29 日，他在中共中央招待陕甘宁边区劳动英雄大会上指出："把群众力量组织起来，这是一种方针。还有什么与此相反的方针没有呢？有的。那就是缺乏群众观点，不依靠群众，不组织群众，不注意把农村、部队、机关、学校、工厂的广大群众组织起来，而只注意组织财政机关、供给机关、贸易机关的一小部分人；不把经济工作看作是一个广大的运动，一个广大的战线，而只看作是一个用以补救财政不足的临时手段。这就是另外一种方针，这就是错误的方针。"②

　　毛泽东认为，发动群众与束缚群众，是两条对立的路线。放手发动群众，把群众组织起来，是中国共产党一贯坚持的方针。为夺取抗日战争的胜利，他提出了一条广泛发动群众，武装群众，依靠群众对日作战，实行人民战争的全面抗战路线。但是，蒋介石不愿放弃一党专政，害怕群众抗日救亡运动的发展危及自己的统治地位，采取单纯由政府和军队抗战的片面抗战路。1937 年 10 月 25 日，毛泽东同英国记者詹姆斯·贝特兰谈话时，充分肯定中国抗战的伟大成绩，同时也指出存在的问题："这首先表现在政治方面。这次参战的地域虽然是全国性的，参战的成分却不是全国性的。广大的

---

① 《毛泽东选集》第 2 卷，人民出版社 1991 年版，第 564—565 页。
② 《毛泽东选集》第 3 卷，人民出版社 1991 年版，第 930 页。

人民群众依然如过去一样被政府限制着不许起来参战，因此现在的战争还不是群众性的战争。反对日本帝国主义侵略的战争而不带群众性，是决然不能胜利的。"①1938 年 5 月，毛泽东在《论持久战》中进一步指出："兵民是胜利之本。""战争的伟力之最深厚的根源，存在于民众之中。"我们要"把日本侵略者置于我们数万万站起来了的人民之前，使它像一匹野牛冲入火阵，我们一声唤也要把它吓一大跳，这匹野牛就非烧死不可"。②1945 年 3 月 31 日，他在六届七中全会上对《论联合政府》进行说明时，再次强调这一方针："为了达到建设新中国之目的，我们的原则是放手动员群众。抗战以来我们一贯的路线是如此，而另一条路线则是束缚群众。蒋介石就是束缚群众，他在柳州会议上讲所谓精神征服。我们对同志与人民是诚诚恳恳，无所谓精神征服，对敌人则是武力征服。"③事实证明，共产党和国民党在抗战中实际上是坚持了发动群众和束缚群众这样两条完全不同的路线，最后也导致了两种完全不同的局面。

毛泽东还强调，无论是发动群众，还是组织群众，都要按照群众的需要和自愿。"欲速则不达"，越俎代庖更要不得。1927 年 3 月，毛泽东在《湖南农民运动考察报告》中指出，"菩萨是农民立起来的，到了一定时期农民会用他们自己的双手丢开这些菩萨，无须旁人过早地代庖丢菩萨。共产党对于这些东西的宣传政策应当是：'引而

---

① 《毛泽东选集》第 2 卷，人民出版社 1991 年版，第 375 页。
② 《毛泽东选集》第 2 卷，人民出版社 1991 年版，第 509、511、511、512 页。
③ 《毛泽东文集》第 3 卷，人民出版社 1996 年版，第 272 页。

不发，跃如也。'菩萨要农民自己去丢，烈女祠、节孝坊要农民自己去摧毁，别人代庖是不对的。"①1944年10月30日，他在陕甘边边区文教工作者会议上指出："一切为群众的工作都要从群众的需要出发，而不是从任何良好的个人愿望出发。有许多时候，群众在客观上虽然有了某种改革的需要，但在他们的主观上还没有这种觉悟，群众还没有决心，还不愿实行改革，我们就要耐心地等待；直到经过我们的工作，群众的多数有了觉悟，有了决心，自愿实行改革，才去实行这种改革，否则就会脱离群众。凡是需要群众参加的工作，如果没有群众的自觉和自愿，就会流于徒有形式而失败。"②他在中共七大闭幕词中，再次强调："我们宣传大会的路线，就是要使全党和全国人民建立起一个信心，即革命一定要胜利。首先要使先锋队觉悟，下定决心，不怕牺牲，排除万难，去争取胜利。但这还不够，还必须使全国广大人民群众觉悟，甘心情愿和我们一起奋斗，去争取胜利。"③

党员干部的一项任务，就是宣传党的理论和路线方针政策，使之为广大群众所理解和掌握，变为群众的自觉行动。这就是在教育群众的基础上动员群众、引导群众。1937年5月8日，毛泽东在延安召开的中国共产党全国代表会议上指出，党的组织要向全国发展，要争取千百万群众进入抗日民族统一战线，必须"要有几百个

---

① 《毛泽东选集》第1卷，人民出版社1991年版，第33页。
② 《毛泽东选集》第3卷，人民出版社1991年版，第1012—1013页。
③ 《毛泽东选集》第3卷，人民出版社1991年版，第1101—1102页。

最好的群众领袖。这些干部和领袖懂得马克思列宁主义，有政治远见，有工作能力，富于牺牲精神，能独立解决问题，在困难中不动摇，忠心耿耿地为民族、为阶级、为党而工作。党依靠着这些人而联系党员和群众，依靠着这些人对于群众的坚强领导而达到打倒敌人之目的"①。1943年10月1日，他就开展根据地的减租、生产和拥政爱民运动指出："减租是农民的群众斗争，党的指示和政府的法令是领导和帮助这个群众斗争，而不是给群众以恩赐。凡不发动群众积极性的恩赐减租，是不正确的，其结果是不巩固的。"②他在《论联合政府》中再次指出："自由是人民争来的，不是什么人恩赐的。中国解放区的人民已经争得了自由，其他地方的人民也可能和应该争得这种自由。"③1948年4月2日，他同《晋绥日报》编辑人员谈话时进一步强调："马克思列宁主义的基本原则，就是要使群众认识自己的利益，并且团结起来，为自己的利益而奋斗。"④

在毛泽东看来，党员干部的作用应该辩证地看待，既要承认他们领导群众的重要性，也要看到他们实质上是群众自己选择的领导工具。1938年4月9日，他在延安抗日军政大学第四期第三大队开学典礼上强调："单是干部不能战胜敌人，没有干部也不能打败敌人。要干部去发动组织广大的人民，把成千成万的人民变

① 《毛泽东选集》第1卷，人民出版社1991年版，第277页。
② 《毛泽东选集》第3卷，人民出版社1991年版，第910页。
③ 《毛泽东选集》第3卷，人民出版社1991年版，第1070页。
④ 《毛泽东选集》第4卷，人民出版社1991年版，第1318页。

为有组织的队伍；没有组织便没有力量。"①1945 年 5 月 24 日，他在中共七大上说明第七届中央委员会的选举方针时指出："群众是从实践中来选择他们的领导工具、他们的领导者。被选的人，如果自以为了不得，不是自觉地作工具，而以为'我是何等人物'！那就错了。我们党要使人民胜利，就要当工具，自觉地当工具。各个中央委员，各个领导机关都要有这样的认识。"②1955 年 3 月，他在中国共产党全国代表会议上再次明确指出："有了不起的作用的还是群众。干部与群众的正确关系是，没有干部也不行，但是，事情是广大群众做的，干部起一种领导作用，不要夸大干部的这种作用。"③总之，要想发挥群众的首创精神，最重要的还是要通过发动群众、组织群众、教育群众，让群众自己解放自己，领导干部决不能越俎代庖。

四、"军民团结如一人"④：恪守党的宗旨，维护群众利益，注意保护群众首创精神

全心全意为人民服务，是党的根本宗旨，是党一切行动的根本出发点和落脚点，也是中国共产党区别于其他一切政党的根本标

---

① 《毛泽东文集》第 2 卷，人民出版社 1991 年版，第 117 页。
② 《毛泽东文集》第 3 卷，人民出版社 1996 年版，第 373—374 页。
③ 《毛泽东文集》第 6 卷，人民出版社 1999 年版，第 401—402 页。
④ 《毛泽东诗词集》，中央文献出版社 2003 年版，第 210 页。

志。毛泽东强调："共产党就是要奋斗，就是要全心全意为人民服务，不要半心半意或者三分之二的心三分之二的意为人民服务。"①只有恪守党的根本宗旨，真正为老百姓办实事，着力解决人民最关心、最直接、最现实的利益问题，才能有力保护群众首创精神，调动人民群众的积极性和主动性。

在革命和建设的各个时期，毛泽东都把民生问题摆在重要位置，并要求将之落实到每个党员特别是领导干部的实际行动中。1933年11月，他在《长冈乡调查》中赞扬长冈乡"最具体最实际地解决群众中的每一个困难问题"，指出："苏维埃是群众生活的组织者，只有苏维埃用尽它的一切努力解决了群众的问题，切切实实改良了群众的生活，取得了群众对于苏维埃的信仰，才能动员广大群众加入红军，帮助战争，为粉碎敌人的'围剿'而斗争。应该明白：长冈乡在战争动员上的伟大成绩，是与他们改良群众生活的成绩不可分离的。"②1934年1月27日，他在江西瑞金召开的第二次全国工农兵代表大会上强调："我们是革命战争的领导者、组织者，我们又是群众生活的领导者、组织者。组织革命战争，改良群众生活，这是我们的两大任务。"③并具体分析指出："如果我们单单动员人民进行战争，一点别的工作也不做，能不能达到战胜敌人的目的呢？当然不能。我们要胜利，一定还要做很多的工作。领导农民的土地斗争，分土

---

① 《毛泽东文集》第7卷，人民出版社1999年版，第285页。
② 《毛泽东文集》第1卷，人民出版社1991年版，第298页。
③ 《毛泽东选集》第1卷，人民出版社1991年版，第139页。

地给农民；提高农民的劳动热情，增加农业生产；保障工人的利益；建立合作社；发展对外贸易；解决群众的穿衣问题，吃饭问题，住房问题，柴米油盐问题，疾病卫生问题，婚姻问题。总之，一切群众的实际生活问题，都是我们应当注意的问题。假如我们对这些问题注意了，解决了，满足了群众的需要，我们就真正成了群众生活的组织者，群众就会真正围绕在我们的周围，热烈地拥护我们。"①为了打破国民党对中央苏区的经济封锁，毛泽东要求各级苏维埃政府"有计划地组织人民，发展对外贸易，把粮食、钨砂、木头、樟脑、纸张、烟叶、夏布输出到白区去，卖得适当的价钱，从白区购买必需品，如食盐、布匹进来，分配给人民，打破敌人的封锁"。②

毛泽东认为，只有关心和解决人民的实际困难，才能保护群众的首创精神，争取人民的真心拥护和支持。1943 年 10 月 14 日，他在西北局高级干部会议上指出："有无群众观点是我们同国民党的根本区别，群众观点是共产党员革命的出发点与归宿。从群众中来，到群众中去，想问题从群众出发就好办。""部队中的负责同志要替士兵着想，机关、学校的负责同志要替大厨房着想，替杂务人员着想，所有的共产党员要替人民着想。"③1946 年 7 月 11 日，他对东北局关于东北形势及任务决议的修改意见中明确表示："我们

---

① 《毛泽东选集》第 1 卷，人民出版社 1991 年版，第 136—137 页。

② 王贤选、何三苟：《中央苏区反经济封锁的片断回忆》，载《回忆中央苏区》，江西人民出版社 1981 年版，第 389 页。

③ 《毛泽东文集》第 3 卷，人民出版社 1996 年版，第 71 页。

的方法，就是从战争、从群众工作、从解决土地问题改善人民生活，从其他一切努力，去增加革命力量，减少反动力量，使双方力量对比发生于我有利的变化。"①几天之后，7月20日，他再次指出："在财政供给上，必须使自卫战争的物质需要得到满足，同时又必须使人民负担较前减轻，使我解放区人民虽然处在战争环境，而其生活仍能有所改善。"②

强调文艺要为工农兵服务，文艺工作者要与群众相结合，是毛泽东尊重群众首创精神，要求各界密切联系群众的一个缩影。1938年4月28日，毛泽东在鲁迅艺术学院指出："没有丰富的实际生活经验，无从产生内容充实的艺术作品。要创造伟大的作品，首先要从实际斗争中去丰富自己的经验。"他还以高尔基为典型，称赞"他的生活经验丰富极了，他熟悉俄国下层群众的生活和语言，也熟悉俄国其他阶层的实际情形，所以才能写出那样多的伟大作品"。③1942年5月，他在延安文艺座谈会上进一步指出："到了革命根据地，就是到了中国历史几千年来空前未有的人民大众当权的时代。我们周围的人物，我们宣传的对象，完全不同了。过去的时代，已经一去不复返了。因此，我们必须和新的群众相结合，不能有任何迟疑。"④毛泽东的这些讲话，使延安广大文艺工作者思想

---

① 《毛泽东文集》第4卷，人民出版社1996年版，第151页。
② 《毛泽东选集》第4卷，人民出版社1991年版，第1188页。
③ 《毛泽东文集》第2卷，人民出版社1993年版，第124、125页。
④ 《毛泽东选集》第3卷，人民出版社1991年版，第876页。

上豁然开朗，在眼前展现出一个新的天地。他们一扫过去那种脱离群众的不良风气，深入群众、深入敌后抗日根据地，在斗争实践中创造出《白毛女》《兄妹开荒》《夫妻识字》《小二黑结婚》等一大批深受工农兵欢迎的文艺作品。看到文艺界的进步，毛泽东十分高兴。他在看了平剧《逼上梁山》的当晚，写信给该剧编导杨绍萱、齐燕铭，指出："历史是人民创造的，但在旧戏舞台上（在一切离开人民的旧文学旧艺术上）人民却成了渣滓，由老爷太太少爷小姐们统治着舞台，这种历史的颠倒，现在由你们再颠倒过来，恢复了历史的面目，从此旧剧开了新生面，所以值得庆贺。"①

新中国成立后，毛泽东一如既往地要求党员干部端正为人民服务的思想和态度，并把改善民生作为各级党委的重要任务。1956年3月4日，他针对手工业的社会主义改造中出现了盲目集中、一律合作，给群众生活造成许多不便的问题，要求及时加以纠正，指出："修理和服务行业集中生产，撤点过多，群众不满意。这就糟糕！现在怎么办？'天下大势，分久必合，合久必分'。"还说："手工业中许多好东西，不要搞掉了。王麻子、张小泉的刀剪一万年也不要搞掉。我们民族好的东西，搞掉了的，一定都要来一个恢复，而且要搞得更好一些。"②1956年4月25日，毛泽东在中央政治局扩大会议上作《论十大关系》的报告，要求处理好国家、生产单位和生产者个人的关系，指出："我们历来提倡艰苦奋斗，反对把个

---

① 《毛泽东书信选集》，人民出版社1983年版，第222页。
② 《毛泽东文集》第7卷，人民出版社1999年版，第11、12页。

人物质利益看得高于一切，同时我们也历来提倡关心群众生活，反对不关心群众痛痒的官僚主义。"①

1956 年 9 月，中共八大根据执政后党的状况发生的变化，突出地提出反对官僚主义和骄傲自满情绪的问题。这次大会修改通过的党章，要求全党"必须不断地发扬党的工作中的群众路线的传统"；"必须同工人、农民、知识分子和其他爱国人民建立广泛的密切的联系"；必须"同脱离群众、脱离实际生活的官僚主义现象进行斗争"。② 中共八大对社会主要矛盾的分析，以及据此而作出的关于党和国家主要任务的规定，既是坚持党的宗旨、关心群众生活的体现，也是调动群众积极性、发挥群众首创精神的动力。大会决议明确指出，国内主要矛盾"已经是人民对于建立先进的工业国的要求同落后的农业国的现实之间的矛盾，已经是人民对于经济文化迅速发展的需要同当前经济文化不能满足人民需要的状况之间的矛盾"。党和全国人民的主要任务，"就是要集中力量来解决这个矛盾，把我国尽快地从落后的农业国变为先进的工业国"。③ 这是中共八大最重要的理论贡献，也是全党全国各族人民的共识。正因为如此，毛泽东对事关群众生活的问题高度关注，抓得很实很细。1959 年 7 月 4 日，他就副食品生产问题指出："无产阶级专政的国家，一定可以做到有菜吃，有油吃，有猪吃，有鱼吃，有菜牛吃，

---

① 《毛泽东文集》第 7 卷，人民出版社 1999 年版，第 28 页。

② 《建国以来重要文献选编》第 9 册，中央文献出版社 2011 年版，第 272 页。

③ 《建国以来重要文献选编》第 9 册，中央文献出版社 2011 年版，第 341、341—342 页。

有羊吃，有鸡鸭鹅兔吃，有蛋吃。我们应当有志气、有决心做到这一项在政治上经济上都有伟大意义的社会主义事业，也应当有信心做到这一项事情。一切为了人民利益，望各级党委接到这个指示以后，精心筹划，立即动手办起来。不但大中城市，县城及四乡集镇都要照此办起来。各级党委要有一个专门管副食品的书记或精心从事的干部。"①

历史、现实、未来是相通的。1960 年 5 月 27 日，毛泽东会见英国陆军元帅蒙哥马利时，就共同关心的问题进行了广泛交谈。蒙哥马利回国后，在 6 月 12 日《星期日泰晤士报》发表《我同毛的会谈》一文，明确指出："毛泽东的基本哲学非常简单——人民起决定作用。"他还讲述了自己两次访华的不同感受：30 多年前，"旧中国受着外来侵略和内部封建主义的双重压迫，国家贫穷落后，广大人民一贫如洗"；而今，"中国人人都充满干劲，都决心为祖国的繁荣而努力，50 年后中国将成为一个强大的国家"。② 可以说，蒙哥马利的观察是深入的，评价是中肯的，也已经为事实所证明。中国特色社会主义进入新时代，改革开放再出发，只要我们一以贯之地坚持尊重人民主体地位，充分发挥群众首创精神，就一定能够决胜全面建成小康社会，奋力夺取新时代中国特色社会主义伟大胜利，切实做到新时代展现新气象实现新作为。

---

① 《毛泽东文集》第 8 卷，人民出版社 1999 年版，第 70 页。
② 《毛泽东年谱（1949—1976）》第 4 卷，中央文献出版社 2013 年版，第 401—403、423—424 页。

第七章

人民是中国共产党的力量之源

——学习邓小平、江泽民、胡锦涛的人民力量观

人民是历史的创造者，这一历史唯物主义的基本原理在改革开放和社会主义现代化实践中得到了充分体现。邓小平、江泽民、胡锦涛在谋划、推动改革开放和社会主义现代化过程中，充分认识到人民对于改革、发展、稳定和党的建设的重要性，从不同维度阐释了人民是中国共产党的力量之源，指明了凝聚人民力量、发挥人民作用的具体路径。

一、人民的力量表现何在？

改革开放 40 年，我国经济社会发展取得了世人瞩目的成就，创造了人类发展史上的奇迹。我国改革开放的历史是由人民创造

的，是由人民在中国的大地上书写的。对于人民在改革开放过程中的作用，邓小平、江泽民、胡锦涛从改革、发展、稳定、党的建设等方面进行了诠释，说明了人民力量的具体表现，诠释了中国共产党的力量源泉。

（一）人民是推动改革开放的力量

人民是社会变革的推动者，没有人民的参与和支持，我国的改革开放既难以启动，更难以延续。1978 年 12 月 13 日，邓小平在中央工作会议上指出，"生产关系和上层建筑的改革，不会是一帆风顺的，它涉及的面很广，涉及一大批人的切身利益，一定会出现各种各样的复杂情况和问题，一定会遇到重重障碍"，"只要我们信任群众，走群众路线，把情况和问题向群众讲明白，任何问题都可以解决，任何障碍都可以排除"。① 邓小平在谋划改革开放之初，已预见改革开放的复杂性和艰巨性，要求发挥人民群众的力量以推动改革开放。事实上，我国改革开放得到了人民的拥护和支持，无论改革还是开放，都凝聚了人民的智慧和力量。1988 年 9 月，邓小平在会见捷克斯洛伐克总统胡萨克时说："很多事是别人发明的，群众发明的，我只不过把它们概括起来，提出了方针政策。"② 农村改革、城市改革都包含人民的探索和创造，人民在实践中的大胆创造经过实践检验之后，成为指导全国改革的方案和举措，家庭联产

---

① 《邓小平文选》第 2 卷，人民出版社 1994 年版，第 152 页。
② 《邓小平文选》第 3 卷，人民出版社 1993 年版，第 272 页。

承包责任制的推行、乡镇企业的创办就是如此。邓小平在南方谈话中还说，"农村搞家庭联产承包，这个发明权是农民的。农村改革中的好多东西，都是基层创造出来，我们把它拿来加工提高作为全国的指导。"①激发群众的创造活力，总结提升群众的实践经验，是我国改革的行动策略。

江泽民在推进改革开放的过程中，同样重视人民力量与人民作用。他说，"我们的改革和建设，只有得到人民群众的理解、支持和参与，充分发挥人民群众的积极性和创造性，才能顺利推进"。②这里肯定了人民力量对于改革和建设的作用。党的十四大确立了社会主义市场经济体制的改革方向，对于中国共产党人而言，这是一次新的考验。如何建立社会主义市场经济体制，需要人民去探索、去实践。江泽民指出，"把社会主义同市场经济结合起来，是一个伟大创举。这就需要积极探索，大胆试验，尊重群众的首创精神"。③人民的参与和支持，人民的智慧和力量，坚定了中国共产党的改革信心，"有人民的全力支持，有党的正确领导，只要我们善于在实践中不断总结经验，就一定能够成功地建立和完善社会主义市场经济体制"。④

在纪念党的十一届三中全会召开 30 周年大会上，胡锦涛高度

---

① 《邓小平文选》第 3 卷，人民出版社 1993 年版，第 382 页。
② 《江泽民文选》第 1 卷，人民出版社 2006 年版，第 407 页。
③ 《江泽民文选》第 2 卷，人民出版社 2006 年版，第 16 页。
④ 《江泽民文选》第 1 卷，人民出版社 2006 年版，第 356 页。

评价人民对于改革开放的历史性贡献。他说："三十年来，我们坚持人民创造历史这一马克思主义科学原理，真诚代表中国最广大人民根本利益，紧紧依靠人民，最广泛地调动人民群众积极性、主动性、创造性，从人民中汲取智慧"，"为改革开放和社会主义现代化建设凝聚起强大力量"。① 改革开放是人民要求和党的主张的内在统一，党的正确主张变为群众的自觉行动；改革开放是尊重社会发展规律与尊重人民历史主体地位的内在统一，人民历史主体地位推动了改革开放的历史进程。

（二）人民是促进发展的力量

社会主义的首要任务是发展生产力，在此基础上逐步提高人民的物质和文化生活水平，满足人民日益增长的美好生活需要。人是生产力中最活跃的因素，人民是发展生产力的主体。

邓小平认为，"在社会主义国家，一个真正的马克思主义政党在执政以后，一定要致力于发展生产力，并在这个基础上逐步提高人民的生活水平。"② 那么，如何促进生产力的发展，依靠谁来推动生产力的发展？ 1987 年 3 月，邓小平在会见喀麦隆总统比亚时指出，"我国百分之八十的人口是农民。农民没有积极性，国家就发展不起来。八年前我们提出农村搞开放政策，这个政策是很成功的。农民积极性提高，农产品大幅度增加，大量农业劳动力转到新

① 《胡锦涛文选》第 3 卷，人民出版社 2016 年版，第 159 页。
② 《邓小平文选》第 3 卷，人民出版社 1993 年版，第 28 页。

兴的城镇和新兴的中小企业，这恐怕是必由之路。"①这里结合农村发展实践说明了人民对于国家发展的作用。

对于人民在发展中的地位，江泽民进行了充分论述。在他看来，社会主义是人民的事业，是人民群众自觉参加和实现自己利益的事业，人民是我国社会的主人，也是社会主义建设事业的主人。江泽民在党的十五大报告中指出，"我们提出的经济改革和发展的目标和任务，反映了人民的根本利益，要依靠人民的积极性和创造精神，依靠人民的艰苦奋斗来实现。"②人民的积极性和创造性，人民的奋斗和实干，是推动我国发展的力量之源。江泽民在庆祝中国共产党成立80周年大会上的讲话，基于历史经验指出，"人是生产力中最具有决定性的力量。包括知识分子在内的我国工人阶级，是推动我国先进生产力发展的基本力量。我国农民阶级和其他劳动群众，同工人阶级紧密团结，是推动我国社会生产力发展的重要力量。"③工人、农民、知识分子，是推动我国社会发展的主体力量。

中国特色社会主义事业是前无古人的创造性事业，是亿万人民创造自己幸福生活的事业，也是异常艰巨和充满挑战的事业，只有紧紧依靠人民，中国特色社会主义事业才能成功，国家才能兴旺发达。胡锦涛在纪念毛泽东诞辰110周年座谈会上的讲话指出，"人民是创造历史的根本动力。中国最广大人民群众是建设中国特色

---

① 《邓小平文选》第3卷，人民出版社1993年版，第213—214页。
② 《江泽民文选》第2卷，人民出版社2006年版，第28页。
③ 《江泽民文选》第3卷，人民出版社2006年版，第274—275页。

社会主义事业的主体，是先进生产力和先进文化的创造者，是社会主义物质文明、政治文明、精神文明协调发展的推动者。"①基于人民在中国特色社会主义建设事业中的主体作用，胡锦涛明确提出了人民主体思想。他在党的十六届五中全会第二次全体会议上指出，"要坚持人民群众在建设中国特色社会主义事业中的主体地位"②。党的十七大报告中进一步强调："尊重人民主体地位，发挥人民首创精神。"③科学发展的核心是以人为本，科学发展的力量来自人民。胡锦涛指出，"人民群众是推动科学发展的主体"，"推动科学发展，必须紧紧依靠人民群众，做到谋划发展思路向人民群众问计，查找发展中的问题听人民群众意见，改进发展措施向人民群众请教，落实发展任务靠人民群众努力，衡量发展成效由人民群众评判。"④人民在科学发展中的主体作用，集中体现了人民对于国家发展、社会进步的作用。

（三）人民是维护社会稳定的力量

改革发展以稳定为前提，中国改革开放之所以能够成功，中国之所以能赢得高速发展，一个重要原因在于社会稳定。社会稳定与人民的生存境遇息息相关，维护社会稳定的力量来自人民。

---

① 《胡锦涛文选》第 2 卷，人民出版社 2016 年版，第 140 页。
② 《胡锦涛文选》第 2 卷，人民出版社 2016 年版，第 366 页。
③ 《胡锦涛文选》第 2 卷，人民出版社 2016 年版，第 624 页。
④ 《胡锦涛文选》第 3 卷，人民出版社 2016 年版，第 99 页。

邓小平深谙改革发展稳定的关系。他说，"中国的问题，压倒一切的是需要稳定。没有稳定的环境，什么都搞不成，已经取得的成果也会失掉"。"要改革，就一定要有稳定的政治环境。总的来说，中国人民是支持改革政策的，绝大多数学生是支持稳定的，他们知道离开国家的稳定就谈不上改革和开放。"①改革需要稳定，发展更需要稳定，邓小平将社会稳定提到关系中国特色社会主义建设事业成败的高度，"稳定压倒一切"成为改革开放以来广为人知的政治话语。邓小平还提出，中国要摆脱落后，使国家的力量增强起来，人民的生活逐步得到改善，"必须有安定的政治环境。没有安定的政治环境，什么事情都干不成"②。改革发展需要稳定，人民期盼社会稳定，也是维护社会稳定的基本力量。

经历 1989 年政治风波之后，社会稳定对于改革发展的重要性凸显。江泽民指出："人民群众是改革发展的主体和动力，也是稳定的力量源泉和深厚基础。"③这是对人民群众在社会稳定中作用的高度概括。社会治安是影响社会稳定的重要因素，"维护社会治安必须坚持走群众路线"，"不把群众发动起来，仅仅靠专门机关的力量，要搞好社会治安是很难的"④。

社会和谐是中国特色社会主义的本质属性，也是社会稳定的内

① 《邓小平文选》第 3 卷，人民出版社 1993 年版，第 190 页。
② 《邓小平文选》第 3 卷，人民出版社 1993 年版，第 244 页。
③ 《江泽民文选》第 2 卷，人民出版社 2006 年版，第 444 页。
④ 《江泽民文选》第 3 卷，人民出版社 2006 年版，第 212 页。

在基石，人民群众是促进社会和谐的主体。胡锦涛指出，"构建社会主义和谐社会是人民群众自己的事业，必须尊重人民群众主体地位和首创精神，团结一切可以团结的力量"①。党的十七大报告进一步强调，"和谐社会要靠全社会共同建设。我们要紧紧依靠人民，调动一切积极因素，努力形成社会和谐人人有责、和谐社会人人共享的生动局面"②。因此，胡锦涛在谋划和谐社会建设时，主要着眼依靠人民的力量，将人民视为和谐社会建设的主体。

（四）人民是推动党的建设的力量

中国共产党植根人民、来自人民，人民监督、人民支持、人民评价是推动党的建设的外部力量。

邓小平在谋划党的建设时，已认识到人民对于党的建设的推动作用。他说，对于贪污、行贿等现象，"人民是非常反感的，我们依靠人民的力量，一定能够逐步加以克服"③。事实上，改革开放以来，在推动反腐败斗争过程中，人民的监督、人民的参与发挥了重要作用，查处的不少腐败案件线索就是人民提供的。

党的领导地位的维护，奠基于人民的支持。江泽民指出，加强党的建设，一个十分重要的问题，"就是我们党必须始终保持同人民群众的血肉联系"；"党的领导地位，只有赢得人民群众的信赖和

---

① 《胡锦涛文选》第 2 卷，人民出版社 2016 年版，第 526 页。
② 《胡锦涛文选》第 2 卷，人民出版社 2016 年版，第 645 页。
③ 《邓小平文选》第 3 卷，人民出版社 1993 年版，第 156 页。

拥护，才能巩固和加强"。① 维护党的领导地位，是党的建设的旨趣所在，人民的支持是维护党的领导地位的首要条件。

胡锦涛在谋划党的建设时，将人民群众的拥护和支持作为党的执政能力建设和执政地位提升的根本。他指出："我们党的执政能力和执政地位从根本上说都来自于人民。人民群众的拥护和支持，是党执政最牢固的政治基础和最深厚的力量源泉。离开人民群众的拥护和支持，党的执政能力和执政地位就会成为无源之水、无本之木。"② 这一论断，彰显了人民群众对于党的建设的重要意义，党的执政能力的提升和执政地位的稳定，需要人民的支持。

人民群众创造历史的作用是多元的，邓小平、江泽民、胡锦涛从改革、发展、稳定、党的建设四个方面对于人民群众作用的诠释，彰显了人民的力量，说明了中国共产党的力量源泉。

二、人民为何具有力量？

人民是中国共产党的力量源泉，要使这一原理为党员干部理解、接受和认同，需要选择合适的话语方式，以增强话语的解释力和说服力。邓小平、江泽民、胡锦涛在诠释中国共产党的力量之源时，基于基本原理、实践基础、历史经验建构人民力量话语，使党员干部通晓和认同人民是中国共产党的力量源泉这一朴素的道理。

---

① 《江泽民文选》第1卷，人民出版社2006年版，第407页。
② 《十六大以来重要文献选编》（中），中央文献出版社2006年版，第593页。

（一）基于基本原理诠释人民力量

人民是历史的创造者，是社会变革的决定性力量。基于历史唯物主义基本原理来诠释中国共产党的力量源泉，使这一道理获得了马克思主义理论支撑。

邓小平在阐释人民力量时，借用了马克思主义基本原理。他说："马克思主义向来认为，归根结底地说来，历史是人民群众创造的。"①这里基于马克思主义基本原理，阐释了人民在历史发展进程中的作用，说明了中国共产党人民力量话语的理论来源。

江泽民在诠释人民是中国共产党的力量之源时，强调它是马克思主义的基本观点。他说："实践的观点、群众的观点，是马克思主义的基本观点。"②江泽民还引用马克思主义关于领袖和群众关系的基本观点，为人民力量话语提供理论支撑。他指出，"历史唯物主义从来不否认领袖人物在历史发展中的重要作用。但是，领袖人物只有紧紧依靠人民，忠实反映人民的意志和愿望，并自觉投身到人民创造历史的伟大实践中去，才能发挥好自己的作用"。③领袖和群众关系的阐释，彰显了人民在历史发展中的地位。不仅如此，江泽民还引用毛泽东的观点来支撑人民是中国共产党力量之源的判断。毛泽东曾说："群众是真正的英雄，而我们自己则往往是幼稚

---

① 《邓小平文选》第 1 卷，人民出版社 1994 年版，第 217 页。
② 《江泽民文选》第 2 卷，人民出版社 2006 年版，第 216 页。
③ 《江泽民文选》第 2 卷，人民出版社 2006 年版，第 577 页。

可笑的，不了解这一点，就不能得到起码的知识。"①江泽民在阐释人民是中国共产党力量源泉时指出，"人民是历史的创造者，群众是真正的英雄。这些话，都是毛泽东同志早就说过的"。②通过引用毛泽东的观点，增强了人民力量话语的说服力。

胡锦涛在诠释人民是中国共产党的力量之源时，也运用了历史唯物主义的基本原理。他指出："历史唯物主义告诉我们，人民，只有人民，才是创造世界历史的动力。"③将人民是中国共产党的力量之源奠基于马克思主义基本原理，强化了人民力量话语的解释力。

（二）基于实践经验诠释人民力量

实践是认识的来源，基于实践经验来诠释人民是中国共产党的力量之源，让事实说话，更具感召力和吸引力。

邓小平在诠释农民对于改革的作用时指出："在没有改革以前，大多数农民是处在非常贫困的状况，衣食住行都非常困难。党的十一届三中全会以后决定进行农村改革，给农民自主权，给基层自主权，这样一下子就把农民的积极性调动起来了，把基层的积极性调动起来了，面貌就改变了。"④这里通过改革前后农村状况的比较，说明了调动农民积极性对于推动农村改革的意义。在谈到农村

---

① 《毛泽东选集》第 3 卷，人民出版社 1991 年版，第 790 页。
② 《江泽民文选》第 2 卷，人民出版社 2006 年版，第 365 页。
③ 《胡锦涛文选》第 2 卷，人民出版社 2016 年版，第 292 页。
④ 《邓小平文选》第 3 卷，人民出版社 1993 年版，第 237—238 页。

发展问题时，邓小平说，乡镇企业容纳了 50% 的剩余劳动力，"那不是我们领导出的主意，而是基层农业单位和农民自己创造的。"① 不仅农村改革如此，就整个改革开放而言，邓小平强调："改革开放中许许多多的东西，都是由群众在实践中提出来的"，"绝不是一个人的脑筋就可以钻出什么新东西来，是群众的智慧，集体的智慧。"② 实践已经证明，是人民推动了中国的改革和发展。

江泽民在谈到农村改革和发展时，也结合实践进行阐释和说明。他指出："人民是创造历史的真正动力。包产到户、乡镇企业和村民自治，都是在党的领导下我国亿万农民的伟大创造"③；"依靠群众推进改革，这是一条重要经验"。④ 这是基于实践对人民力量的阐释，是基于实践的经验表达。1998 年 6—9 月，我国继 1931 年、1954 年后又一次发生了全流域性特大洪灾。在全国抗洪抢险总结表彰大会上，江泽民指出，"这次抗洪胜利再一次表明，人民，只有人民，才是创造历史的真正动力，人民是我们事业发展取之不尽的力量源泉。"⑤ 这里结合抗洪抢险的实践，诠释了人民的力量，也进一步表明了马克思主义基本原理的科学性和真理性。

改革开放的实践是人民的实践，人民的智慧、人民的力量在改革开放的过程中得到了充分体现。胡锦涛在纪念党的十一届三中全

---

① 《邓小平文选》第 3 卷，人民出版社 1993 年版，第 252 页。

② 《邓小平思想年谱（1975—1997）》，中央文献出版社 2011 年版，第 711—712 页。

③ 《江泽民文选》第 2 卷，人民出版社 2006 年版，第 210 页。

④ 《江泽民文选》第 2 卷，人民出版社 2006 年版，第 210 页。

⑤ 《江泽民文选》第 2 卷，人民出版社 2006 年版，第 228 页。

会召开 30 周年大会上的讲话，结合改革开放的实践强调："人民群众是党的力量源泉和胜利之本"。①2008 年 5 月发生在四川汶川的地震，是中华人民共和国成立以来影响最大的一次地震。抗震救灾的过程，既彰显了中国特色社会主义制度的优越性，也彰显了人民的力量。2008 年 10 月，在全国抗震救灾总结表彰大会上，胡锦涛指出："抗震救灾斗争再一次证明，人民是推动中国社会发展进步的真正动力。抗震救灾斗争重大胜利，归根到底是人民的胜利。人民是历史创造者，是振兴中华最深厚的力量。"②随着经济发展和技术进步，人民的力量容易被低估和忽视。针对这一情况，胡锦涛提出："现在，我们拥有的经济实力和财力大大提高了，我们掌握的各方面资源大大增加了，我们可以运用的科技手段大大丰富了，但我们必须牢记，世界上没有任何力量可以代替人民的力量。"③对于中国共产党而言，人民的力量是永恒的，科技无法取代，也不可能取代。

（三）基于历史经验诠释人民力量

历史是最好的教科书，也是最好的清醒剂和营养剂，历史经验蕴含智慧和道理，基于历史经验诠释人民的力量，为人民力量话语提供了历史支撑和历史佐证。

邓小平经历了革命、建设、改革三个时期，参与了历史的创

---

① 《胡锦涛文选》第 3 卷，人民出版社 2016 年版，第 159 页。
② 《胡锦涛文选》第 3 卷，人民出版社 2016 年版，第 128 页。
③ 《胡锦涛文选》第 3 卷，人民出版社 2016 年版，第 444 页。

造，也是历史的见证人。1979年11月，他在中央党政军机关副部长以上干部会上指出："我们的历史经验是，越是困难的时候，越要关心群众。只要你关心群众，同群众打成一片，不仅不搞特殊化，而且同群众一块吃苦，任何问题都容易解决，任何困难都能够克服。"①这是对历史经验的总体概括和科学把握。解放战争的胜利是人民力量的胜利。淮海战役后，陈毅曾形象地说："淮海战役的胜利是人民用小车推出来的。"基于战争年代的历史经验，邓小平指出，团结和动员最广大的人民群众，任何困难和挫折都能克服。"过去我们打败国民党用美国装备武装起来的几百万现代化军队，就靠这一条。那时我们没有飞机，没有大炮，主要是靠人。所以我说，人的因素重要，不是指普通的人，而是指认识到人民自己的利益并为之而奋斗的有坚定信念的人。"②将人民力量话语建立在历史事实之上，增强了人民力量话语的解释力。

中国共产党的历史，是团结、带领人民不懈奋斗的历史。江泽民在庆祝中国共产党成立80周年大会上的讲话，基于历史事实强调，"必须始终紧紧依靠人民群众，诚心诚意为人民谋利益，从人民群众中汲取前进的不竭力量"，"必须始终把体现人民群众的意志和利益作为我们一切工作的出发点和归宿，始终把依靠人民群众的智慧和力量作为我们推进事业的根本工作路线"。③这是基于中国

---

① 《邓小平文选》第2卷，人民出版社1994年版，第228页。
② 《邓小平文选》第3卷，人民出版社1993年版，第190页。
③ 《江泽民文选》第3卷，人民出版社2006年版，第271页。

共产党 80 年的历史经验得出的结论。

胡锦涛在诠释人民力量时，也借用了中国共产党的历史经验。他在纪念毛泽东诞辰 110 周年座谈会上指出，"充分相信群众，紧紧依靠群众，保持同人民群众的血肉联系，始终是我们党立于不败之地的力量源泉，始终是我们党和国家事业发展最具有决定性的因素"①。这里的"始终"是时间界定，贯穿中国共产党领导革命、建设、改革的全过程。胡锦涛在庆祝中国共产党成立 90 周年大会上强调，"九十年来党的发展历程告诉我们，来自人民、植根人民、服务人民，是我们党永远立于不败之地的根本"②。可见，胡锦涛在阐释人民是中国共产党的力量源泉时，充分借鉴和运用了历史经验、历史智慧。

邓小平、江泽民、胡锦涛基于基本原理、实践基础、历史经验建构的人民力量话语，赢得了全党全社会的认同，也有效调动了人民的积极性、主动性和创造性，推动了中国改革开放和中国特色社会主义事业的历史进程。

三、如何发挥人民力量？

人民力量的发挥，需要中国共产党人树立群众观点，站稳人民立场，涵养人民情怀，掌握群众工作方法。邓小平、江泽民、胡锦

---

① 《胡锦涛文选》第 2 卷，人民出版社 2016 年版，第 140 页。
② 《胡锦涛文选》第 3 卷，人民出版社 2016 年版，第 532 页。

涛对如何发挥人民力量进行了系统思考和回答，指明了发挥人民力量的具体途径。

（一）树立群众观点

发挥人民力量，要求全党思想上尊重群众，充分认识到人民群众在改革发展稳定和党的建设等方面的作用。1980 年 12 月，邓小平在中共中央工作会议上指出，"群众是我们力量的源泉，群众路线和群众观点是我们的传家宝。"①他要求加强党的组织、党员、干部同群众的联系，把国家的形势和困难、党的工作和政策真实告诉群众，坚决批评和纠正各种脱离群众、对群众疾苦不闻不问的错误。这次讲话，实际上使全党经受了一次马克思主义群众观教育。

为树立群众观点，江泽民提出："要在全党范围内进行马克思主义唯物史观的教育，批判各种否定、贬低人民群众在社会发展中的地位和作用的历史唯心主义观点，牢固树立推动历史前进的决定性力量是人民群众的科学观点。"②唯物史观是尊重群众、认识群众作用的基础。在庆祝中国共产党成立 80 周年大会上的讲话中，江泽民强调："全党同志要始终坚持一切为了群众、一切依靠群众的根本观点"。③群众观点的确立，是赢得群众支持、汲取群众智慧、发挥群众力量的基础。

---

① 《邓小平文选》第 2 卷，人民出版社 1994 年版，第 368 页。
② 《江泽民文选》第 1 卷，人民出版社 2006 年版，第 98—99 页。
③ 《江泽民文选》第 3 卷，人民出版社 2006 年版，第 280 页。

胡锦涛在诠释人民力量时，对群众观点进行了界定。他说："群众观点是历史唯物主义的基本观点，也是我们做好群众工作的思想基础。只有真正理解和牢固树立群众观点，才能坚定不移、坚持不懈做好群众工作。"在胡锦涛看来，群众观点具体包括：人民是历史创造者的观点，全心全意为人民服务的观点，立党为公、执政为民的观点，向人民学习的观点，群众利益无小事的观点，对党负责与对人民负责相一致的观点。① 对群众观点的总结和概括，有利于党员干部牢固树立群众观点，进而有利于发挥人民的力量。

（二）站稳人民立场

中国共产党是全心全意为人民谋利益的政党，没有自己的特殊利益，因而能够站在人民的立场上制定方针和政策，以人民利益作为评判的标准和尺度。

邓小平具有鲜明的人民立场，时刻关注人民群众的根本利益，始终把人民群众的利益放在心中最高位置，放在一切工作的首位，将"人民拥护不拥护，人民赞成不赞成，人民高兴不高兴，人民答应不答应"作为衡量一切工作得失的根本标准，这是人民立场的集中体现。

江泽民将"代表最广大人民的根本利益"，作为"三个代表"重要思想的内涵之一，彰显了人民利益的重要性，表达了他的人民

---

① 《胡锦涛文选》第 3 卷，人民出版社 2016 年版，第 444 页。

立场。江泽民指出："在任何时候任何情况下，我们的一切工作和言行都要以是否符合最广大人民的根本利益为最高衡量标准。这必须成为我们观察和处理问题的根本原则。"① 最高标准、根本原则，彰显了江泽民对于人民利益的定位。在庆祝中国共产党成立80周年大会上的讲话中，江泽民指出："党除了最广大人民的利益，没有自己特殊的利益。党的一切工作，必须以最广大人民的根本利益为最高标准。"并把"是不是代表最广大人民的根本利益"，作为评价政党是否先进的标准之一。② 人民利益标准，表达了江泽民的人民立场。

在人民立场问题上，胡锦涛指出："群众立场是决定我们党的性质的根本政治问题。我们党之所以得到广大人民群众拥护和支持，首先是因为我们党始终站在最广大人民立场上说话办事，始终代表最广大人民根本利益。始终站在人民立场上而不是站在个人、少数人立场上说话办事，始终代表最广大人民根本利益而不是代表某一个人、某一部分人利益，是决定人心向背、事业成败的关键。"③ 站在人民立场，才能切实维护和发展人民群众的经济、政治、文化权益，才能以符合最广大人民的根本利益作为评价标准。在纪念毛泽东诞辰110周年座谈会上，胡锦涛指出："实现好、维护好、发展好最广大人民的根本利益，始终是我们党全部奋斗的最

---

① 《江泽民文选》第2卷，人民出版社2006年版，第577页。
② 《江泽民文选》第3卷，人民出版社2006年版，第280、285页。
③ 《胡锦涛文选》第3卷，人民出版社2016年版，第445页。

高目的，始终是我们党观察和处理问题的根本原则。"①以人为本的核心，是从人民群众根本利益出发谋发展、促发展，不断满足人民群众日益增长的物质文化需要，让发展成果惠及全体人民。

（三）涵养人民情怀

中国共产党要赢得人民的支持和信任，从人民中吸取智慧和力量，情感上要贴近群众。人民情怀的涵养，决定了中国共产党能否关心群众、接近群众，能否赢得群众的拥护和爱戴。

邓小平热爱人民、心系人民，对人民怀有深厚的感情，把为中国人民谋幸福作为自己毕生奋斗的目标。邓小平曾深情地说："我是中国人民的儿子，我深情地爱着我的祖国和人民。"②这是人民情感的流露，表达了邓小平的爱民之心。关心群众生活是人民情怀的表达，也是联系群众、接近群众、赢得群众信任的途径。邓小平多次强调，贫穷不是社会主义，社会主义要消灭贫穷；社会主义的目的是实现全体人民共同富裕，不是两极分化，各项工作"都要以是否有助于人民的富裕幸福"，"作为衡量做得对或不对的标准"。③

关心群众疾苦，满足人民日益增长的物质文化生活需要，是人民情怀的体现；对人民群众日益增长的物质文化生活需要视而不

---

① 《胡锦涛文选》第 2 卷，人民出版社 2016 年版，第 140 页。

② 《邓小平思想年谱（1975—1997）》，中央文献出版社 2011 年版，第 349 页。

③ 《邓小平文选》第 3 卷，人民出版社 1993 年版，第 23 页。

见，难有人民情怀可言。江泽民在党的十四大报告中指出："加快改革开放和经济发展，目的都是为了满足人民日益增长的物质文化需要。"① 他要求领导干部"'下高楼、出深院'，到基层去，到群众中去，特别是到艰苦的地区和困难的单位去，体察民情，了解民意，给群众办实事，为群众排忧解难。"② 在庆祝中国共产党成立80周年大会上，江泽民强调："各级领导干部时刻都要把人民群众的安危冷暖放在心上，关心群众疾苦，努力为群众办实事、办好事。各级领导机关和领导干部，要特别关心那些工作和生活上暂时遇到困难的群众，把他们的事情摆上重要议事日程，重点考虑，重点解决，切实安排好他们的就业和生活。"③ 关心群众，是人民情怀的集中表达。

胡锦涛倡导"情为民所系"，要求党员干部心系群众，视群众为亲人。2002年12月，胡锦涛在西柏坡学习考察时就提出，"权为民所用，情为民所系，利为民所谋"④。他要求各级领导干部深入群众，倾听群众呼声，关心群众疾苦，时刻把人民群众冷暖安危挂在心上。在他看来，坚持立党为公、执政为民，"不能停留在口号和一般要求上，必须围绕人民群众最现实、最关心、最直接的利益来落实，努力把经济社会发展长远战略目标和提高人民生活

① 《江泽民文选》第1卷，人民出版社2006年版，第239页。
② 《江泽民文选》第1卷，人民出版社2006年版，第407页。
③ 《江泽民文选》第3卷，人民出版社2006年版，第280页。
④ 《胡锦涛文选》第2卷，人民出版社2016年版，第9页。

水平阶段性任务统一起来，把实现人民长远利益和当前利益结合起来。群众利益无小事。凡是涉及群众的切身利益和实际困难的事情，再小也要竭尽全力去办"①。胡锦涛在庆祝中国共产党成立90周年大会上指出："只有我们把群众放在心上，群众才会把我们放在心上；只有我们把群众当亲人，群众才会把我们当亲人。"② 党员干部用真情去感化群众、关心群众，才能从人民群众中获得智慧和力量。

（四）掌握群众工作方法

赢得群众支持，从人民中汲取智慧和力量，要求掌握群众工作的基本方法。尊重人民的首创精神，善于调动人民的积极性，及时化解人民内部存在的矛盾，促进人的全面发展，是邓小平、江泽民、胡锦涛倡导的群众工作基本方法。

1.尊重人民的首创精神。改革开放实践说到底是人民的实践，尊重人民的首创精神，人民才会投身和支持改革，贡献改革的智慧和力量。改革的每一项方针政策与人民利益息息相关，必须尊重人民的意愿和人民的创造。邓小平说，改革过程中"要同人民一起商量着办事"，决心要坚定，步骤要稳妥，还要及时总结经验，改正不妥当的方案和步骤。③ 如此，改革才不会背离或损害人民利益。

---

① 《胡锦涛文选》第2卷，人民出版社2016年版，第58页。
② 《胡锦涛文选》第3卷，人民出版社2016年版，第532页。
③ 《邓小平文选》第3卷，人民出版社1993年版，第268页。

江泽民同样主张，"一切事情，都要顺应人民群众的要求和愿望去做，才能取信于民"①。在谈到农业和农村经济发展时，江泽民特别强调"必须尊重农民的首创精神"，"农村每一项重大政策出台，都建立在基层和农民群众实践创造的基础上，因而具有充分的实践依据和深厚的群众基础"②。胡锦涛在庆祝中国共产党成立 90 周年大会上的讲话中指出："每一个共产党员都要把人民放在心中最高位置，尊重人民主体地位，尊重人民首创精神，拜人民为师，把政治智慧的增长、执政本领的增强深深扎根于人民的创造性实践之中。"③ 人民群众是富有智慧的，尊重人民的首创精神，才能激发人民的创造活力，彰显人民智慧的价值。

2. 调动人民的积极性。人民积极性的高低，决定人民力量的大小，充分调动人民的积极性，才能发挥和彰显人民的力量。在论及政治体制改革目标时，邓小平提出，政治体制改革的目标之一，就是"调动基层和工人、农民、知识分子的积极性。这些年来搞改革的一条经验，就是首先调动农民的积极性，把生产经营的自主权力下放给农民。农村改革是权力下放，城市经济体制改革也要权力下放，下放给企业，下放给基层，同时广泛调动工人和知识分子的积极性，让他们参与管理，实现管理民主化"④。邓

---

① 《江泽民文选》第 1 卷，人民出版社 2006 年版，第 363 页。
② 《江泽民文选》第 2 卷，人民出版社 2006 年版，第 210 页。
③ 《胡锦涛文选》第 3 卷，人民出版社 2016 年版，第 532 页。
④ 《邓小平文选》第 3 卷，人民出版社 1993 年版，第 180 页。

小平强调通过政治体制改革，使人民有更多的民主权利，特别是给基层、企业、乡村中的农民有更多的自主权，以调动人民的积极性，释放人民的力量。江泽民将人民积极性的调动提到关系社会主义建设成败的高度。1998年9月，他在安徽考察工作时提出，"必须把调动农民的积极性作为制定农村政策的首要出发点。农民的积极性是发展农业和农村经济的根本。建国以来的历史经验证明，什么时候农民有积极性，农业就快速发展：什么时候挫伤了农民的积极性，农业就停滞甚至萎缩。"① 这里结合新中国成立以来农业发展的历史，说明了调动人民积极性的重要性。胡锦涛同样高度关注人民积极性的调动。他在纪念毛泽东诞辰110周年座谈会上的讲话中指出，"我们必须最充分地调动人民群众的积极性、主动性和创造性，最大限度地集中全社会全民族的智慧和力量"②。充分调动人民积极性是群众工作的重要方法，也是获取人民力量的重要途径。

3. 及时解决人民内部存在的矛盾。由于利益分歧、价值取向多元、生活方式多样化等方面的原因，引发人民内部矛盾的存在，如不能及时化解，既影响党和人民群众的关系，也影响社会稳定与社会和谐。在邓小平看来，解决人民内部矛盾，除了做好思想政治教育工作外，还要着重解决发扬民主的问题。江泽民指出："各级领导都要关心涉及群众切身利益的问题，注意在改革和建设中可能引

---

① 《江泽民文选》第2卷，人民出版社2006年版，第209页。
② 《胡锦涛文选》第2卷，人民出版社2016年版，第140页。

发的新矛盾，见微知著，防微杜渐，把问题解决在萌芽状态，解决在基层，解决在当地。"①人民内部矛盾的解决，要多方施策，综合运用法律、政策、经济、行政等手段和教育、协商、疏导等办法。江泽民要求全党"十分重视和认真研究新时期人民内部矛盾的问题，继承和发扬党的优良传统，用民主的方法、说服教育的方法，依据有关政策和法律规定，妥善处理人民内部矛盾，见微知著，把问题解决在萌芽状态，解决在基层，解决在当地，不能让事态扩大，更不要等事情闹大了再来解决"②。胡锦涛提出，要把解决人民内部矛盾纳入制度化、法制化轨道。针对侵害群众利益的现象，强调建立健全相关法律法规。如针对城市建设拆迁占地问题，"制定统一、严格、明确、透明的规则，既保证必需的城市建设拆迁健康有序进行，又保护群众合法权益"③。2005 年 2 月，胡锦涛在省部级主要领导干部提高构建社会主义和谐社会能力专题研讨班上指出，"要进一步完善处理人民内部矛盾的方式方法，完善信访工作责任制，建立健全社会矛盾纠纷调处机制，把人民调解、司法调解、行政调解结合起来，依法及时合理地处理群众反映的问题。要深入细致地做好思想政治工作，引导群众以理性合法的形式表达利益要求、解决利益矛盾。要积极预防和妥善处置群体性事件，坚持依法办事、按照政策办事，既依法维护群众正当权益，又依法维护社会安定团

---

①　《江泽民文选》第 1 卷，人民出版社 2006 年版，第 407 页。

②　《江泽民思想年编（1989—2008）》，中央文献出版社 2010 年版，第 103 页。

③　《胡锦涛文选》第 2 卷，人民出版社 2016 年版，第 119 页。

结。"① 如此，解决人民内部矛盾的思路方法更加科学化，解决人民内部矛盾的机制更加完善。

4. 促进人的全面发展。人的素养高低是人的力量大小的基础，人民群众力量的充分发挥有赖于人的全面发展。邓小平提出，社会主义精神文明建设，"最根本的是要使广大人民有共产主义的理想，有道德，有文化，守纪律"②。邓小平重视理想教育，要求经常教育我们的人民，尤其是我们的青年，要有理想。理想生成力量，人民有理想，人民才有力量。江泽民把人的全面发展与社会的发展进步、中国特色社会主义事业的成败结合在一起。他指出，"一切社会的发展和进步，都取决于人的发展和进步，取决于人的尊严的维护和价值的发挥。"③"人民群众的理想信念、精神状态和人心所向，最终决定建设有中国特色社会主义事业的成败。"④ 为此，江泽民强调思想政治工作的重要性，而思想政治工作本质上是群众工作，是宣传群众、教育群众、引导群众、提高群众的工作。在庆祝中国共产党成立 80 周年大会上，江泽民要求提高人民的思想道德素质和科学文化素质，提高人民的劳动技能和创造才能，促进人的全面发展。他说，"我们建设有中国特色社会主义的各项事业，我们进行的一切工作，既要着眼于人民现实的物质文化生活需要，同时又要

---

① 《十六大以来重要文献选编》（中），中央文献出版社 2006 年版，第 715 页。
② 《邓小平文选》第 3 卷，人民出版社 1993 年版，第 28 页。
③ 《江泽民文选》第 2 卷，人民出版社 2006 年版，第 56 页。
④ 《江泽民文选》第 3 卷，人民出版社 2006 年版，第 74 页。

着眼于促进人民素质的提高，也就是要努力促进人的全面发展。这是马克思主义关于建设社会主义新社会的本质要求。我们要在发展社会主义社会物质文明和精神文明的基础上，不断推进人的全面发展。"①科学发展观的核心是以人为本，以人为本的目标是促进人的全面发展，胡锦涛对以人为本的倡导，表明他对人的全面发展的关注。

　　人民力量的发挥，是中国共产党的成功密码。邓小平、江泽民、胡锦涛对于发挥人民力量方法路径的阐释，说明了中国共产党的成功之道，诠释了中国共产党能够长期执政的原因。新时代如何密切联系群众，从这些阐释里可以得到启发。

---

① 《江泽民文选》第 3 卷，人民出版社 2006 年版，第 294 页。

第八章

尊重人民群众的首创精神

——学习习近平总书记关于人民群众首创精神的重要论述

人民群众的首创精神，是人民群众智慧的集中表达，是人民群众作为主体力量积极主动参与实践、改造世界、追求幸福生活的生动表现。尊重人民群众的首创精神，是对人民群众主体地位和主体力量的认同，是对人民群众创造性实践和美好生活向往的尊重。尊重人民群众的首创精神，不仅是对唯物史观基本原理的继承和发扬，也是我们党在长期领导中国革命、建设和改革进程中总结出来的宝贵经验。新时代，我们依然要发扬传统，传承经验，始终不渝地尊重人民群众的首创精神，发挥人民群众的集体智慧，调动人民群众的积极性、主动性、创造性，将人民群众的伟大力量汇聚到新时代中国特色社会主义的实践发展中，汇聚到实现中华民族伟大复兴的中国梦的历史进程中。

作为开启新时代的领航人，习近平总书记深感人民群众力量的伟大，始终非常重视人民群众的首创精神。他在许多场合多次提到要"尊重群众的首创精神""尊重人民首创精神""人民是我们力量的源泉"，等等。其中字字句句，都饱含着对人民群众的拳拳之心，对人民群众伟大力量的崇敬叹服，对人民群众首创精神的支持鼓励。习近平关于人民群众首创精神的重要论述，彰显了新一届党中央领导集体全心全意为人民服务的宗旨、"以人民为中心"的发展理念、人民对美好生活向往的奋斗目标，为新时代解决社会主要矛盾，实现共同富裕，决胜全面建成小康社会，全面深化改革，提供了思想引领和行动指南。

一、尊重人民群众首创精神是时代的呼唤

"经过长期努力，中国特色社会主义进入了新时代。"[1]在新时代，积极推进中国特色社会主义的发展，不仅需要党员干部的积极参与，也需要广大人民群众的热情支持和实践创造。习近平指出："实现我们的奋斗目标，开创我们的美好未来，必须紧紧依靠人民、始终为了人民，必须依靠辛勤劳动、诚实劳动、创造性劳动。"[2]依靠人民群众的辛勤劳动、诚实劳动、创造性劳动，就是我们尊重人民群众首

---

[1]　习近平：《决胜全面建成小康社会　夺取新时代中国特色社会主义伟大胜利——在中国共产党第十九次全国代表大会上的报告》，人民出版社 2017 年版，第 10 页。

[2]　《习近平谈治国理政》，外文出版社 2014 年版，第 44 页。

创精神的生动表现。尊重人民群众首创精神是时代发展的需要。

（一）新时代新作为需要尊重人民群众的首创精神

"人民是历史的创造者，群众是真正的英雄。"① 这是习近平对人民群众伟大创造力量的生动表达，它不仅肯定了人民群众创造历史的重大作用，也确立了人民群众的主体地位，并且全面、深入、科学地回答了谁是历史的创造者，谁是历史上的真正英雄。之所以说人民群众是创造历史的真正动力，是真正的英雄，根源于人民群众的首创精神和实践力量——人民群众首创精神不仅彰显了人民群众的积极性姿态，也包含着人民群众的开创性实践。

新时代新作为需要人民群众的首创精神，主要表现在以下三个方面。

实现新时代奋斗目标需要人民群众的首创精神。"人民对美好生活的向往，就是我们的奋斗目标。"②2012年，习近平在当选中共中央总书记的首次公开讲话中，庄严宣示了他的执政理念和执政目标。在党的十九大报告的开篇，习近平又一次明确表达"要永远与人民同呼吸、共命运、心连心，永远把人民对美好生活的向往作为奋斗目标"③。实现新时代全面建成富强民主文明和谐美丽的社会主

① 《习近平谈治国理政》，外文出版社 2014 年版，第 5 页。
② 《习近平谈治国理政》，外文出版社 2014 年版，第 424 页。
③ 习近平：《决胜全面建成小康社会　夺取新时代中国特色社会主义伟大胜利——在中国共产党第十九次全国代表大会上的报告》，人民出版社 2017 年版，第 1 页。

义现代化强国的奋斗目标必须依靠人民的努力奋斗。习近平指出，要"依靠人民创造历史伟业"①，人民群众的积极性、主动性、创造性为实现奋斗目标提供了强大的精神动力与智力支持。

解决新时代社会主要矛盾需要人民群众的首创精神。在新时代，"我国社会主要矛盾已经转化为人民日益增长的美好生活需要和不平衡不充分的发展之间的矛盾"②。社会主要矛盾的转化，表明人民群众的需求更加多元化，需要层次也在提高，而发展的不平衡不充分已经成为满足人民群众需求的主要制约因素。充分调动和激发人民群众的首创精神，汇集人民群众创造性的实践经验，有利于解决发展不平衡不充分的问题，也有利于为满足人民群众多样化的需求提供坚实的物质基础。

新时代打赢精准脱贫攻坚战、实现共同富裕需要人民群众的首创精神。精准脱贫工作是习近平一直夙夜牵挂的大事，也是他花费精力最多的事情。他在党的十九大报告中提出要坚持精准扶贫、精准脱贫，注重扶贫同扶志、扶智相结合。"精准扶贫""精准脱贫"，一定要注重发挥人民群众的首创精神和创造力量，一定要注重"扶志""扶智"，而"扶志""扶智"的关键，在于激发贫困地区人民群众的自主性、积极性、创造性，尊重并发挥人民群众的首创精神，使贫困地区人民群众依靠自己解放自己，依靠自己发展自己。

---

① 《习近平谈治国理政》，外文出版社 2014 年版，第 27 页。

② 习近平：《决胜全面建成小康社会　夺取新时代中国特色社会主义伟大胜利——在中国共产党第十九次全国代表大会上的报告》，人民出版社 2017 年版，第 11 页。

"授人以鱼，不如授人以渔"，尊重并发挥贫困地区人民群众首创精神，是新时代打赢脱贫攻坚战、实现共同富裕的根本之路和长久之策。

（二）破解实践难题需要尊重人民群众的首创精神

人民群众的首创精神根源于人民群众伟大的实践创造，尊重人民群众的首创精神就是尊重人民群众的实践创造。人民群众的实践是最丰富最生动的实践，人民群众实践中蕴藏着巨大的智慧和力量。破解实践难题，关键在于实践，在于依靠蕴藏在人民群众中的实践力量。习近平指出："改革开放在认识和实践上的每一次突破和发展，改革开放中每一个新生事物的产生和发展，改革开放每一个方面经验的创造和积累，无不来自亿万人民的实践和智慧。"[1]这段话，深刻揭示了在我国改革开放的艰难历程中，广大人民群众的首创精神和创造性实践为破解改革道路上的实践难题贡献了巨大力量。改革开放本身就是亿万人民群众自己的事业，也就是在中国共产党的领导下，全体人民群众积极投身于社会主义现代化建设的过程，改革发展的每一步跨越、每一个成果，都展现着人民群众首创智慧的结晶。

破解实践难题需要尊重人民群众首创精神的哲学根源，在于实践与认识的辩证原理。实践是认识的来源，实践又是认识的目的，

---

① 《习近平谈治国理政》，外文出版社 2014 年版，第 68 页。

实践是检验认识真理性的唯一标准。习近平深刻把握马克思主义认识论这一基本原理，阐述了人民群众实践与认识之间的关系，他指出，人民群众的社会实践，是获得正确认识的源泉，也是检验和深化我们认识的根本所在。人民群众对自身所处的环境，尤其是所面临问题的认识和体验最为深刻，人民群众的首创精神实质上就是人民群众不断尝试新方法解决新问题的实践经验总结。通过人民群众的社会实践，可以获得正确的认识，了解人民群众最迫切、最关心的问题，党也可以及时把握这些问题，及时总结人民群众首创的成功经验，并提升到党的路线方针政策高度，最终运用党的路线方针政策来指导人民群众的实践活动，为破解实践过程中的难题提供方法论指导。

破解实践难题并不是一蹴而就、一劳永逸的事情，而是一个不断解决、永无止境的过程。客观事物是不断发生变化的，我们对客观事物及其规律的认识也是不断深化的，在解决了实践难题后我们又会遇到更加困难、更加险峻的实践难题，习近平指出："实践没有止境，理论创新也没有止境。世界每时每刻都在发生变化，中国也每时每刻都在发生变化，我们必须在理论上跟上时代，不断认识规律，不断推进理论创新、实践创新、制度创新、文化创新以及其他各方面创新。"[①]人民群众首创精神正是人民群众敢于自我解放思想、勇于突破陈旧落后观念和体制机制束缚，积极接受新事物，不

---

① 习近平：《决胜全面建成小康社会　夺取新时代中国特色社会主义伟大胜利——在中国共产党第十九次全国代表大会上的报告》，人民出版社 2017 年版，第 26 页。

断进行理论创新、实践创新的表现。因此，破解实践难题，要始终不渝地尊重人民首创精神，从人民群众的首创精神与创造性实践中获取解决实践难题的不竭动力。

（三）历史经验启示我们要尊重人民群众的首创精神

中华民族历来重视对历史经验的学习、总结和运用。中国共产党自成立以来，在领导中国革命、建设、改革的过程中，也一贯重视历史经验的借鉴与运用。不断认识和把握历史发展规律，不断总结和运用实践成功经验，有利于为我们提供正确的方向指引和道路选择。充分尊重人民群众的首创精神，是我们党从新民主主义革命、社会主义革命、社会主义建设和新时期改革开放实践中总结出来的一条成功经验。在新民主主义革命时期，中国共产党特别重视密切联系群众，广泛动员人民群众和依靠人民群众，坚持从群众中来到群众中去的群众路线和工作方法，从而取得了新民主主义革命的胜利，实现了中华民族站起来的伟大飞跃。新中国成立后，中国共产党又带领中国人民进行社会主义建设的艰辛探索，充分激发人民群众的首创精神和责任意识，为社会主义改造基本完成、社会主义建设取得初步成绩奠定了坚实的群众基础，赢得了强大的智慧支持。

新时期我国的改革开放以农村为突破口，以安徽凤阳小岗村人民群众自发形成的包干到户、包产到户为起点，拉开了我国改革的序幕。从农村改革到乡镇企业的异军突起，从经济体制改革到社会主义现代化建设，充分彰显了人民群众首创精神的伟大力量，由此带来了中华民族从站起来到富起来的伟大飞跃。2013 年，习近平在《切实把思想统一到党的十八届三中全会精神上来》中又提出："改革开放积累的宝贵经验，其中很重要的一条就是强调必须坚持以人为本，尊重人民主体地位，发挥群众首创精神，紧紧依靠人民推动改革。"①当前，中国特色社会主义进入新时代，我们依然要秉承尊重人民首创精神的宝贵经验，始终不渝地相信人民、依靠人民、团结人民，充分尊重并发挥人民群众的首创精神，为新时代中国特色社会主义发展，为实现强起来，注入强大的力量源泉。

（四）中国共产党的基因和初心要求必须尊重人民群众首创精神

中国共产党的基因突出地表现在它的性质、宗旨与目标上。中国共产党是中国工人阶级的先锋队、中国人民和中华民族的先锋队。中国共产党先锋队的性质决定了党要全心全意为人民服务，始终代表最广大人民群众的根本利益。中国共产党只能代表人民的利益，它没有独立于人民利益之外的自身利益。正是由于关乎人民群众切身利益的事情更易激发人民群众的首创精神，尊重人民群众首创精神也是我们党积极主动维护人民群众切身利益的体现，因此，中国共产党的性质要求必须尊重人民群众的主体地位，必须尊重人

---

① 《习近平谈治国理政》，外文出版社 2014 年版，第 97 页。

民群众的首创精神。中国共产党的宗旨是全心全意为人民服务。习近平在庆祝中国共产党成立 95 周年大会上的讲话中，要求全党同志要把人民放在心目中最高的位置，坚持全心全意为人民服务的根本宗旨。把人民放在心目中最高的位置，就要一切为了人民，尊重人民群众的主体地位，尊重人民群众的首创精神，尊重人民群众的实践创造，真正做到权为民所用、情为民所系、利为民所谋。中国共产党始终以实现共产主义作为最高的理想目标。当前，人民对美好生活的向往这一中国共产党人的奋斗目标，就是中国共产党追求共产主义最高理想目标的阶段性表达，也是对共产主义美好生活向往的生动体现。习近平在接受俄罗斯电视台专访时说："中国共产党坚持执政为民，人民对美好生活的向往就是我们的奋斗目标"①。人民群众的首创精神作为一种创造性的精神力量，指引着人民群众追求美好生活的实践尝试，即尝试突破陈规陋习、打破因循守旧，尝试通过自己的辛勤劳作、奋斗拼搏创造美好生活，因此，中国共产党人要实现其奋斗目标，就必须尊重人民群众的创造性精神力量，尊重人民群众的实践尝试。

为中国人民谋幸福、为中华民族谋复兴，始终是中国共产党人的初心与使命。中国共产党自成立之日起，践行初心与使命之路就从没有间断过。新中国的成立实现了中华民族站起来的伟大飞跃，中国人民的腰杆直起来了，人民群众的幸福之路从此拉开序幕；改

---

① 《习近平谈治国理政》，外文出版社 2014 年版，第 101 页。

革开放以来所取得的巨大历史性成就，使中华民族实现由站起来到富起来的伟大飞跃，中国人民的腰包鼓起来了，人民群众从总体上摆脱了贫穷落后并逐步步入小康生活；中国特色社会主义新时代，我们继续走改革开放之路，从主动打开国门走向世界，到日益走近世界舞台中央，中国人民由富走向更富，中华民族也正迎来由富起来到强起来的伟大飞跃。中国共产党近百年的奋斗史实质上就是我们党带领人民群众追求幸福生活、依靠人民群众创造幸福生活的光辉历史，而每一步成功的取得，都离不开人民群众的实践创造，甚至每一个突破性的进展，都源自于人民群众的首创精神。新时代中国共产党人要更加注重尊重人民群众的首创精神，更加注重发挥人民群众的创造伟力，继续践行初心与使命，继续开创美好未来。

二、尊重人民群众首创精神的基本内涵

习近平在全国文艺工作座谈会上的讲话中强调指出："人民既是历史的创造者、也是历史的见证者，既是历史的'剧中人'、也是历史的'剧作者'。"① 这句话深刻揭示了，人民群众既是历史的主体，也是历史的客体。尊重人民群众首创精神，不仅体现在对主体的尊重，即把人民群众当作创造者主体、评判者主体，也体现在对客体的尊重，即尊重人民群众首创成果，尊重人民群众首创经

---

① 《习近平谈治国理政》（第 2 卷），外文出版社 2017 年版，第 314 页。

验。因此，尊重人民群众首创精神的基本内涵，就是既要把人民当作主体，一切依靠人民；又要把人民当作目的，一切为了人民；还要把人民当作尺度，人民至上。

（一）把人民当作主体，一切依靠人民

把人民当作主体，一切依靠人民，这从根本上回答了"依靠谁"的问题。

我们党长期领导革命、建设和改革并取得成功的一条根本经验，就是党要密切联系群众，要一切依靠人民。习近平指出："我们没有任何理由脱离群众，只有相信群众、依靠群众、关心群众的生活，我们的工作才能得到群众的理解和支持，我们的事业才能立于不败之地。"①党的根基在人民、血脉在人民、力量在人民，因此，人民是我们党所有依靠力量中最根本的依靠力量。我们党做好工作，依靠的力量很多，但人民群众是最根本的依靠力量。尊重人民群众首创精神，就是把人民当作主体，一切依靠人民，主要体现在以下几个方面：

一要把人民群众及其基层生活作为首创精神的力量来源。一切依靠人民，要把人民群众看作最好的老师，把基层生活当作最大的课堂。基层生活最紧密贴近人民群众的真实生活，人民群众的实践活动在基层中展现得最丰富、最智慧、最实在。习近平坦陈：

---

① 习近平：《摆脱贫困》，福建人民出版社 1992 年版，第 208—209 页。

"在人民面前，我们永远是小学生，必须自觉拜人民为师，向能者求教，向智者问策；必须充分尊重人民所表达的意愿、所创造的经验、所拥有的权利、所发挥的作用。"①尊重人民群众首创精神，就是甘当人民群众的小学生，自觉自愿地深入基层，深入群众，倾听人民群众的声音，汇集人民群众的智慧，激发人民群众的实践创造力，始终依靠人民群众创造伟业。

二要把人民群众当作发挥首创精神的主体。人民群众自己要依靠自己，自己要发展自己，勇于打破"等要靠"的陈旧思想观念，立足人民群众自身实际解放思想，寻求出路，"枫桥经验""义乌发展经验""华西村经验"等，这些鲜活的案例都是人民群众自己解放自己、自己成就自己的成功典型。习近平指出："要相信和依靠群众，充分发挥群众自我教育、自我管理、自我约束的力量，让社会和谐稳定，让群众安居乐业。"②把人民群众当作发挥首创精神的主体还体现在注重调动人民群众的积极性、主动性、创造性，激发人民群众的澎湃热情和责任意识，推动人民群众自觉自愿地参与到改造世界的社会实践中去。

三要把人民群众的首创成果作为客体，引导好人民群众首创精神。一切依靠人民，就是党要引导好、激发好人民群众的首创精神，把人民群众的首创成果作为客体，及时发现并善于从人民群众

---

① 《习近平谈治国理政》，外文出版社2014年版，第27页。
② 习近平：《干在实处　走在前列——推进浙江新发展的思考与实践》，中共中央党校出版社2006年版，第277页。

的首创成果中总结经验、提升推广，充分发挥客体的价值。习近平指出："要充分尊重群众的首创精神，着眼于解放和发展生产力，放手支持群众大胆实践，大胆探索，大胆创新，及时发现、总结和推广群众创造的成功经验，把群众的积极性和创业精神引导好、保护好。"①对人民群众首创实践、首创成果的认可与重视，是尊重人民群众主体价值的表现，只有这样，才能最大限度地调动人民群众的积极性与主动性。

四要把新时代创新人才作为塑造良好社会氛围、激发社会活力的主力军。人民群众首创精神本质上体现了人民群众敢于解放思想、与时俱进、开拓进取的精神状态。尊重人民群众首创精神就是要塑造一批具有创新思维、敢于突破常规、勇于拼搏奋进的新时代创新人才。把人民当作主体、一切依靠人民，就是要充分尊重并激发人民群众的创新精神，在全社会范围内营造一个尊重人才、尊重创新、鼓励进步的健康环境，营造一种勇于创新、开拓进取的良好社会氛围。习近平指出："要尊重群众首创精神，创造一个公平、竞争、合作的创新创业环境，营造一种敢为人先、敢冒风险，勇于探索、宽容失败的政策和文化氛围，提高全民创新的积极性，进一步激发全社会的创造活力。"②

---

① 习近平：《干在实处　走在前列——推进浙江新发展的思考与实践》，中共中央党校出版社 2006 年版，第 318 页。

② 习近平：《干在实处　走在前列——推进浙江新发展的思考与实践》，中共中央党校出版社 2006 年版，第 314 页。

（二）把人民当作目的，一切为了人民

把人民当作目的，一切为了人民，这从根本上回答了"为了谁"的问题。

"依靠谁"决定"为了谁"。历史反复证明，我们必须依靠人民创造伟业，人民群众是历史的创造者，必须把人民群众放在心目中最高的位置，一切为了人民，全心全意为人民服务。

尊重人民群众首创精神，要求我们党把人民当作目的，一切为了人民，全心全意为人民服务。具体体现在以下三个方面。

一是把为人民群众办实事解决民生问题作为工作的基本遵循。群众利益无小事。我们党要时刻关注人民群众切身利益之事，真心实意为人民群众排忧解难。人民群众的首创实践活动大都与其切身利益、迫切需求密切相关，全心全意为人民服务的最充分表现就是真心为人民群众办实事，就是更多关注关乎人民群众切身利益之事，解决人民群众最大民生问题，更有针对性地为人民群众排忧解难。习近平指出："为民办实事，主要是办好一批与群众切身利益直接相关的具体事项……群众能看到实效、得到实惠的事项。"① 人民群众只有在这些具体事项中得到实惠与满足，才能最大限度地激发人民群众的澎湃热情与拼搏干劲，人民群众也才有实力有底气大胆实践、开拓创新。

---

① 习近平：《干在实处　走在前列——推进浙江新发展的思考与实践》，中共中央党校出版社 2006 年版，第 528 页。

二是把人民群众对美好生活的向往作为我们的奋斗目标。这是我们党立党为公、执政为民的生动体现，是新时代共产党人始终坚守的执政原则和价值追求。一切为了人民，把人民群众对美好生活的向往作为我们的奋斗目标，集中体现在要极力解决好人民日益增长的美好生活需要与不平衡不充分发展之间的矛盾。当前，我国社会主要矛盾转化，发展的不平衡不充分问题已经严重制约了人民群众对美好生活的需要。以习近平同志为核心的新一届党中央领导集体，积极应对我国社会主要矛盾变化的现实挑战，提出了"以人民为中心"的发展思想，从人民群众最关心的问题入手，把民生疾苦放在首位，以造福人民为最大政绩，实施了一大批惠民利民安民举措。因此，新时代我们党一切为了人民，全心全意为人民服务，就是以饱满的政治热情和高度的政治责任投身于社会主义现代化建设，着力解决我国不平衡不充分发展问题，在更高水平上不断满足人民群众日益增长的美好生活需要。

三是把到群众中去作为指导人民群众实践的基本路径。从群众中来、到群众中去的群众路线，是我们党在长期革命、建设和改革进程中积累的宝贵经验。如果说把人民当作主体，一切依靠群众，是从群众中来的生动表现，那么，把人民当作目的，一切为了群众，就是到群众中去的集中展现。到群众中去，是指将发现、总结、概括的人民群众创造的新鲜经验提升为具有普遍规律性的科学决策，最终再回归到人民群众中去，从而更大范围、更加有效地指导人民群众的实践创造。习近平指出，把从群众中集中起来的意见、办法，拿到群众中去实践和验证，使正确的意见和真理性认识为群众所掌握，成为群众实践的思想武器，转化为改造世界的实际行动。这是我们党对人民群众首创成果的尊重，对人民群众首创精神的发扬，是指导人民群众实践的基本路径。

（三）把人民当作尺度，人民至上

把人民当作尺度，人民至上，这从根本上回答了"由谁评判""以何为标准"的问题。

把人民当作尺度，人民至上，是以上述两个方面为基础，同时又高于前两个方面。其本质内涵，就是要把人民群众当作评判我们工作成败得失的根本主体。习近平指出："我们党的执政水平和执政成效都不是由自己说了算，必须而且只能由人民来评判。"①由人民群众来评判，充分给予人民群众评判权与话语权，把人民群众作为党的工作的最高裁决者和最终评判者。坚持由人民群众评判，那么，人民群众以什么标准进行评判？以什么为标准、用什么来衡量，实际上是对谁负责、让谁满意的问题。因此，把人民当作尺度要求把人民群众是否满意作为检验我们工作成败得失的标准。

首先，人民群众满意是最大的民心，民心是最大的政治。让人民群众满意就是要把解决好人民群众的根本利益放在首位，进而赢

---

① 《习近平谈治国理政》，外文出版社 2014 年版，第 28 页。

得人民群众的支持与拥护。人民群众支持不支持、拥护不拥护、赞同不赞同是我们党最大的民心政治。让人民群众满意，就要尊重人民群众的意愿与选择，倾听人民群众的意见与心声，认可人民群众的迫切需求，鼓励人民群众的实践创造，使人民群众的艰苦奋斗有所收获，各个方面都能得到合理有效的满足。人民群众满意是一面最好的旗帜，最能指引民心所向。只要人民群众满意，符合人民群众利益，我们就积极维护、支持鼓励，这是人民至上价值追求的生动表现，也是最大限度汇聚民心的执政要求。把民心作为最大的政治，是我们党政治建设的首要内容。

其次，人民群众满意是检验我们党工作成败得失的根本标准。检验我们党工作成败得失的标准、尺度很多，但最根本的标准、尺度，是人民群众满意不满意。我们党的路线方针政策是否正确有效，不是领导决策层说了算，而是要拿到人民群众的实践中去检验，让人民群众去评判，以人民群众是否满意作为衡量工作成败得失的根本标准。习近平指出："检验我们一切工作的成效，最终都要看人民是否真正得到了实惠，人民生活是否真正得到了改善，人民权益是否真正得到了保障。"① 只有让人民得到实惠、生活得到改善、权益得到保障，才是真正让人民群众满意，人民群众真正满意是我们党工作取得的最优异成绩。不仅如此，只有人民群众真正满意，才能积极支持拥护我们党的工作，推进党的路线方针政策顺利

① 《习近平谈治国理政》，外文出版社 2014 年版，第 28 页。

实施，从而使我们党取得更优异的成绩。

第三，把实现好、维护好、发展好人民群众的根本利益作为我们党一切工作的出发点和落脚点。把人民当作尺度，人民至上，既基于把人民当作主体和目的，又高于把人民当作主体和目的，它内在要求我们必须把实现好、维护好、发展好最广大人民的根本利益作为我们做好一切工作的根本原则和根本遵循。习近平指出："党的一切工作，必须以最广大人民根本利益为最高标准。"① 始终把人民群众根本利益摆在至高无上的地位，不断解决人民群众最关心、最直接、最现实的利益问题，是我们党一切工作的出发点和落脚点。

三、尊重人民群众首创精神的实践路径

当前，中国特色社会主义进入新时代，坚持和发展新时代中国特色社会主义是前无古人的崭新事业，既没有现成的模式可以照搬，也没有现成的经验可以借鉴，只能把"摸着石头过河"与"顶层设计"统一起来，既在实践中不断探索，也要遵循科学的方法论。"摸着石头过河"就是摸规律，"顶层设计"就是总结方法制定政策，规律性的东西蕴藏在广大人民群众的实践中，最好的方法也总是来源于人民群众。人民群众的首创精神是不断推进实践探索的

---

① 中共中央宣传部：《习近平新时代中国特色社会主义思想三十讲》，学习出版社 2018 年版，第 87 页。

助推器，是不断进行经验总结、政策提升的指向标。我们要充分尊重并发挥人民群众的首创精神，激发社会活力，使广大人民群众都满腔热情地投身到建设美好生活和幸福生活中去。只有这样，才能不断开创全面建设社会主义现代化强国的新局面。

（一）在实践上尊重人民群众的主体地位，充分发挥人民群众的主体作用

"历史反复证明，人民群众是历史发展和社会进步的主体力量。"①尊重人民群众的首创精神，首要表现在尊重人民群众的主体地位，发挥人民群众的主体作用。当前，我国正处在全面深化改革的攻坚期和全面建成小康社会的决胜期。全面深化改革、全面建成小康社会与全面建设社会主义现代化强国离不开人民群众的支持与参与，而且从本质上说，社会主义改革和建设事业本身就是人民群众自己的事业，是需要全体人民群众主动参与和积极发挥作用的伟大事业，而不是少数社会精英主导主演的少数人的事情。因此，要充分尊重人民群众主体地位，充分发挥人民群众主体作用，充分激发广大人民群众自觉自愿地投身于社会主义改革和建设事业。

充分发挥人民群众的主体作用，就必须坚持以下三个方面的有机统一。

一是坚持遵循客观规律与发挥主观能动性相统一。要充分有

----

① 《习近平谈治国理政》，外文出版社 2014 年版，第 27 页。

效发挥人民群众的主体作用，就必须遵循事物发展的规律，在掌握和遵循规律的基础上充分发挥人民群众的主观能动性，大胆实践，大胆创新。习近平指出，要处理好尊重客观规律和发挥主观能动性的关系。要坚持一切从实际出发，按照客观规律办事，一张蓝图抓到底，抓好打基础利长远的工作。① 这段话意味着，发挥人民群众的主观能动性并不是随心所欲、恣意妄为的，而是要在遵循客观规律的基础上，立足人民群众现实需要，坚持从客观实际出发。只有这样，才能更好地发挥人民群众的主观能动性。"摸着石头过河"很好地诠释了遵循客观规律与发挥主观能动性的统一关系："石头"是客观存在的，是规律，而"摸"的过程体现着人们主观能动作用的发挥，只有"摸"到"石头"，踩到"石头"上，我们才能顺利前行，若找不到"石头"，踩不到"石头"上，只能落入水中。

二是坚持实践与认识相统一。充分发挥人民群众的主体作用，既需要人民群众能在实践中获得正确的认识，也需要正确发挥人民群众的实践力量，而这必须坚持实践和认识相统一。人们对客观规律的探求和认识是以实践为基础的。首先，实践是认识的来源。习近平十分重视人民群众实践的基础性地位，他号召广大党员干部要认真学习掌握认识和实践的辩证关系，坚持实践第一的观点，强调一定要在实践的基础上不断推进理论创新。其次，实践是认识的目

---

① 《习近平关于全面深化改革论述摘编》，中央文献出版社 2014 年版，第 48 页。

的，是检验真理的标准。人们对客观规律的认识不是一劳永逸、一蹴而就的，而是一个不断深化、不断丰富的过程，这个不断深化、不断丰富的过程正是人们不断进行理论创新和实践检验的过程。人民群众的首创实践经验经过总结可升华为理论认识，理论认识可以用来指导实践，并在实践过程中不断对理论认识进行检验、丰富和发展。这是人民群众首创精神发展演进的必然过程，也是我们充分发挥人民群众首创精神必须遵循的认识论原则。

三是坚持实事求是与解放思想、与时俱进相统一。实事求是在本质上要求我们的思想认识必须符合客观实际；解放思想要求我们必须破除迷信、摆脱束缚、开拓创新；与时俱进要求我们必须立足实际发展，紧跟时代步伐。充分发挥人民群众的主体作用，既要坚持实事求是，一切从客观实际出发，又要敢于突破常规，解放思想，同时还要立足变化了的实际，不断开拓创新。习近平指出，客观实际是不断发展变化的，我们对客观事物及其规律的认识是不断深化的，实事求是永无止境，解放思想也永无止境。充分发挥人民群众的主体作用，就是要求我们用发展着的马克思主义指导人民群众实践创造，立足人民群众客观实际情况，敢于破除人民群众思想中的陈规陋习，勇于发挥人民群众的首创精神，不断推进新时代中国特色社会主义改革和建设事业向前发展。

（二）坚持党的领导，全心全意为人民服务

"党的领导是实现人民当家作主的根本保证……共产党执政就

是领导和支持人民当家作主。"① 人民群众首创精神是人民当家作主的生动体现，中国共产党执政，就是要充分尊重和发挥人民群众的首创精神，广泛调动人民群众的积极性、主动性、创造性。只有这样，才能最大限度地发挥党的领导对人民当家作主的保障作用。习近平指出："中国共产党的一切执政活动，中华人民共和国的一切治理活动，都要尊重人民主体地位，尊重人民首创精神，拜人民为师，把政治智慧的增长、治国理政本领的增强深深扎根于人民的创造性实践之中。"② 加强我们党对人民群众的领导，尊重并激发人民群众首创精神，就要真正做到权为民所用，情为民所系，利为民所谋。

坚持权为民所用，为发挥人民群众首创精神提供权力保障。中国共产党的一切权力属于人民，因而只能为人民用权，绝不能成为谋取私利的工具。权力越大，肩负的责任越重，为人民用权越应该做出成绩。习近平指出："我们要珍惜人民给予的权力，用好人民给予的权力，自觉让人民监督权力，紧紧依靠人民创造历史伟业，使我们党的根基永远坚如磐石。"③ 党为民用权，就要树立正确的权力观。党的各级干部必须明确权来自于民，就要用之于民。要自觉摆正人民公仆的位置，避免高高在上、颐指气使的官老爷态度。要自觉向人民群众学习，倾听人民声音，了解人民意愿，从人民群众

---

① 习近平：《干在实处　走在前列——推进浙江新发展的思考与实践》，中共中央党校出版社 2006 年版，第 371 页。

② 习近平：《在庆祝中国人民政治协商会议成立 65 周年大会上的讲话》，人民出版社 2014 年版，第 18 页。

③ 《习近平谈治国理政》，外文出版社 2014 年版，第 27 页。

实践中获得真知。习近平指出，虚心向他们求教问策，把政治智慧的增长、执政本领的增强、领导艺术的提高深深扎根于人民群众的实践沃土中，不断从人民群众中吸取营养和力量。党为民用权，就要树立正确的政绩观。习近平经常批评那种"拍脑袋决策""形象工程""政绩工程""上有政策、下有对策"等不良现象。党正确为民用权，就要坚持从客观实际出发，立足当前，着眼长远，积极进取，量力而行，不搞形式主义，而要实实在在地为人民群众办实事谋实惠。党为民用权，是否做到权为民所用，执政政绩如何，都要自觉接受人民群众的监督和检验。只有这样，才能尊重人民群众主体地位，端正党为人民群众用权之心，为发挥人民群众首创精神提供权力保障，进而得到人民群众的支持与拥护。

坚持情为民所系，为发挥人民群众首创精神提供情感激励。中国共产党的性质决定了我们党必须站在人民群众的立场上。站在人民群众的立场上，首先就要对人民群众有真挚的感情，要与人民群众同呼吸共命运，以关心人民群众疾苦为己任，尊重人民群众意见与意愿，满足人民群众迫切需要。习近平指出："共产党员仍然要讲奉献，……仍然要坚持把人民利益放在最高位置，尊重人民主体地位，尊重人民首创精神，想群众之所忧，急群众之所难，谋群众之所需，从人民最关心最直接最现实的利益问题入手，实实在在为群众解难事、办好事。"①这段话深刻揭示了，党为民用情，要树立

---

① 习近平：《始终坚持和充分发挥党的独特优势》，《求是》2012 年第 15 期。

正确情意观，要为人民办实事。树立正确情意观要求各级党员干部必须情系人民群众，始终保持对人民群众的深厚感情，想群众之所忧，急群众之所难，谋群众之所需，时刻把人民群众的安危冷暖放在心上。党为民用情，核心在于为人民办实事。习近平告诫一些党员同志，不能老是"长太息以掩涕兮，哀民生之多艰"，而是要积极想方设法，根据群众的反映和要求，努力为他们多办事，办实事，办好事。我们党对人民群众是否有深厚的感情，关系到民心向背，关系到人民群众首创精神的发挥。坚持情为民所系，为发挥人民群众首创精神提供了情感激励。

坚持利为民所谋，为发挥人民群众首创精神提供实力基础。我们党始终代表最广大人民群众的根本利益，人民群众的利益高于一切。把人民群众作为利益主体，一切从人民群众的根本利益出发，全心全意为人民群众谋福利，是中国共产党人正确的利益观。习近平指出："为民办实事对象是'民'，……让人民群众参与、让人民群众做主、让人民群众受益、让人民群众满意，真正使群众成为利益的主体。"[①] 坚持为民谋利，党员干部就要扑下身子深入基层，听取人民群众意愿，把群众的呼声作为第一信号，问需于民、问计于民、问情于民，真正急人民群众之所需，解人民群众之所难。坚持为民谋利，党员干部必须鼓励人民群众积极探索、开拓创新，充分发挥地方、基层与群众的自主性，为人民群众的创造性实践提供政策保

---

① 习近平：《之江新语》，浙江人民出版社 2007 年版，第 245 页。

障。坚持为民谋利，党员干部必须密切联系群众，尊重人民群众集体智慧，及时发现并总结人民群众首创经验，不断提高党的路线方针政策的科学性，进而更有效地为人民群众谋福利。我们党坚持利为民所谋，在全心全意为人民群众谋利益的过程中不仅践行了党的初心与使命，更重要的是为人民群众带去了实实在在的利益，使人民群众更有实力和底气充分发挥首创精神，大胆进行探索创新。

（三）坚持走群众路线，从群众中来到群众中去

从群众中来到群众中去的群众路线，是我们党一贯坚持的根本工作路线，也是唯物史观在中国实践中的具体表达。坚持走群众路线，首先要树立正确的群众观点，群众观点是推进从群众中来到群众中去，并顺利开展工作的前提和基础。人民群众是我们党的力量源泉，是我们党永葆青春活力、永葆战斗力的重要传家宝。历史反复证明，我们党一刻也不能脱离人民群众，人民群众的思想最鲜活、语言最生动、实践最丰富、方法最灵活。由此，习近平指出："好措施、好办法哪里来？答案是从群众中来。群众的实践是最丰富最生动的实践，群众中蕴藏着巨大的智慧和力量。我们一定要认真贯彻党的群众路线，坚持从群众中来到群众中去。"[1]

坚持走群众路线，"要依靠群众，相信群众，尊重群众的首创精神，充分调动广大群众的积极性和创造性，并及时对群众创造

---

[1]　习近平：《之江新语》，浙江人民出版社 2007 年版，第 61 页。

的新鲜经验加以总结推广，真正做到从群众中来，到群众中去"①。这段话深刻揭示了群众路线的双重含义。第一，"从群众中来"。"从群众中来"就是党员干部自觉深入到人民群众中，甘当人民群众的小学生，倾听人民群众声音，了解人民群众意愿，虚心向人民群众求教问策，这是我们党全面了解信息、获得正确认知的第一步。切实尊重人民首创精神，倾听人民呼声，反映人民意愿，及时发现、总结、概括人民创造的新鲜经验，才能获得正确反映客观规律的真理性认识，才能制定出符合客观规律的科学决策。党员干部只有深入人民群众，相信群众、依靠群众，才能及时发现人民群众的首创经验，并加以总结概括提升，这是我们党制定正确路线方针政策的第一步。第二，"到群众中去"。"到群众中去"主要体现在以下三个方面。一是要接受人民群众的检验和监督。实践是检验真理的唯一标准，只有回到人民群众的实践中，才能验证党的路线方针政策是否真正科学有效，是否真正能为人民群众带来实惠。二是要让人民群众理解接受，推动党的路线方针政策顺利实施。习近平指出："党的正确的方针政策只有被群众理解、为群众接受，才能变成改造客观世界的物质力量。我们的方针再正确，如果不被群众理解，也难以贯彻施行。"②三是要指导人民群

---

① 习近平：《干在实处 走在前列——推进浙江新发展的思考与实践》，中共中央党校出版社 2006 年版，第 531 页。

② 习近平：《干在实处 走在前列——推进浙江新发展的思考与实践》，中共中央党校出版社 2006 年版，第 531—532 页。

众更好地实践创造。到群众中去，就是要用科学的思想理论指导人民群众实践，使其能更好地进行实践创造，减少初期首创阶段遇到的艰难险阻，为人民群众的创造性实践提供正确的思路和方法论指引。

坚持走群众路线，要特别注意正确处理党员干部与人民群众之间的关系。当前，交通工具越来越发达，通信工具越来越便捷，党员干部的学历越来越高。这不仅没有更好地促进群众路线的落实与深化，相反会使一些党员干部淡忘和远离群众路线，导致党员干部与人民群众之间的关系越来越疏远。习近平认为，党员干部与人民群众是个矛盾统一体，而党员干部是矛盾的主要方面，"如果领导方面是错误的，群众方面是正确的，毫无疑问，领导是主要矛盾方面；如果群众方面是错误的，领导方面是正确的，矛盾的主要方面也在领导，在于领导对群众的说服教育工作没有到位，在于领导的工作措施不适应于群众"①。因此，党员干部对待人民群众要有耐心，要将心比心，换取真心，而不要掉以轻心。遇到矛盾并不可怕，可怕的是把人民群众放到矛盾的对立面，把人民内部矛盾当作敌我矛盾。实际上，群众在我们心里的分量有多重，我们在群众心里的分量就有多重，党员干部要始终把人民群众放在我们心目中最高的位置，凡事都要多站在人民群众的角度思考，想方设法做好对人民群众的引导说服教育工作。

---

① 习近平：《干在实处　走在前列——推进浙江新发展的思考与实践》，中共中央党校出版社 2016 年版，第 532 页。

（四）深入开展调查研究，密切联系群众

调查研究是密切联系群众的重要途径，是我们党在革命、建设、改革的各个历史时期认真做好领导工作的重要传家宝。在新形势下，我们依然要深入开展调查研究工作，这不仅是提高党的执政能力和领导水平的客观需要，也是关系党和人民事业得失成败的重大问题。调查研究也是成事之基、谋事之道。习近平非常重视调查研究工作，从河北到福建，从浙江到上海，从地方到中央，他一直坚持下基层调查研究。"在正定，他跑遍了所有村；在宁德，他到任 3 个月就走遍了 9 个县，后来又跑遍了绝大部分乡镇；到任浙江后，用一年多时间跑遍了全省 90 个县市区；在上海仅 7 个月，他就跑遍了全市 19 个区县；到中央工作后，他的足迹已遍及 31 个省区市。"①习近平的群众情怀、基层情怀，为我们党员干部深入开展调查研究工作树立了光辉榜样。

调查研究是一门致力于求真、求实的学问。调查研究，是对客观实际情况的调查了解和分析研究，目的是把事情的真相和全貌调查清楚，把问题的本质和规律把握准确，把解决问题的思路和对策研究透彻。原原本本地了解真相，清清楚楚地把握规律，实实在在地调查研究，说起来容易，做起来却相当困难。深入开展调查研究，需要我们不断地深入实际，不断地深入群众，不断地深入基

---

①　《习近平谈治国理政》，外文出版社 2014 年版，第 440 页。

层。习近平指出：深入实际，就是要"迈开步子，走出院子，去车间码头，到田间地头，进行实地调研，同真正明了实情的各方面人士沟通讨论，通过'交换、比较、反复'，取得真实可信、扎实有效的调研成果，从而得到正确的结论"①；深入群众，就是各级领导机关和领导干部要从政治的高度深刻认识密切联系群众的重要性，放下架子，扑下身子，深入实际，深入基层，从群众中寻找解决问题的方案和办法，使作出的决策和决策的执行充分体现民心民意；深入基层，就是要以基层工作为出发点和落脚点，各级领导干部要坚持情感向下放、身子往下沉、眼睛向下看，深入最基层单位和个人，及时了解上面听不到的新情况新问题，为正确做出决策掌握第一手资料，为验证决策是否有偏差和解决实施过程中存在的问题提供最新鲜最直接的反馈信息。

尊重人民群众的首创精神，必须深入开展调查研究工作。人民群众的意愿、意见只有通过调查研究才能及时准确地获取，人民群众的首创精神才能顺利得到发挥，人民群众的经验才能得以推广。因此，无论是从群众中来，获取民情民意，还是到群众中去，推进政策实施，都离不开调查研究工作。调查研究不是一劳永逸、一蹴而就的，而是一个常抓不懈、步步深化的过程。当前，信息化时代的发展，各种通信技术的应用与普及，使调查研究工作面临着很大挑战。然而，无论通信渠道多么宽大，信息技术多么发达，都不能

---

① 习近平：《之江新语》，浙江人民出版社 2007 年版，第 154 页。

代替亲自深入实际、深入群众、深入基层的调查研究。要深入开展调查研究工作，我们就要一如既往地密切联系群众，这是真正尊重人民群众主体地位，尊重人民群众首创精神必不可少的一个重要环节。

后　记

　　善于总结，是中国共产党人的一大传统优势。此书从去年年底提出构想到今年年初开始推进，时间很短，人民出版社为此书一路绿灯，感谢人民出版社的鼎力支持。

　　本书由石仲泉担任主编，欧阳辉、肖伟光担任副主编，具体写作分工如下：

　　实践篇之小岗村部分：安徽日报报业集团写作组

　　实践篇之中关村部分：卫汉青（《中关村》杂志社长兼总编辑）

　　实践篇之深圳部分：张浩（广东省委党校教授）

　　实践篇之浦东部分：徐建刚（上海市委党史研究室主任）、黄金平（上海市委党史研究室副处长、副研究员）

　　理论篇之马列部分：赵家祥（北京大学哲学系教授）

　　理论篇之毛泽东部分：唐洲雁（山东省政协副主席、社科院党委书记）、毛胜（中共中央党史和文献研究院副研究员）

理论篇之邓小平、江泽民、胡锦涛部分：陈金龙（华南师范大学教授）

理论篇之习近平总书记部分：韩庆祥（中共中央党校教授）

石仲泉

2018 年 12 月

责任编辑：刘敬文
装帧设计：王欢欢
责任校对：吕　飞

图书在版编目（CIP）数据

力量的源泉：改革开放以来群众的首创精神／石仲泉　主编；欧阳辉，
　肖伟光　副主编 . —北京：人民出版社，2019.3
ISBN 978－7－01－020580－9

I.①力… II.①石… ②欧… ③肖… III.①改革开放－研究－中国
　IV.① D61

中国版本图书馆 CIP 数据核字（2019）第 055858 号

力量的源泉
LILIANG DE YUANQUAN
——改革开放以来群众的首创精神

石仲泉　主编　欧阳辉　肖伟光　副主编

人民出版社 出版发行
（100706　北京市东城区隆福寺街 99 号）

涿州市星河印刷有限公司印刷　新华书店经销

2019 年 3 月第 1 版　2019 年 3 月北京第 1 次印刷
开本：710 毫米 ×1000 毫米 1/16　印张：22.25
字数：220 千字

ISBN 978－7－01－020580－9　定价：58.00 元

邮购地址 100706　北京市东城区隆福寺街 99 号
人民东方图书销售中心　电话（010）65250042　65289539